U1000242

本书得到了河南省哲学社会科学规划年度项目“科技创新赋能农民农村共同富裕的作用机制及长效策略研究（2023BJJ026）”资助。

大国农业之“芯”

中国农作物种业发展诸问题

韩灵梅◎著

The Core of Chinese Agriculture:

Issues Concerning the Development of China's Crop Seed Industry

中国经济出版社
CHINA ECONOMIC PUBLISHING HOUSE
·北京·

图书在版编目（CIP）数据

大国农业之“芯”：中国农作物种业发展诸问题 / 韩灵梅著．--北京：中国经济出版社，2024.8.

ISBN 978-7-5136-7851-3

Ⅰ．F324.6

中国国家版本馆 CIP 数据核字第 2024322ZB5 号

责任编辑　杨元丽
责任印制　马小宾
封面设计　任燕飞设计

出版发行　中国经济出版社
印 刷 者　天津嘉恒印务有限公司印刷
经 销 者　各地新华书店
开　　本　710mm×1000mm　1/16
印　　张　15.75
字　　数　232 千字
版　　次　2024 年 8 月第 1 版
印　　次　2024 年 8 月第 1 次
定　　价　88.00 元
广告经营许可证　京西工商广字第 8179 号

中国经济出版社　**网址** http://epc.sinopec.com/epc/　**社址** 北京市东城区安定门外大街 58 号　**邮编** 100011
本版图书如存在印装质量问题，请与本社销售中心联系调换（联系电话：010-57512564）

版权所有　盗版必究（举报电话：010-57512600）
国家版权局反盗版举报中心（举报电话：12390）　　**服务热线**：010-57512564

导言

PREFACE

国以农为本，农以种为先。农作物种子作为农业生产中最基本、最重要的生产资料，乃粮食之母，农业之“芯”。一粒种子可以改变一个世界。种子产业始终是国家战略性、基础性核心产业，是促进现代农业长期稳定发展、确保国家粮食安全①的根本和关键。

当今世界正经历百年未有之大变局，经济动荡、地缘冲突和极端气候叠加，使得饥饿与粮食安全成为全球范围内始终令人关注的重大问题。在此背景下，中国国内也面临农业结构调整、自然灾害频发等挑战，作为农业生产大国和用种大国，虽然近期我国口粮绝对安全，谷物基本自给，但大豆、玉米的国内生产缺口在不断地放大②，我国的粮食安全仍面临着许多隐患。由此，确保粮食安全成为我国政府发展现代农业的重中之重，而确保粮食安全首先要依靠种业。2022 年 4 月 10 日，正在海南考察的习近平总书记，在海南省三亚市崖州湾种子实验室再次指明了种子之于中国饭碗、之于粮食安全的重要战略意义。③ 目前，中国农作物种业已经进入新的发展阶段，但与发达国家相比，农作物种业

---

① 粮食安全（或食物安全）指保证任何人在任何时候能买得到又能买得起为维持生存和健康所必需的足够食品，这一概念主要涉及粮食的供给保障问题。

② 黄季焜．国家粮食安全与种业创新[J]．社会科学家，2021(8)：26－30．

③ 李磊，李艳玫，刁霁鸿．育好中国种 种好中国粮：习近平总书记在海南省崖州湾种子实验室考察回访记[N/OL]．海南日报，(2023－03－23)[2024－03－01]．http://www.sanya.gov.cn/sanyasite/kjcxw/202204/117673be0ae24c8da320710e4a959202.shtml.

还存在一定的差距，摸清中国农作物种业家底，明确当前存在的问题，对于应对现阶段中国农作物种业发展面临的挑战，探索振兴中国种业的策略选择，打造大国现代农业“芯”亮点，意义重大。

当前我国种业发展的情况是，农作物种子年需求量约为125亿公斤，种子市场经营额位居全球第二，是世界上最大的种子需求国之一。然而，如此庞大的种业市场上，中国国内的种子企业所占的市场份额很低，且国内种子企业“散、杂、多、小、乱”，运行不规范，同质化恶性竞争激烈，少有民族种业巨头可以在世界种业兼并浪潮中胜出；育种企业研发投入少，研发能力不强，特别是知识产权保护不力，创新动力不足，作物种子缺乏国际竞争力；种业企业缺乏“育、繁、推”一体化龙头企业，行业集中度不高。同时，受种业发展不确定性大、回报周期长、信息不对称和不完备等因素制约，当前农作物种业发展难以适应新形势发展的需要。在我国粮食总产量已连续7年超过6.5亿吨的光环背后，在国际种业格局发生深刻变化，国际种业巨头强强联合、兼并重组浪潮风起云涌的大背景下，中国如何促使技术、人才、资源、资本等创新要素在种业领域的科研、生产、市场、投资等环节找到相应“接口”，推进创新成果快速产出和转化；如何盘活国内种子研发、育种、商业化等环节，利用大数据、人工智能等新技术的不断发展，使中国种业发展水平不断提升，尽快迈入种业4.0时代；如何通过兼并重组做优做强一批具备集成创新能力、适应市场需求的种业龙头企业，扭转民族种业企业核心技术“卡脖子”的被动局面，保障国家对种业的控制力和主导力，实现种业大国到种业强国的演变，筑牢中国农业“芯”……迫在眉睫。

本书基于动态发展视角，以中国种业基本概况为研究基础，分别从创新发展和策略探讨两个维度，对当前中国农作物种业高质量发展、科技创新效率、制种保险实施成效以及种业数字化等几个热点问题进行了系统性探究。在章节安排方面，按照归类原则就每一章节研究的主题，分别对应纳入创新发展和策略探讨的主题分析框架内，并针对每一章节探讨的具体问题，通过应用多学科理论和方法，结合实地调研和案例分析，使具体问题的分析深入浅出、论证充分。具体而言，全书共分为三大部分。

第一部分基础研究篇，即第一章内容。系统认识中国种业的基本概况；通过资源概述、种业发展历程回顾及政策概览总结，清晰认识中国种业发展基础和规律。

第二部分创新发展篇，包括第二章、第三章、第四章、第五章和第六章。分别从五个角度相对系统地分析了中国农作物种业创新发展的系列问题。党的十九大以来，我国经济“已转向高质量发展阶段”，基于此，中国农作物种业高质量发展水平如何，其时空格局与驱动因素又如何？围绕党的十八大提出的科技创新驱动战略，选取具有代表性的12家中国种业上市公司，对其种业科技创新效率进行测度分析，并提出提升种业科技创新效率的对策；2024年中央一号文件再次明确指出，要“确保国家粮食安全”，以更好推进中国式现代化建设。当前，中国粮食安全保障的主要贡献者是13个粮食主产区，作为粮食主产区之一的河南省2022年粮食总产量居全国第二位，其农作物种业竞争力又如何呢，能否确保其藏粮于技呢？本书第四章基于河南省种业发展现况，从全要素生产率视角对样本区域河南省种业竞争力进行了系统分析。基于国家政策保障视角，中国农作物制种保险发展现况及其实施成效如何，未来制种保险工作方案的重心又是什么？基于数智赋能视角，中国农作物种业数字化发展现状如何，已取得哪些成绩，其主要困境及其破解的路径又是什么？作为本书的核心部分，较为全面系统的论述，有利于作者和读者更加深入地思考中国农作物种业发展的热点问题。

第三部分振兴策略篇，即本书第七章内容。基于目前国际种业格局演进趋势、中国种业产业链发展的现状、国家已有的政策文件支持等，探讨保障中国种业安全视角下的农作物种业振兴策略选择取向，这是一个事关中国粮食安全、更好推进中国式现代化建设前途命运的重要命题。

《大国农业之“芯”：中国农作物种业发展诸问题》区别于以往学界关于种业的学术性研究，其主要不同是从三个较为新颖的视角讨论了当前我国种业发展亟待解决的几个热点问题。

一是对中国农作物种业基本概况进行了较为全面的梳理。党的十八大以来，以习近平同志为核心的党中央对我国种业发展给予了前所未有的关注、重视和支持，将种源安全提升到关系国家安全的战略高度，全面加强种子工作，将深入实施种业振兴行动作为现代化农业强国建设的重要任务。因此，摸清农作物种业（种质）资源家底，有利于中国振兴种业的全局性、战略性部署实施，利于多元化、全方位的种业政策发挥作用，进而推动现代种业高质量发展。

二是对当前阶段中国农作物种业发展过程中正在经历或亟须解决的热点或重点问题进行了一揽子细化研究。高质量发展是全面建设社会主义现代化国家的首要任务，推进农作物种业高质量发展是基于国内外粮食生产和贸易格局平衡被打破，掌握现代科技的国际种业巨头、超级粮商在攫取无限利益的动机驱使下，确保中国粮食安全需要研究的重大命题。而农作物种业高质量发展水平的高低，核心要素是国家创新驱动能力的强弱。由此，本书在第二章、第三章重点对农作物种业高质量发展水平测度问题与种业科技创新效率问题进行了较为系统的研究。

三是对中国农作物种业振兴策略这一问题的深入探讨。2021 年 7 月 9 日，中央全面深化改革委员会第二十次会议审议通过了《种业振兴行动方案》；2022 年 10 月，党的二十大报告指出，“全方位夯实粮食安全根基、深入实施种业振兴行动”；2023 年中央一号文件、全国两会以及《政府工作报告》中，深入实施种业振兴行动被提到前所未有的高度。种业作为农业之“芯”，如何藏粮于地、藏粮于技，成为不断夯实粮食生产根基、筑牢粮食安全屏障的“压舱石”和“定盘星”，构建具有创新动能的种业发展体系，推进种业振兴成为我国现阶段实现农业现代化、提升粮食供给质量的关键所在。基于全球种业发展格局与我国种业发展现状，本书提出了全面而具体的策略选择，以为加快实现种业振兴、长久推动种业发展、全面维护大国种业安全提供决策参考。

庞大而全面的创新，需要高度集中的精力和实践，更需要非凡而丰富的知识和技巧。限于作者的学识和创新能力，本书虽经数次修订，但难免还有疏漏和错误，恳请广大读者批评指正。

韩灵梅

2023 年 9 月

目录
CONTENTS

上　基础研究篇

|| 中　创新发展篇 ||

|| 下　振兴策略篇 ||

Ⅱ 上　基础研究篇 Ⅱ

第一章　中国农作物种业基本概况

中国位于亚洲东部、太平洋西岸，是世界上人口超 14 亿的发展中国家，国土面积世界第三，是世界第二大经济体，G20（二十国集团）成员国，近年来其教育水平明显提高、科技创新能力不断提升。中国作为世界上著名的种业古国之一，是农作物的重要起源地，其种植农作物的历史，可以上溯到 8000 年以前。作为一个历史悠久的种业大国，中国拥有种业发展极为优越的地理位置。农作物种子作为农业生产的最基本生产资料，我们的祖先早就认识到其发展的重要性，本章就来阐述我国农作物种业发展的自然禀赋资源概况、后天社会条件以及其发展的政策概况。

第一节　中国农作物种业资源概况

中国幅员辽阔，气候复杂多样，跨越寒温带、中温带、暖温带、亚热带等气候带，土壤类型多样，地区间生态条件各异，且具有地形、降雨、光照等优势，大多数农作物能找到适合繁殖和生长的地区。此外，我国南北气候温差大，相互之间有很强的互补性，可以为各种各样的品种培育提供优越的制种环境。其中，自然资源作为中国农作物种业发展的资源支撑，基本概况如下①。

① 李欣蕊，齐振宏，邬兰娅，等．基于 AHP 的中国现代种业发展的 SWOT 分析[J]．科技管理研究，2015，35(3)：22－27.

一、土地资源

中国拥有丰富多样的土地资源，从地理位置优势来看，在许多乡村地区，作物栽培条件良好，夏季温暖，空气湿度充足，土壤比较肥沃，从而有利于作物育种。

（一）中国的土地资源分布情况

中国的土地资源分布不均，主要表现在以下几个方面：

（1）东西方向上，东部地区土地资源相对丰富，西部地区土地资源相对贫瘠。东部地区拥有大部分的耕地、水域和建设用地，西部地区拥有大部分的草地、林地和其他类型土地。

（2）南北方向上，南方地区土地资源处于相对优势，北方地区土地资源处于相对劣势。南方地区拥有较多的水田、林地和水域，北方地区拥有较多的旱地、草地和其他类型土地。这与中国的气候变化和水资源区位差异有关。

（3）中心边缘方向上，中心地区土地资源相对集中，边缘地区土地资源相对分散。中心地区拥有较高的土地利用率和生产力，边缘地区拥有较低的土地利用率和生产力。

（二）中国的土地资源情况

根据土地利用类型，我国的土地资源可以分为：耕地、林地、草地、水域和建设用地。其中，耕地是指可以种植农作物的土地，包括水田、旱地、园地等。耕地是人类活动的重要资源，是种业生产的基础，是确保国家粮食安全的重要生产资料。

2022 年度全国国土变更调查初步结果显示，全国耕地面积达到 19.14 亿亩，较 2021 年末增加约 130 万亩，连续第二年实现全国耕地总量净增加，严格坚守 18 亿亩耕地的红线。

二、水资源

水是人类和地球上的一切生物赖以生存繁衍和社会经济发展不可缺少的宝贵的自然资源。中国是以水稻和小麦等农作物耕作为主的国家，单位面积需水量较多。中国水资源短缺，人均水资源量为2163立方米，只有世界人均水平的1/4，且时空分布不均，南方水多，北方水少。种业灌溉用水量受用水水平、气候、土壤、作物、耕作方法、灌溉技术以及渠系利用系数等因素的影响，存在明显的地域差异。水利部2021年公布的数据，目前全国有效灌溉面积为10.37亿亩，估算仅占耕地面积的54.07%，其中节水灌溉面积为5.67亿亩，占有效灌溉面积的54.68%。

（一）中国的水资源量

根据2022年国家统计局发布的数据，全国水资源总量为27088.1亿立方米，比多年平均值偏少1.9%。其中，地表水资源量为25984.4亿立方米，地下水资源量为7924.4亿立方米，地下水与地表水资源不重复量为1103.7亿立方米。2022年，全国平均年降水量为631.5毫米，比多年平均值偏少2.0%。

（二）中国的水资源分布情况

2022年数据显示，我国北方地下淡水总储量约为35.5万亿立方米，占全国的95%，主要分布于鄂尔多斯盆地、东北平原、河西走廊、华北平原等地区，可为保障北方水安全提供战略储备。南方地下淡水总储量约为1.9万亿立方米，仅占全国的5%，主要分布于江汉—洞庭平原、长江三角洲、成都平原等地区。此外，全国还有约14.7万亿立方米的地下咸水储量，主要分布在塔里木盆地、准噶尔盆地、柴达木盆地等地区。中国水资源在时空分布上很不均衡，主要表现在：从时间分布看，中国大部分地区夏秋多雨，春冬少雨雪，年降水量的1/3～1/2集中在夏秋之交，同时不同年份之间的降水量差别比较大，北方这种情况更加突出。从空间分布看，因受季风气候影响，各地降水量差别很大。具体来说：

（1）东西方向上，东部地区水资源相对丰富，西部地区水资源相对贫瘠。东部地区拥有大部分的地表水和地下水资源，西部地区拥有大部分的冰雪资源。

（2）南北方向上，南方地区水资源相对处于优势，北方地区水资源相对处于劣势。南方地区拥有较多的降水、河流和湖泊资源，北方地区拥有较多的冰雪和地下水资源。这与中国的气候和水文有关。

（3）中心边缘方向上，中心地区水资源相对集中，边缘地区水资源相对分散。中心地区拥有较高的水资源利用率和生产力，边缘地区拥有较低的水资源利用率和生产力。

三、气候光热资源

中国东半部具有大范围的季风气候，即冬季盛行大陆季风，寒冷干燥；夏季盛行海洋季风，湿热多雨。青藏高原海拔高、面积大，形成独特的高寒气候。西北地区则因深居内陆，为海洋季风势力所不及，具有西风带内陆干旱气候。

（一）积温

中国主要属于大陆性季风气候，大部分地区的气温季节变化幅度要比同纬度其他陆地地区相对剧烈，很多地方冬冷夏热，夏季全国大部分地区年平均气温普遍偏高。但中国的大部分地区位于北温带，四季分明，适宜人类居住与生存。

从实际情况看，根据热量指标，可以把全国划分为 6 个气候带和 1 个高原气候区。①赤道带：积温 9000℃左右，生长热带植物。②热带：积温达 8000℃以上，终年无霜，橡胶树、槟榔和咖啡树等均宜生长，熟制为一年三熟，主要植被为樟科等，包括滇、粤、台南部以及海南省等地区。③亚热带：积温 8000℃～4500℃，熟制为一年两熟到三熟，自然植被为亚热带季风林、常绿阔叶林以及它们和落叶林的混生林，主要种植水稻、小麦、油菜等作物，包括秦岭、淮河以南、青藏高原以东地区。④暖温带：积温 4500℃～3400℃，冬冷夏热，熟制为两年三熟或一年两熟，主要种植冬小麦，复种荞麦、甘薯、玉米、谷子等作物，包括黄河中、下游大部分地区、新疆南部等地区。⑤中温带：积温 3400℃～1600℃，冬天严寒，熟制为一年一熟，主要种植高粱、春小麦、玉米、谷子、大豆等作物，自然植被为针叶松和落叶阔树的混生林，包括东北及内蒙古大部分地区、新疆北部等地区。⑥寒温带：积温低于 1600℃，熟制为一年一熟，尚可种植春小麦、大麦、马铃薯等作物，主要植被为针叶林，包括黑龙江省北部、内蒙古东北部等地区。⑦高原气候区（青藏高原）：积温低于 2000℃，其光照条件优于寒温带，该区虽不适宜林木生长，但除部分地区外，尚可栽培耐寒作物和蔬菜。此外，结合中国地形特点和历史行政区划传统，还可将全国分为 8 个一级气候区和 32 个二级气候省。

（二）光能资源

中国是光能资源相当丰富的国家，绝大多数地区年平均每平方米全日辐射（太阳辐射量）在 4 kW·h（千瓦时）以上。由于中国领土南北延伸约 50 纬度的差异，正午太阳高度角和昼夜长短就有显著差别，因而导致太阳天文辐射南北各异。尤其是在冬季，南北的太阳辐射量的差值就特别大。

受大气透明度和云量等的影响，中国年均日照时数以青藏高原和西北干旱区为最大，超过 3000 小时。四川盆地、贵州高原、江南丘陵及西藏东南察隅地区最小，为 1000～2000 小时，其余广大地区多为 2000～3000 小时。

四、作物种质资源

我国现代种业体系主要包含四个部分：一是由品种培育、品种推广、种子生产（繁殖）和种子经营等形成的种业产业链；二是由各级农业行政部门形成的政府管理体系；三是由基础研究和种质资源保护形成的公共支持/社会服务体系或前育种系统；四是由在我国依法进行农作物种子科研、生产、经营、管理以及与种业相关的单位和个人自愿组成的群众性、非营利性、自律性的行业组织。种业体系之间相互作用，紧密联系，体系间自我强化是种业竞争力提高的基础。

作物种质资源（又称品种资源、遗传资源或基因资源）是种子产业育种系统生物资源的重要组成部分，是育种工作和新品种研发源头创新的基础，是人类社会生存与发展的战略性资源；是提高种业综合生产能力、维系国家食物安全的重要保证，是我国种业得以持续发展的重要基础。我国作物育种与栽培历史悠久，经过几千年的自然选择和人工驯化，已形成了种类多、数量大、分布广的品种资源。1992 年在巴西召开的联合国环境与发展大会上签署的国际性《生物多样性公约》，强调所有国家必须充分认识所拥有遗传资源的重要性和潜在价值。

中国是世界上种植农作物最多的国家之一，也是全球主要的农作物种子生产国之一。目前我国已建立种质资源收集、保护和鉴定体系，存量居全球前列。2022 年 3 月，中国正式施行新《种子法》，新法律打击假冒伪劣种子，鼓励中国种业进行高标准创新。同时，中国高度重视种质资源的收集和保存（种质资源又称遗传资源），目前农作物种质资源达 52 万份，仅次于美国的 55 万份，位居世界第二位。在精准鉴定方面，我国已建立了表型与基因型相结合的种质资源鉴定评价体系，包括植物新品种测试中心及其 27 个分中心，水稻、玉米、小麦等作物 1 万多个品种的 DNA 指纹数据库以及 35 种作物的分子鉴定技术标准，利用多样化的地方品种和野生近缘种中的优异特性，筛选出一批高产、优质和抗逆性强的种质资源。丰富的种质资源为研究农作物的起源和进化、种质资源的发掘和创新、培育农作物新材料和新品种奠定了坚实的物质基础。

五、种业科技资源

种业科技是指用于种业生产方面的科学技术及针对种业育种研发的各种高效技术手段，即高科技种业和高效生物育种。而种业科技资源是从事种业科技活动的人力、物力、财力以及组织、管理、信息等软、硬件要素的总称。它既为种业科技活动提供了物质保障，也为种业生物育种、新品种研发提供了基础性条件保障，是国家农业现代化的重要战略资源①。

---

① 周寄中，胡志坚，周勇．在国家创新系统内优化配置科技资源[J]．管理科学学报，2002(3)：40－49.

新中国成立以来，中国种业科技开始建立起一定的研究体系和人才队伍，实施了一系列的科技政策和措施，带动了一些重要科技成果和品种的研发和推广，如杂交水稻、半矮秆小麦、抗旱玉米等，提高了种业生产能力和抗灾能力。1978 年改革开放至今，中国种业科技进入了快速发展的新时期，国家加大了科技投入和支持力度，建立了完善的科技创新体系和服务体系，加强了国际合作和交流，引进和消化了一批先进的技术和设备，培养和吸引了一批高层次的科技人才，取得了一系列的重大突破和创新成果，如转基因作物、精准种业、数字种业、生物育种等，为确保国家粮食安全、振兴中国种业奠定了坚实的基础。

（一）人力资源

在传统农业生产方式下，种植业是一种劳动密集型产业。相对于田间作物生产来说，种子繁育更是劳动密集型产业。中国是一个拥有 14 亿多人口的农业大国，其中农业人口总数在 4 亿左右。农业劳动力资源是科技的承载者，截至 2021 年底，全国农业科研机构拥有科研人员 7.23 万人，农业领域新晋两院院士 46 人，234 项成果获得国家自然科学奖、技术发明奖、科学技术进步奖①，为促进农业科技进步和农业农村经济社会发展做出了突出贡献。因此，与发达国家相比，我国劳动力成本相对较低，加上我国与发达国家的经济总体水平存在一定差距，我国的劳动力资源、农业种业科研人员的比较优势在近期内还不会消失，这为我国种业的低成本发展保留了时间和空间。广大勤劳、智慧的中国农民和育种科研工作者朴实的生活作风，也为产生优秀的种业研发推广人员和生产者提供了深厚的人力资源储备。

（二）种业科技资源

1. 中国种业科技资源的基本情况

在育种技术上，我国早在 20 世纪 70 年代初就广泛地开展了杂交优势

① 李浩．上可高耸入云 下能植根大地：农业科技人才建设实现连天接地全面覆盖[N/OL]．农民日报，(2022－08－19)[2024－03－01]．http://www.moa.gov.cn/xw/bmdt/202208/t20220819_6407344.htm.

利用与研究，先后培育推广了一批杂交水稻、杂交小麦、杂交玉米等新品种，使我国在杂交水稻等领域达到了国际先进水平。我国科研人员紧跟国际育种技术发展趋势，广泛使用分子生物学、转基因技术等现代生物学技术手段，培育了优质、高产、多抗的超级稻、杂交玉米、优质小麦、转基因抗虫棉等突破性优良新品种，使我国优良良种覆盖率达到95%以上，良种对粮食增产的贡献率超过40%，为实现我国粮食产量"十九连丰"提供了科技支撑。

（1）科技创新能力不断增强。我国种业目前拥有一支庞大的研究队伍和一批优秀的研究机构，每年投入大量的资金和其他资源进行科技创新活动，申请和授权的专利数量不断增加，发表的学术论文数量和质量不断提高，获得的国家奖项数量和级别不断提升，形成了一批具有国际影响力的原创性和领先性的科技成果。

（2）科技服务能力不断提升。我国种业已经建立了覆盖全国各地区和各类种业生产主体的科技服务网络，包括国家级、省级、市级、县级等各级种业科技推广机构，以及各类专业合作社、龙头企业、示范基地等，这些农作物种业科研、育种机构，以乡土化、信息化、市场化、社会化为特征，可以提供科技咨询、培训、示范、转化等多种形式的服务，有效地促进了科技成果的转化和应用，提高了种业生产的科技含量和附加值。同时，来自农民、服务农民、植根于农民的农村科技协调人员也在一定程度上推进了农作物育种工作的创新发展。

2. 当前种业科技政策发展导向

随着全球化趋势和区域化合作的深入发展，中国种业将面临更加激烈的国际竞争，需要不断提升自身竞争力和影响力，以适应和应对这些挑战。同时，中国种业也面临全球气候变化、生物安全、经贸摩擦等挑战，需要不断增强自身的应对能力和抗风险能力。此外，随着中国经济社会的快速发展，人们对农产品的需求不断增加和升级，对种业生产的效率、质量、安全、环保等方面提出了更高的要求。而且，中国种业面临着资源约束、环境压力、人口老龄化、劳动力短缺等问题。这些都需要加大种业科研创新力量整合力度，为未来种业的可持续发展提供更多的支撑和保障。

我国一贯高度重视种业转基因技术发展，坚持把发展转基因作为增强产业核心竞争力、把握产业发展主动权的国家重大科技战略。2016 年，《中华人民共和国国民经济和社会发展第十三个五年规划纲要》提出，加强种业科技自主创新，加快生物育种、农机装备、绿色增产等技术攻关；国务院印发《“十三五”国家科技创新规划》，提出加强技术研究，加大研发力度，推进重大产品产业化，强化新技术研发，使我国种业转基因生物研究整体水平跃居世界前列，为保障国家粮食安全提供品种和技术储备。2021 年的《中共中央关于制定国民经济和社会发展第十四个五年规划和二〇三五年远景目标的建议》把生物育种列入八大前沿领域之一，实施一批具有前瞻性、战略性的国家重大科技项目。2022 年 3 月，习近平总书记在看望参加全国政协十三届五次会议的农业界、社会福利和社会保障界委员并参加联组会时强调，要发挥我国制度优势，科学调配优势资源，推进种业领域国家重大创新平台建设，加强基础性、前沿性研究，加强种质资源收集、保护和开发利用，加快生物育种产业化步伐①。

2024 年中央一号文件指出，要优化种业科技创新战略布局，支持重大创新平台建设。加快推进种业振兴行动，完善联合研发和应用协作机制，加大种源关键核心技术攻关力度，加快选育推广生产急需的自主优良品种。开展重大品种研发推广应用一体化试点，推动生物育种产业化扩面提速。

第二节 中国农作物种业发展概况

新中国成立以来，种业快速发展，并取得了巨大的成就。根据发展的内容和特点，我国种业发展历程大致可分为以下几个阶段，具体如图 1 – 1 所示。

---

① 习近平看望参加政协会议的农业界社会福利和社会保障界委员[N/OL].(2022 – 03 – 06)[2024 – 03 – 01]. http://www.cppcc.gov.cn/zxww/2022/03/06/ARTI1646577477981140.shtml.

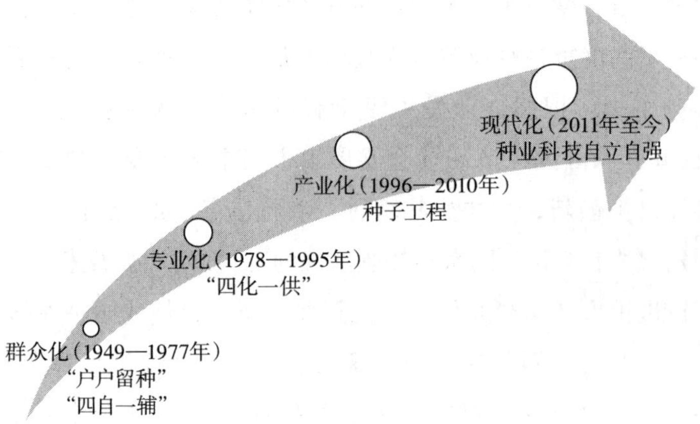

图1-1　中国种业发展历程

一、初步建立种子管理法规体系阶段（1996年之前）发展概况

（一）种业群众化发展阶段（1949—1977年）

1. "户户留种"阶段（1949—1957年）

我国自古以来以农立国，先民在长达数千年的种业生产实践中选育了无数适应本地栽培条件的优良品种，积累了丰富的选种经验。北魏年间的《齐民要术》已开始出现选种的方法："粟、黍、穄、粱、秫，常岁岁别收，选好穗纯色者，劁刈高悬之，至春治取、别种，以拟明年种子。"元代的《农桑辑要》、明代的《农政全书》与《天工开物》均有所记载。新中国成立初期，百业待兴。我国种业技术水平整体落后，种子基础尤为薄弱，种业生产仍旧延续古代"家家种田，户户留种，粮种不分，以粮代种"的选种方式，基于此诞生的《五年良种普及计划（草案）》也奠定了新中国成立初期我国种子工作的整体基调：①种业部门建立了种子专职管理机构，负责粮、棉、油料等种子管理工作。各省、市、县成立种子局、种子站，逐步形成种子管理和良种推广体系。②制定良种繁育推广制度，如下发《关于农作物种子调剂必须建立责任制度的通知》。③加强良种繁

育和引进。积极支持科学家自主开展良种培育，并通过建立示范农场进行种子繁育推广，1956 年已建立 2000 多个全国性的示范农场。

“家家种田，户户留种”的育种方式是我国受限于技术水平与经济条件的无奈选择，虽然有利于降低良种选育成本，扩大良种规模，但也存在推广时间慢、单产低等问题，又因为社会主义改造基本完成，这种方式已经不适应良种繁育和推广，粮食单产难以大幅提高，实行新的种业发展方针迫在眉睫。

2. “四自一辅”阶段（1958—1977 年）

1958 年 4 月召开的全国种子会议明确提出“四自一辅”的种子工作方针，即“主要依靠种业社自繁、自选、自留、自用，辅之以必要调剂”。“四自一辅”的种子工作方针是在特殊的社会历史条件下形成的，既符合人民公社集体经济对良种的需求，避免了盲目调种给种业生产造成的损失，也有助于在遇到自然灾害等情况时国家集中力量进行救助，对社会主义建设时期种业的发展具有重要的指导意义。1962 年为进一步加强种子工作，中央下发文件明确良种在种业生产中的重要地位；生产队用自己的“种子田”繁育良种；规范原有的示范农场、种子站；建立科研机构培育优良品种，示范农场繁殖良种，种子站推广良种机制。1972 年国务院在批转农林部《关于当前种子工作的报告》时肯定了“四自一辅”的重要性并提出建立完善良种体系，一方面，鼓励开展群众选育良种工作，不断提高种子质量；另一方面，建立县、公社、生产队三级繁育推广体系。整体来讲，新中国成立以来实行的“户户留种”“四自一辅”，提高了当时的粮食生产力，并在一定程度上促进了良种的繁育和推广。但是受种业生产条件的影响，育种方式主要是生产队或农户自己选种，基本上粮种不分，种子单产较低，亟须提升种子专业化繁育水平。

（二）种业专业化发展阶段（“四化一供”阶段：1978—1995 年）

为解决农户留种存在的质量低、专业化不足的问题，我国在总结“四自一辅”时期历史经验的基础上结合国际经验，国务院于 1978 年 5 月批转了农林部《关于加强种子工作的报告》，提出实行“四化一供”种子工作方针，要求种子生产专业化、加工机械化、质量标准化和品种布局区域化，县级统一供种，实现育种从农户繁育向专业化方向转变，因此，该阶段又称为种业专业化发展阶段。

这一时期的主要举措有：①重建种子管理经营机构。1978 年，经国务院批准，农林部成立中国种子公司，与农林种子局行政、技术和经营“三位一体”。随后各省、地、县相继成立种子公司。到 1993 年，全国各级国有种子公司约 2700 家，其中包含 30 家省级种子公司，330 家地、市级种子公司和 2323 家县级种子公司。此外，又先后在浙江、湖南等地建立种子生产基地，以及国家种子资源库，良种的生产、管理和经营等环节进入专业化发展阶段。②开展种业国际交流合作。1988 年中国种子公司正式加入国际种子贸易协会（现为国际种子联合会），积极开展种子进出口工作，从加拿大、比利时等国家引进大麦品种进行培育生产，比本土品种增产 15% 以上。同时推动国内农作物种子出口，据中国种子集团公司统计，1981—1991 年，河南信阳地区共出口日本绿肥种子 2472.5 吨，为国家创汇 500 多万美元。③初步建立种子管理法规体系。为加强种子工作的管理，维护涉种人员合法权益，1989 年 3 月，国务院发布了《中华人民共和国种子管理条例》，对种质资源管理、种子选育与审定、种子生产经营等方面做了具体规定。此后，国家、地方法律法规与制度相继出台，我国种子管理进入有法可依的新阶段，为种子产业发展提供了法治保障。

“四化一供”阶段，我国种子生产建立了一套较为完善的引进、繁育和推广体系，种子商品化程度和良种覆盖率显著提高，推动了传统种业向现代种业的转变。其中，“四化”基本符合现代种子产业的要求，说明当时已经具备了产业化发展的基础；但“一供”限制了种子产业化发展，使得种子行业整体框架仍未打破计划经济体制的限制，普遍存在政事企不分、地方保护、种子杂乱等问题。此外，统一供种的低效率限制了产业发展，不符合社会主义市场经济的发展要求。

二、种业产业化发展阶段（1996—2010年）发展概况

1995年9月，国务院时任副总理姜春云在全国种子工作会议中正式提出要实行“种子革命”，创建“种子工程”。同月，党的十四届五中全会明确指出从国家战略层面实施“种子工程”，加快良种培育、引进和推广工作，种子发展进入产业化和市场化阶段。为贯彻落实党的十四届五中全会精神，1996年1月，《中共中央 国务院关于“九五”时期和今年农村工作的主要任务和政策措施》进一步提出，把实施种子工程作为依靠科技进步发展种业的一件大事，要安排专项资金，组织专门力量，确保种子工程顺利实施，加强科研体制机制改革，推进种业产业化。以强化种子加工包装设施建设为突破口，实现种子加工包装标牌商品化，通过提高种子商品化率带动良种选育、种子引繁、生产经营管理体系建设，建立适应市场的种子产业化新体系。

这一时期的主要工作有：①建立健全种业管理机构。1995年4月，农业部成立了种子工作领导小组和种子产业化实施小组，落实推进种子产业化的各项职能职责。②开展种子管理法治化。2000年7月，《中华人民共和国种子法》（以下简称《种子法》）颁布，具体地对种质资源保护、品种选育审定及保护、种子生产经营、种子监督管理等内容做了规定，推动我国种业发展走向法治化道路，对我国种业产业化发展起到了关键性作用。③开展种子经营市场化。《种子法》相关规定鼓励和支持科研院所建立种子企业，培育推广农作物新品种，种子产业化之路初见端倪。2006年5月，《国务院办公厅关于推进种子管理体制改革加强市场监管的意见》明确要求实行政企分开，事企脱钩，加快推进种子管理体制改革。截至2010年，我国种子市场规模已高达500亿元，仅次于美国。④初步建成种子“育、繁、推”体系。通过实施“种子工程”建设系列举措，不断完善种业基础设施，农作物种质资源库（圃、区）、品种改良（分）中心、国家级原种场、四级种子检测中心、种子种苗繁育基地等相继投入使用，我国农作物种子“育、繁、推”体系初步形成。截至2010年，国内“育、繁、

推”一体化企业数量增加到近百家。

由此，我国实现了由种子发展向种业发展的转变，种子生产经营由单一主体向多元主体转变，推动了育种体系优化提升，提高了种子企业的市场竞争力。但是我国种业发展仍处于初级阶段，种子市场化时间短，国内种企数量多、规模小、产业化水平低、育种创新能力弱，育种政策和设施不健全，以及面临国外种业巨头的严重威胁，亟须建立现代育种体系，提高种业创新能力。

三、种业现代化发展阶段（2011 年至今）发展概况

2011 年，国家提出要构建以产业为主导、企业为主体、基地为依托、产学研相结合、“育、繁、推”一体化的现代农作物种业体系，突出强调了企业的主体作用。至此，我国进入种业现代化发展阶段。党的十八大以来，党和国家高度重视种子工作，2020 年中央农村工作会议提出种子是种业的“芯片”，习近平总书记多次强调要下决心把民族种业搞上去。

这一时期的主要工作有：①完善法律法规。2013 年 6 月全国人大常委会修订了《种子法》，颁布了《全国现代农作物种业发展规划（2012—2020 年）》。2020 年中央经济工作会议初次把“解决好种子和耕地问题”列为 2021 年的经济工作八大重点之一，坚决要打好种业翻身仗。2021 年 7 月 9 日，中央全面深化改革委员会第二十次会议通过《种业振兴行动方案》；同年 12 月，十三届全国人大常委会第三十二次会议通过《全国人民代表大会常务委员会关于修改〈中华人民共和国种子法〉的决定》，将种源安全提升到事关国家安全的战略高度，为我国种业健康发展提供了强有力的法律保障。②深入推进体制改革。《关于深化种业体制改革提高创新能力的意见》明确提出，要注重提高企业自主创新能力，构建商业化的育种体系，推动科研体制、审定制度等改革。③扶优扶强企业竞争力。与上一阶段明显不同的是，强调通过深化体制改革，提高种企的创新能力。2022 年中央一号文件明确指出，要全面实施《种业振兴行动方案》，把种业振兴放在突出位置，大力扶持发展优质种业。

在各种政策支持引导下，我国种业企业的市场主体和创新主体地位得以彰显，种子企业实力不断增强，种业科技创新取得新成效。据农业农村部公开数据，2021 年全国种业科技进步贡献率达到 61. 5%，我国跨入世界第一方阵，其中良种的贡献率达 45% 以上。经过多年持续攻关，我国种业科技水平稳步提升，自主选育的农作物品种种植面积占全国实际播种面积的 95% 以上，基本实现主要粮食作物良种全覆盖。但同时，我国种业发展总体水平不高，种企竞争力水平与发达国家以及国外先进企业相比还很低。

第三节　中国农作物种业政策概况

新中国成立后，我国种子政策法规的演变经历了不同时期的探索，走出了一条适合中国种业发展的政策路径。

一、初步建立种子管理法规体系阶段（1996 年之前）政策概况

新中国成立初期到改革开放，我国种子工作基本处于农民群众自繁、自选、自留、自用，辅以政府必要调剂阶段。这一时期在国家高度计划经济管理下，种子管理政策的出台主要集中在对种业、商业部门的协调和管理方面。改革开放伊始，邓小平同志强调“有了种子公司还要立个种子法”。在此指示下，1984 年黑龙江率先出台地方性种子法规《黑龙江省农作物种子管理条例》，此后多个省份也先后出台了一系列适合当地的种子法规。1984 年 4 月，河南省颁布《河南省农作物种子管理条例》；7 月，山西省出台《山西省农作物种子管理条例》。这些地方性法规为制定统一的全国性种子法规奠定了重要基础。

1989 年，《中华人民共和国种子管理条例》出台，标志着我国初步建立起种子管理法规体系，开始进入有法可依、依法治种的新时期。农业部相继颁布了《中华人民共和国种子管理条例农作物种子实施细则》《种子

检验管理办法》等规章制度。到1992年底，我国已有18个省、市、自治区颁布了种子管理条例和办法，初步形成了以《中华人民共和国种子管理条例》为基础、以地方管理条例和部门规章为支撑、从中央到地方相互配合的种子管理法规体系①，具体政策概览见表1－1。

表1－1　初步建立种子管理法规体系阶段（1996年之前）政策一览表

发布时间	政策名称	重点内容
1950年2月	农业部印发《五年良种普及计划（草案）》	提出“广泛发动群众进行选种工作，以县为单位评选优良品种”的具体方针；要求各省成立种子公司，掌握良种繁殖推广工作情况
1956年3月	国务院印发《关于春耕生产的指示》	要求各省、县种业部门根据当地情况分别限期建立和健全种子机构，并在县以下选择重点，迅速建立经营良种的种子站。加强种子管理和良种推广的工作。农业部据此成立种子管理局，各省、专区、县种业部门也相继成立种子局（处）、种子站（股、组）
1962年11月	《关于加强种子工作的决定》	指出由种子站进行良种推广，恢复了原有的种子工作机构
1972年	国务院批转《关于当前种子工作的报告》	再次强调了“四自一辅”的工作方针，同时要求以县为单位逐步建立健全良种繁育体系，大力开展群众性的选种工作，优中选优，提纯复壮，不断提高种子质量；要把农作物南繁工作重点放在科学研究和新品种加代繁殖上
1979年9月	《中共中央关于加快农业发展若干问题的决定》	要建立健全种子公司的经营系统，搞好品种审定、良种繁殖和普及、经营管理、种子检验、防止种子退化和种子混杂等规章制度，并早日制定颁布种子法
1984年1月	《黑龙江省农作物种子管理条例》	对科研育种、品种审定、种子生产、种子经营、救灾备荒种子、种子检验与检疫、种子加工与贮藏、奖励与惩罚做了具体规定
1989年3月	《中华人民共和国种子管理条例》	对种质资源管理、种子选育和审定、种子生产、种子经营、种子检验和检疫、种子贮藏等方面做了具体规定，国家有计划地建立种子生产基地，实行专业化生产；国家建立种子贮备制度

① 赵佳佳．新中国成立以来种子事业的发展历程与经验启示[J]．当代中国史研究，2021，28(6)：47－65，158．

续表

发布时间	政策名称	重点内容
1991 年 6 月	《中华人民共和国种子管理条例农作物种子实施细则》	各级种业部门的种子公司是种子生产经营的主渠道，负责按计划生产供应良种

资料来源：根据网站公开资料整理所得。

二、种业产业化发展阶段（1996—2010 年）政策概况

20 世纪 90 年代初，我国出台的种子管理制度大多是计划经济体制下的产物，难以适应市场快速发展的步伐，一些地区种子市场秩序比较混乱，假劣种子坑农事件时常发生。为规范种业市场有序发展，提高品种选育水平，2000 年 7 月，《种子法》应运而生，标志着我国种业发展进入依法治种时期，为我国种业产业化营造了稳定的市场环境，对推动种业快速发展具有重要意义。

以 2000 年出台《种子法》为起点，国务院及农业部等相关部门先后颁布了 40 多项配套法规和规章。例如，为加强种业转基因生物安全管理，保障人体健康和生物安全而及时制定的《种业转基因生物安全管理条例》①，为规范农作物种子生产、经营许可证的审核、审批和管理行为而专门制定的《农作物种子生产经营许可证管理办法》②，为加强农作物种质资源保护，农业部颁布的《农作物种质资源管理办法》等，形成了以《种子法》为核心的多层次的种业法律法规体系。我国种业法律法规体系逐步完善，进入依法治种新时期。2009 年，农业部副部长危朝安在全国种子管理会议上，提出要确保种业“四大安全”，并把 2010 年确定为“种子执法年”③，带动种子管理工作迈上新台阶。具体政策概览见表 1－2。

① 国务院法制办公室．中华人民共和国常用法律法规全书(2002 年版)[M]．北京：中国法制出版社，2002：1989.

② 农业部产业政策与法规司．农业法律法规规章汇编[M]．北京：中国农业出版社，2003：206.

③ 农业部办公厅关于印发 2010 年种子执法年活动方案的通知[EB/OL]．(2021－10－26)[2024－03－01]．http://www.moa.gov.cn/gk/tzgg_1/tz/200912/t20091228_1407654.htm.

表 1－2　种业产业化发展阶段（1996—2010 年）政策一览表

发布时间	政策名称	重点内容
1996 年 3 月	“九五”计划	突出抓好“种子工程”，加快良种培育、引进和推广
1996 年 9 月	《种子工程总体规划》	建设和完善育种、引种系统；建设和完善种子生产系统；建设和完善种子加工包装系统；建设和完善良种推广、营销系统；建设和完善宏观管理系统。以种子加工、包装为突破口，抓中间带两头，以建设种子生产基地为基础，以组建集团为途径，以良种选育、引进、筛选、提纯、扩繁为重点
1997 年 10 月	《关于做好种子工程贷款及贴息资金管理工作的通知》	种子工程贷款用于纳入《种子工程总体规划》和《“九五”种子工程项目建议书》的种子加工中心、种子生产基地、种衣剂厂、种子包装材料厂、种子加工机械厂、国家南繁基地、种子批发市场等建设项目。种子工程贷款由中央和地方财政分别按年息 3% 给予贴息，贴息期限 2 年
2000 年 7 月	《种子法》	对种质资源保护、新品种保护、种子生产经营、种子监督管理等各方面做了具体规定
2006 年 5 月	《关于推进种子管理体制改革加强市场监管的意见》	按照建立社会主义市场经济体制的要求，加快推进种子管理体制改革，实现政企分开，强化管理，完善法制，规范种子市场秩序

资料来源：根据网站公开资料整理所得。

三、种业现代化发展阶段（2011 年至今）政策概况

自 2011 年起，国家高度重视现代农作物种业发展，出台了一系列政策措施。从政策导向来看，该时期我国种业政策主要集中在两大方向：一是强调企业主体地位，大力扶持龙头企业发展。2011 年 4 月，《国务院关于加快现代农作物种业发展的意见》出台，要求坚持企业主体地位，推动种子企业兼并重组、扶优扶强。《关于深化种业体制改革提高创新能力的意见》《全国现代农作物种业发展规划（2012—2020 年）》和《促进现代畜禽种业发展的意见》等政策文件的相继出台，强调注重提高企业自主创新能力，构建商业化育种体系，推进种子企业做大做强。制定《“十二五”期间进口种子种源免税政策实施细则》以及《关于取消“十三五”进口种子种源税收政策免税额度管理的通知》，利用财政税收手段，鼓励支持企

业兼并重组，整合资源并布局海外市场。二是致力于增强种业创新体系活力。2015 年 11 月 4 日，十二届全国人大常委会第十七次会议表决通过新修订的《种子法》，首次将“创新”二字写入其中，鼓励育种人才到种子企业开展交流合作以及育种成果转化等。

近年来，中央一号文件也不断凸显种业创新能力的重要性。2021 年《种业振兴行动方案》再次强调要实现种业科技自立自强、种源自主可控。2021 年 8 月，种业振兴行动正式实施。2022 年 5 月，国家发展和改革委员会颁布《“十四五”生物经济发展规划》，提出发展现代种业等 7 项建设工程，推动生物育种，完善种质资源保护体系建设，加快构建商业化育种创新体系。国家种业政策的频繁出台为我国种业发展指明了方向，鼓励种业创新，做大做优种子企业，推进我国种业振兴，具体政策概览见表 1－3。

表 1－3　种业现代化发展阶段（2011 年至今）政策一览表

发布时间	政策名称	重点内容
2011 年 3 月	“十二五”规划	加快农业生物育种创新和推广应用，开发具有重要应用价值和自主知识产权的生物新品种，做大做强现代种业
2011 年 4 月	《国务院关于加快推进现代农作物种业发展的意见》	强化农作物种业基础性公益性研究、加强农作物种业人才培养、建立商业化育种体系、推动种子企业兼并重组、加强种子生产基地建设、完善种子储备调控制度等重点任务
2012 年 7 月	《关于印发“十二五”国家战略性新兴产业发展规划的通知》	形成一批现代生物育种和农用生物产品创新平台。产品发展能力跻身国际先进水平，1～2 家种子企业进入全球种业 20 强，10～15 家农用生物制品企业具有国际竞争优势
2012 年 12 月	《全国现代农作物种业发展规划（2012—2020）》	建立新型农作物种业科技创新体系，加强种业基础性公益性研究，构建以企业为主体的商业化育种体系，做大做强种子企业，加强种子生产基地建设，严格品种审定与保护，强化种子市场监管，健全种子市场调控体系，提升农作物种业人才素质，加强种业国际交流与合作
2013 年 12 月	《关于深化种业体制改革提高创新能力的意见》	要求“深化种业体制改革，充分发挥市场在种业资源配置中的决定性作用……促进产学研结合，提高企业自主创新能力，构建商业化育种体系”

续表

发布时间	政策名称	重点内容
2015 年 11 月	全国人大修订《种子法》	自 2016 年 1 月 1 日起施行。新《种子法》新增了“新品种保护”和“扶持措施”两章内容，品种管理、种子生产经营、种子监督管理、法律责任等章节也有较大的改动
2016 年 3 月	“十三五”规划	发展现代种业，开展良种重大科技攻关，实施新一轮品种更新换代行动计划，建设国家级育制种基地，培育壮大“育、繁、推”一体化的种业龙头企业
2018 年 6 月	《关于实施绿色循环优质高效特色农业促进项目的通知》	推进品种改良、品质改进，筛选一批优质、抗病、适应性强、适销对路的优良品种，恢复一批传统特色当家品种，提升良种繁育能力
2019 年 2 月	《关于 2019 年度种子种源免税进口计划的通知》	“十三五”期间继续对进口种子（苗）、种畜（禽）、鱼种（苗）和种用野生动植物种源免征进口环节增值税
2020 年 2 月	《2020 年推进现代种业发展工作要点》	要求统筹作物和畜禽种业发展，补短板、强弱项，充分发挥种业在保障粮食安全和重要农产品有效供给，特别是生猪稳产保供方面的重要作用
2021 年 1 月	《中共中央、国务院关于全面推进乡村振兴加快农业农村现代化的意见》	明确种子是种业现代化的基础，强调“我国应当尊重科学、严格监管，有序推进生物育种产业化应用。加强育种领域知识产权保护。支持种业龙头企业建立健全商业化育种体系，加快建设南繁硅谷，加强制种基地和良种繁育体系建设，研究重大品种研发与推广后补助政策，促进育、繁、推一体化发展”
2021 年 2 月	《关于鼓励种业转基因生物原始创新和规范生物材料转移转让转育的通知》	要发挥生物育种创新在塑造种业科技竞争新优势中的核心作用，根据《生物安全法》《种子法》等相关法律法规，进一步促进和规范种业转基因生物研发应用相关活动
2021 年 3 月	“十四五”规划	加强种质资源保护利用和种子库建设，确保种源安全。加强农业良种技术攻关，有序推进生物育种产业化应用，培育具有国际竞争力的种业龙头企业
2021 年 7 月	《种业振兴行动方案》	明确了实现种业科技自立自强、种源自主可控的总目标，提出了种业振兴的指导思想、基本原则、重点任务和保障措施等一揽子安排，为打好种业翻身仗、推动我国由种业大国向种业强国迈进提供了路线图、任务书

续表

发布时间	政策名称	重点内容
2021 年 8 月	《“十四五”现代种业提升工程建设规划》	对“十四五”我国种业基础设施建设布局的总体思路、框架体系、重点项目、保障措施等做出了全面部署安排，主要涵盖农作物种业、畜禽种业、水产种业能力提升三个方面，为加快推进种业振兴，实现种业科技自立自强、种源自主可控提供了支撑
2021 年 9 月	《主要农作物品种审定办法（2021 年修订）》	拟于 2021 年 10 月 1 日起实施。《审定标准》对 2021 年修订的国家级稻、玉米品种审定标准进行详细说明
2022 年 2 月	《农作物种子生产经营许可管理办法》（2022 年修订）	明确农作物种子生产经营许可证的申请、审核、核发和监管等内容
2023 年 3 月	《农作物种质资源共享利用办法（试行）》	各国家级中期库和种质圃负责农作物种质资源的共享分发。国家农作物种质资源长期库和复份库保存的种质资源不直接提供共享利用，未经农业农村部批准，任何单位和个人不得动用
2022 年 5 月	《“十四五”生物经济发展规划》	重点围绕生物育种、生物肥料、生物饲料、生物农药等方向，推出一批新一代种业生物产品，建立生物种业示范推广体系，完善种质资源保护、开发和利用产业体系

资料来源：根据网站公开资料整理所得。

‖ 中　创新发展篇 ‖

第二章　农作物种业高质量发展水平测度研究

农业强国是社会主义现代化强国的根基，确保粮食安全则是我国农业强国建设的基础。种业作为农业的“芯片”，确保农作物种业持续稳定地高质量发展，是实现中国农业强国建设、确保粮食安全的关键所在。黄河流域9省（区）作为中国重要的农业生产基地，自古以来就承载着国家粮食安全和经济发展的重要使命。面对当前我国农作物种业与欧美发达国家相比，仍显落后的现状与所面临的严峻挑战，本章以黄河流域9省（区）为样本区域，探究农作物种业高质量发展的区域差异与时空演变特征，并探讨推进农作物种业高质量发展的具体建议，以期为中国农作物种业高质量发展提供借鉴，同时对推进种业振兴、实现农业强国建设发挥重要作用。

第一节　基本概述

一、相关概念界定

（一）农作物种业

农作物种业，是以农作物种子为对象，为农业生产提供优质商品化种子，以现代农业科技成果和管理技术为手段，集种子科研、生产、加工、销售和管理于一体的产业整体。

种业位于农业产业链的最顶端，属于农业领域中科技含量最高且不可或缺的生产资料，对作物产量、质量和抗性等方面都具有重要的决定性意义。它是国家综合实力的集中反映，是种子资源、国家投入、企业实力、基础科研、人才队伍、体制机制、农业生产、文化传统、市场需求等各种相关因素在种子这个领域充分融合的结果。

关于种业的分类方法，最主流的是按照种子农作物属性分类，将种子分为粮食作物种子、经济作物种子、工业原料种子、饲料作物种子和药材作物种子等。种业的核心是育种技术的创新突破，为农业生产提供高品质、高效益、高产量的作物种子品种。根据农业农村部种业管理司的职责，种业还包括种质资源的保护与利用、植物新品种管理保护，即种业可细化为从源头种质资源到育种技术再到品种权保护，最后到种子市场监管的产业链条。

（二）高质量发展

2017 年，中国共产党第十九次全国代表大会首次提出高质量发展的新表述。高质量发展指可以满足人民日益增长的美好生活需要的发展。高质量发展包含数量与质量两方面，二者联系密切，又各有侧重。前者主要反映事物从一个阶段转变到另一个阶段的速度与规模，后者主要反映事物从一个阶段转变到另一个阶段的结果与效益。目前学界关于高质量发展的研究，较多从宏观经济发展的速度、效率、均衡化等方面切入，或从经济系统构成的单元、组织与结构等方面逐一研究其特征和实现条件。作为一种新的发展理念，高质量发展的目标在于提升发展质效、兼顾生态环境、协调经济发展结构，构建现代化的经济体系，提升人民福祉。高质量发展的内涵，可概括为三个方面：以新发展理念为理论依据和引领，将其作为出发点和落脚点；以生态保护和经济发展为核心，统筹推进经济发展与生态保护，将生态优先、绿色发展作为高质量发展的内涵；以经济发展为核心，认为高质量发展的本质是经济的高质量发展，核心是满足人民对生活和生态的追求。从产业层面出发，高质量发展是指产业规模的持续扩大与结构的不断优化，以及创新效益和质量效益的不断提升。

（三）农作物种业高质量发展

当前我国发展正处在转变发展动力的关键阶段，发展不再是简单的发展，而是需要综合考虑创新、协调、绿色、开放、共享五个维度相统一的发展。综观学界已有研究成果，其对农业高质量发展内涵、指标体系构建及空间分布差异等进行了较为丰富的研究，尽管种业与农业关系密切，但关于种业高质量发展内涵和指标体系构建的详细研究目前仍在讨论中。基于本书视角和对已有文献的梳理，将农作物种业高质量发展内涵界定为：在保障农作物种业产业规模持续稳健发展的前提下、在保障农作物种子产业绿色要素生产率持续提升的需求下，构建涵盖种质资源保护、育种科研攻关、种子市场管理等整个全产业链条各环节协同发展的作物种子产业新格局，形成创新驱动发展、绿色持续发展、协调全面发展、开放强化发展、共享推进发展的现代作物种子产业体系，筑牢农业农村现代化与人民美好生活的种业根基。

二、相关研究文献回顾

（一）种业发展相关研究

粮安天下，种铸基石。种业关系到一个国家农业发达与否和科技水平的高低，对当今全球粮食安全起着关键作用。从世界范围看，真正意义上种业的形成是以 1743 年法国创立了世界上第一家植物和种子专卖店维尔莫林（Vilmorin）公司、种子成为商品为标志。此后经过 100 余年的发展，到 19 世纪中后期农作物种子才真正发展成为一项产业。种业发展相关研究经历了从孟德尔（G. J. Mendel）生物遗传规律的发现促使美国遗传育种学家沙尔（G. H. Shull）和伊斯特（E. M. East）创造的杂交育种方法的 2.0 时代，到沃森（J. D. Watson）与克里克（F. H. C. Crick）DNA 双螺旋的发现创造的生物育种技术的 3.0 时代，再到大数据、人工智能等新科技、新技术的持续发展，种业科技水平不断提升的 4.0 时代。

大致来看，全球以美国为代表的现代种子产业大体经历了 4 个发展阶段：①政府主导阶段（1900—1930 年），政府管理作物品种改良协会或种子认证机构，促进种业发展；②立法阶段（1931—1970 年），通过立法实行品种保护，促进商业种子市场逐步扩大；③竞争性垄断阶段（1971—1990 年），伴随种子企业间横向并购和高新技术引入，制药、农化大企业进入并逐步主导种业，使种业朝着集科研、生产、销售、服务一体化垄断方向发展；④科技种业全球化阶段（1991 年至今），种业呈现产业链一体化和与其他产业密切相关的特点（赵军明，2020）①。

我国种业在2000 年《种子法》出台后得到了快速发展，但中国种业经历的发展阶段和科研育种体制制约了中国种业"育、繁、推"一体化的迅速发展。W. Qiu（2009）根据中国种业不同阶段发展的特点，认为整合种业供应链是中国种业未来的发展方向。李万军等（2011）、瞿小艳等（2014）认为中国种业发展模式不同于西方的种子产业链模式及"繁、育、推"一体化，主要是科研院所与高校选育品种，再把新品种权转让给种企进行繁育推广。仇焕广等（2022）通过剖析中国种业"育、繁、推"一体化发展机制，发现中国种业发展的现阶段存在育种研发以科研院所为主、种企参与不足等问题。王术坤等（2022）通过与国际种业对比，认为我国种业发展存在创新不足、市场监管混乱、产业化程度较低和种质资源收集保护不足等问题。李登旺等（2016）利用种企间的比较得出我国种业发展停滞的原因是产权有效保护不足致使育种创新缺乏动力，研发与市场脱轨，管理部门职能错位。面对种业发展困境，李秀丽（2010）认为政府需加大投资力度以整合种质资源，提高种企市场准入门槛以提升集中度，加强育种人才队伍建设等。王帅等（2017）认为深化种业供给侧结构性改革可以保障种业安全，促进种业发展。仇焕广等（2022）剖析新时期粮食安全的保障，认为种业发展对粮食安全以及粮食生产的可持续性至关重要。

---

① 赵军明．基于"南繁硅谷"建设的海南现代农作物种业提升路径研究[M]．北京：中国农业科学技术出版社，2020：62－64.

张红亮、姚先玲等（2012）研究发现我国种业科技资源和人才主要集中在农林高等院校和农业科研院所，科研和产业之间“两张皮”的现象依然存在，种子企业自主创新能力不足，科研经费投入少，难以与发达国家的种子企业竞争。朱俊峰等（2019）从种业知识产权的应用、法律、实践等方面对我国种业知识产权保护现状进行剖析，认为在我国种业发展中，还明显存在种业侵权行为及种业知识产权保护制度不够完善、保护意识不足等问题。李顺国等（2021）研究发现中国种业面临着种子繁殖系数高、品种权落实力度不够、科研和平台建设有待加强、缺乏突破性大品种等挑战。郑怀国等（2021）基于国际视角深入分析了我国种业存在的问题，认为我国种质资源库国外起源种质资源占比低，缺乏原始创新突破以及种子产业竞争力较弱。蒋和平等（2022）指出我国种业发展中存在农作物种质资源流失与种质资源研究薄弱、农作物育种科技创新体系不健全、农作物生物技术及育种领域水平较低、农作物育种企业缺乏核心竞争力、农作物优良品种及推广与售后服务模式落后、农作物育种知识产权保护滞后等六大问题①。

（二）农作物种业高质量发展相关研究

高质量发展是全面建设社会主义现代化国家的首要任务。张军扩等（2019）提出，高质量发展是以满足人民日益增长的美好生活需要为目标的高效率、公平和绿色可持续的发展。任保平等（2018）提出实现高质量发展需要从技术创新、产业创新、制度创新与促进人的全面发展等方面着手②。赵剑波等（2019）从发展层面、环境因素、基础条件三个方面研究高质量发展，认为高质量发展系统需要不断地优化。Mlachila 等（2014）认为对发展中国家而言，增长率更高、更持久的社会友好型增长是高质量的增长，其影响增长质量的因素包括政治稳定性、公共扶贫支出、宏观经济稳定性、金融发展、制度质量以及一些外部因素。谢会强等（2021）根据 30 个

---

① 蒋和平，蒋黎，王友年，等．国家粮食安全视角下我国种业发展的思路与政策建议[J]．新疆师范大学学报（哲学社会科学版），2022，43（04）：77－88，2.

② 任保平．2018 年中国经济形势分析与预测[M]．北京：社会科学文献出版社，2017：156－170.

省份的面板数据，运用分位数回归模型的方法研究不同分位数水平下高技术产业技术创新、产业集聚对区域经济高质量发展的作用效果，认为高质量发展呈现出明显的空间相关性。刘书昊（2022）构建了中国农业高质量发展相应指标体系并进行测度分析，得出推进农业科技创新有助于高质量发展的结论。

全国政协常委、农业和农村委员会副主任张桃林（2019）首次对种业高质量发展进行论述，认为种业高质量发展是农业农村高质量发展的保障。为实现中国农业农村现代化建设，必须首先保障粮食安全。种业作为国家战略性、基础性核心产业，在耕地资源紧约束的背景下，将有限的耕地资源优先用于粮食生产，种业发展质量是关键。当前阶段，推进育种技术创新突破、种质资源保护与利用，是种业振兴的突破口。

目前，学界关于种业高质量发展的研究最早可见于张力科（2019）提出的分子检测技术有助于推进种业高质量发展。杜晓伟等（2019）、吴伟（2019）认为科学完善的种子质量标准体系，是实现种业高质量发展的基础，探索并构建我国种子认证制度有助于推动种业高质量发展。Germana（2011）认为种业高质量发展的核心是育种技术的突破，现有基因育种技术是粮食增产的主要原因，需要企业主导、制度保护、市场开放等条件共同作用完成（胡霞等，2021；靖飞等，2021）。但目前我国种业高质量发展存在许多问题，有学者认为我国种业高质量发展存在资源环节、育种环节与市场环节的挑战；各区域的种业高质量发展存在明显不平衡。宋罗娜等（2022）、David 等（2016）认为若想实现种业高质量发展，需从发展思路和实施方案两方面入手：一方面加强对农业农村部、科技部与种企的审计监督（和杰，2023），另一方面完善种业基地建设、推进种企规模扩大（宋忠明等，2023）。种业高质量发展需要更多关注知识产权保护，罗明智等（2021）认为2022年3月1日起实施的新《种子法》聚焦于植物新品种知识产权保护，有效从制度层面强调了种业高质量发展战略。

（三）文献述评

综上所述，相关学者对农作物种业高质量发展的研究颇少，且大多数研究处于初级阶段或理论阶段。学者一致认为育种技术创新是实现农作物种业高质量发展的关键，且对于高质量发展的研究大多先设立相应的指标评价体系进行测度分析，后以回归模型探究影响高质量发展的因素。而关于农作物种业高质量发展的研究缺少实证分析支撑，无法全方位衡量农作物种业高质量发展水平，得出的结论不免呈现间断性、局部性，且由于地域特点不同，对地区间发展差异并未进行系统分析。基于此，本章选取黄河流域作为样本区域，利用2012—2021年的面板数据，在已有学者研究基础上从高质量发展五个维度（创新、协调、绿色、开放、共享）构建农作物种业高质量发展指标体系并进行测度分析，对流域内农作物种业高质量发展的地域特点及差异来源予以阐明，并对流域内农作物种业高质量发展的驱动机制进行解释。

三、样本区农作物种业发展现状

黄河作为中华文明的主要发源地，不仅见证着中华民族的兴衰更替，更是我国社会发展的重要经济带，其流域内省份的农业、工业以及第三产业发展势头整体良好。农作物种业作为农业发展的基础，其高质量发展不仅关乎我国农业强国建设，更是社会稳定的保障。由于种业发展受到资金、技术、市场、气候等多重因素影响，提高农作物种业发展质量是实现黄河流域乃至我国种业振兴的关键。

（一）中国农作物种业发展概况

中国是一个历史悠久的农业大国和用种大国，我们的祖先早在7000多年前就认识到种子的重要性。中国种子行业发展起步较晚，种子市场一直到新中国成立之后才得以初步建立并缓慢发展，在当时特殊的内外部环境下，种子行业的生产与经营等活动完全由政府主导。随着社会经济的高速发展与外部环境的改变，这种政府主导型的全封闭发展模式已难以适应种业发展的新形势，自20世纪90年代我国一系列种子行业改革政策出台以来，我国种子行业逐步走上了产业化、市场化的道路。以2000年《种子法》颁布实施为标志，中国农作物种业开始市场化进程且市场化程度不断提高，种业整体水平快速提升，为保障“中国人的饭碗任何时候都要牢牢端在自己手上，我们的饭碗应该主要装中国粮”做出了重要贡献。目前，中国是仅次于美国的世界第二大种子市场，每年种植作物种子1200万吨，市场价值约190亿美元，水稻、小麦、玉米、大豆等主要作物的种子需求量巨大。其中，水稻、小麦种子实现了自给自足，玉米、大豆种子接近于自给自足。但在国产蔬菜种子品种方面，尽管其比重不断攀升，但仍无法满足市场多样化需求，每年进口蔬菜种子约占全部蔬菜种子的15%。

（二）黄河流域农作物种业发展概况

1. 黄河流域农作物种业基本概况

黄河流域从东至西流经青海、四川、甘肃、宁夏、内蒙古、陕西、山西、河南及山东9省（区），全长5464公里，流域面积几乎涵盖中国北方地区的一半，流域内常年日照时数2000～3300小时，年均降水量200～650毫米（上游与下游则多数大于650毫米），一年四季分明，是我国重要的农牧业生产基地。截至2021年，黄河流域9省（区）农作物播种面积占全国的34.44%，贡献了35.63%的中国粮食产量。

2020年，山东省第三次全国农作物种质资源普查共征集、收集资源7513份，河南省累计新收集农作物种质资源7500份，甘肃省收集到106种农作物种质资源2440份，青海省普查收集农作物种质资源1715份，涉及227个物种[①]。随着中国式农业现代化步伐的加快、种业振兴战略的全面推进实施，黄河流域农作物种业质量不断提升。自1997年中国建立植物新品种保护制度以来，农业植物新品种权[②]累计申请量达76914件，累计

① 根据农业农村部种业管理司公布数据整理，其余省份未公布。

② 农业植物新品种权，是指完成育种的单位或个人对其得到授权的农作物新品种依法享有的独占权，与专利权、著作权、商标权一样属于知识产权范畴。

授权量超过 3 万件，自主选育品种占比近 94%，为从源头上保障国家粮食安全做出了积极贡献。

如图 2－1 所示，仅 2021 年黄河流域 9 省（区）共有农业植物新品种权申请量 2620 件，授权量 795 件，申请量与授权量均达到历史新高且涨幅分别为 31.66%、26.39%。随着黄河流域 9 省（区）农作物种业育种技术水平的快速提升，农业植物新品种权申请量从 2012 年的 318 件增加到 2021 年的 2620 件，授权量从 55 件增长至 795 件，净增长量为 13 倍之多。尤其是 2017 年后农业植物新品种权申请量增长迅速，虽然农业植物新品种授权量呈逐年上涨趋势但涨幅较小，表明申请/授权通过率不高且呈下降趋势，未来需大力进行农作物种业原始技术创新突破，以实现农作物种业发展高效、高质。

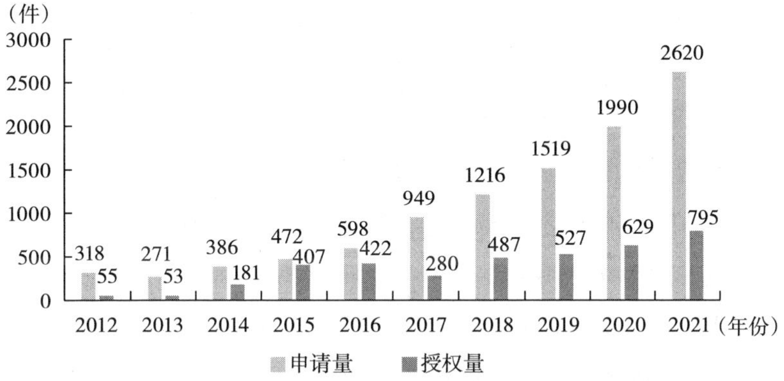

图 2－1　2012—2021 年黄河流域 9 省（区）农业植物新品种权申请量与授权量

资料来源：根据网站公开资料整理所得。

2. 黄河流域农作物种业发展的自然条件

基于农作物种业的特有属性，农作物种业育种会受到自然禀赋气候条件限制，表现为突出的地域性，只有在适宜的气候条件下才表现为优秀的品质特征。因此，种子需要在特定时间、特定地点，利用特定条件、采用特定技术、按特定程序进行生产；且育种研发的种子是以投入具体区域实地大田生产为导向的，不同种子品种的优质性状最终在各类不同耕地土壤中得以表现。其中，农作物生长离不开光照和水分，尽管随着科学技术的高速发展，实验室育种可以克服诸多自然禀赋条件不足，如温度、日照、水分等，但良好的自然禀赋资源更利于农作物种业发展。2021 年黄河流域 9 省（区）年日照时间如图 2－2 所示，其中内蒙古与宁夏的年日照时间最长，分别为 2734 小时和 2717 小时，而四川的年日照时间最短，仅为 1384 小时。充足的年日照时间为黄河流域农作物种业发展提供了有利的地域条件。

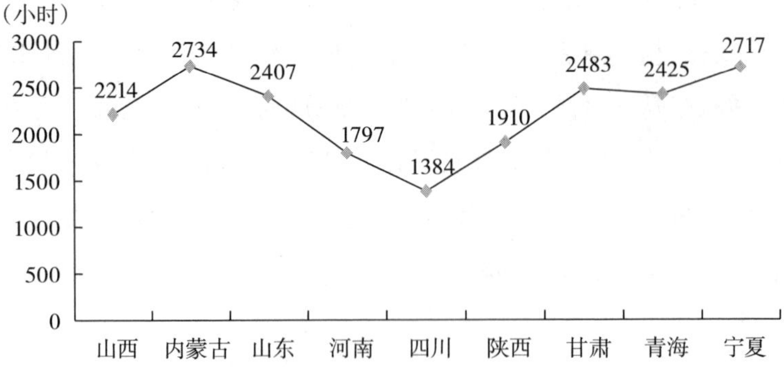

图 2－2　2021 年黄河流域 9 省（区）年日照时间

资料来源：根据网站公开资料整理所得。

3. 黄河流域农作物种业发展的科研条件

回顾我国种业发展之路，受体制机制影响，绝大多数优质种质（基因）资源、许多优秀的种业人才和技术主要集中在农业科研院所。一直以来，公益性农业科研院所主要承担种业原种保种、新品种选育甚至扩繁及推广等职能，作为市场主体的种业企业却处于育种研发的从属地位，其大多数种业研发基础设施条件较为薄弱，主要依赖外部创新成果，企业发展可持续性差。同时，种子研发和生产联结的不紧密性，使得国内农作物种业发展面临"散、杂、多、小、乱"的困境，导致农作物种子市场混乱，无名、假冒、劣质种子充斥市场。

根据农业大数据平台数据，2012—2021 年黄河流域 9 省（区）农作物新品种审定量呈现发展水平差异较大的情况（见附表 1）。如图 2－3 所示，2021 年内蒙古种业企业（包含与科研院所合作）研发获取的农作物新品种审定量占比高达 87.6%，宁夏种业企业（包含与科研院所合作）研发获取的农作物新品种审定量占比为 87.0%，表明种企、科研院所通力合作，发挥各自比较优势，不仅可以缓解种业企业科研投入的诸

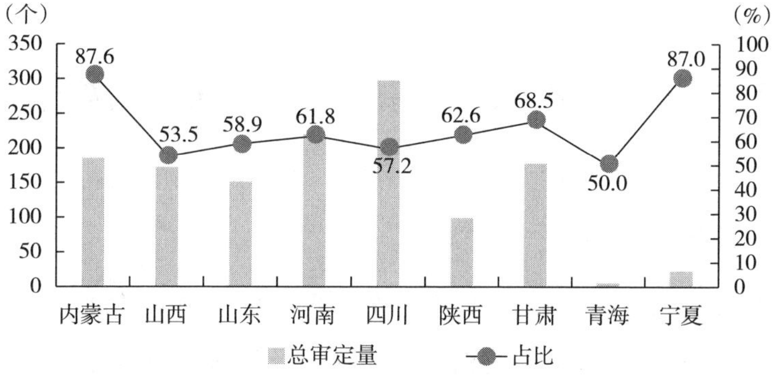

图2-3　2021年黄河流域9省（区）各省（区）农作物新品种总审定量及其种业企业（包含与科研院所合作）研发获取的审定量占比

多压力，调动科研院所的研发积极性，还将有利于进一步推进中国种业振兴。

近年来，随着种子企业市场主体地位回归，加之政府政策支持，我国种子研发逐渐形成种企、高校、农科院所、种子推广站等多元化的研发推广体系，为种子市场资源优化配置提供了保障。农业大数据平台数据显示，2012—2021年黄河流域9省（区）农作物种子主要推广品种数量在2020年、2021年出现下降（见图2-4），反映出农作物种业品种有效化，农作物种子向着高质量发展，种子普适性增强，“冒牌”、“套牌”、假冒伪劣品种占比降低。

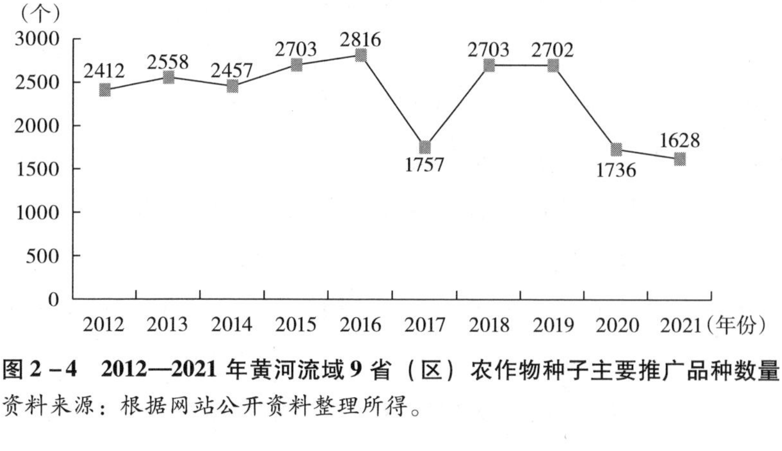

图2-4　2012—2021年黄河流域9省（区）农作物种子主要推广品种数量

资料来源：根据网站公开资料整理所得。

第二节 农作物种业高质量发展水平测算分析

一、样本区概况

黄河流域是指黄河从源头到入海全程水系所影响的地理生态区域，作为中国农业经济开发最早、面积最大的区域，黄河流域范围广，流域内地理条件、气候环境存在巨大差异。

为研究中国农作物种业高质量发展水平，本章选取黄河流域作为样本区域并将其分为上、中、下游三个区域，参考张可云、张颖（2020）[①]对黄河流域的划分，把上游和中游区域的划分点选择在内蒙古托克托县河口镇，中游与下游区域的划分点选择在河南郑州桃花峪，上游包含28个地级市（州），中游包含26个地级市，下游包含河南与山东的19个地级市。由于本章研究农作物种业高质量发展问题，而市级、县级的相关数据大量缺失导致本书无法细分至地级市进行研究，因而将黄河流域上、中、下游的范围进行相应调整，其中下游包括山东、河南2省；中游包括山西与陕西2省；上游则包括内蒙古、甘肃、宁夏、青海和四川5省（区）。

农作物种业快速发展是由广阔的耕地、先进的育种技术、良好的自然禀赋和开放的市场环境等共同决定的，而良好的气候环境与高标准试验农田则是育种研究的重要支撑。根据国家地理信息公共服务平台的黄河流域9省（区）行政区划图可知，黄河流域下游和中游区域面积小于上游面积，其地势特点是从东往西海拔越来越高，上游和中游区域的7个省（区），除四川外其余6省（区）地貌类型复杂多样，山地、高原、丘陵等占比很高，农作物耕种自然禀赋条件并不优越，

---

① 张可云，张颖．不同空间尺度下黄河流域区域经济差异的演变[J]．经济地理，2020，40(7)：1－11.

但下游的山东和河南2省则是我国重要的农作物耕种区和粮食主产区。统计数据显示，2021年山东、河南2省的农作物播种面积分别为10948.6千公顷和14705.1千公顷，上游的内蒙古、甘肃、宁夏、青海和四川5省（区）农作物播种面积分别是8743.3千公顷、3997.9千公顷、1175.9千公顷、583.9千公顷、9999.9千公顷，位于中游的山西与陕西农作物播种面积之和7777千公顷（4189+3588）则远远低于山东的10948.6千公顷。

综上，黄河流域9省（区）尽管土地资源禀赋差异较大，但良好的气候条件和光热资源以及自古以来积累的传统育种经验和技术，为本书的研究奠定了良好基础。

二、农作物种业高质量发展评价指标体系构建

（一）农作物种业高质量发展评价指标构建

高质量发展是可持续的发展，是全面性、多维度的发展，是高效益、高品质的发展，高质量发展需涵盖创新、协调、绿色、开放、共享五个维度，农作物种业高质量发展的评价指标体系也要以此五个维度进行构建。基于农作物种业自身特性属于高科技含量、高附加值和高资本投入的高科技产业，且是农业基础性生产资料，在当前全球粮食安全的挑战下，农作物种业产业高质量发展评价指标体系构建要以可行性为前提，同时农作物种业高质量发展评价指标体系的构建应当在数据资料相关信息可获取的基础上进行。因此，在保障数据的可得性与真实性的前提下，构建起相对完善的评价指标体系是本书的难点与创新点。

系统性是评价指标体系构建的关键，一个指标体系是否可以准确无误并相对全面地体现出农作物种业高质量发展是由指标构建的系统性显现的，所选取的评价指标需在创新、协调、绿色、开放、共享五个维度的基础上进一步细化，使其可在新发展理念的条件下评价黄河流域农作物种业高质量发展水平。农作物种业是农业生产链条中的重要一环，农作物种业高质量发展的评价指标体系构建可在一定程度上参考农业高质量发展的评

价指标体系。

科学性是指在依据评价指标体系和相关数据测算后所得出结论是否科学，文章的结论是否可行以及结论是否正确都需要有一个科学的评价指标，科学性决定了指标的选取不能过于杂乱、空洞或毫无关联。本书在指标体系构建的可行性、系统性、科学性原则上构建出较为合适的、全面的农作物种业高质量发展水平指标体系，同时坚持新发展理念，评价指标体系包括创新、协调、绿色、开放、共享五个维度，最终构建的指标体系如表 2－1 所示。

表 2－1　黄河流域 9 省（区）农作物种业高质量发展指标体系

维度指标	要素指标	基础指标	度量方式	指标属性
创新驱动发展	育种技术	新品种审定量	当年通过的新品种审定数量	正向
		新品种授权量	当年授权的新品种数量	正向
		作物种子效益	农作物总产量/农作物种植总面积	正向
		作物种子性能	作物种子需求量/农作物种植面积	负向
	研发能力	研发支出	科技研发支出×第一产业占比	正向
		研发人员数量	研发人员全时当量×第一产业占比	正向
协调全面发展	产业结构	农业产值结构比	农业产值/（各省份）GDP	负向
	金融支持	作物种业金融支持水平	（各省份）涉农贷款数额/（各省份）GDP	正向
		农林牧渔金融支持水平	（各省份）农林牧渔贷款额/（各省份）GDP	正向
绿色持续发展	土壤环境	作物种子化肥需求	农作物化肥使用量/种植面积	负向
		作物种子农药需求	农作物农药使用量/种植面积	负向
	种子经济能力	平均育种时间	全国平均作物种子育种年限	负向
		作物种子需求量	全国作物种子需求量×各省份种植面积占比	负向
开放强化发展	种业开放度	作物种子产业竞争力	作物种子产业进口额/出口额	负向
		育种技术论文数量	Web of Science 育种技术论文数量	正向
		作物种子产业资产规模	作物种子产业市场规模×各省份种植面积占比	正向

续表

维度指标	要素指标	基础指标	度量方式	指标属性
共享推进发展	区域推广率	推广品种数量	主要推广作物种子品种数量	负向
		主要品种推广面积	主要作物种子品种的总推广面积	正向
	产研融合度	种企（含科研院所合作）审定量占比	种企（含合作）新品种审定量/总审定量	正向
		“育、繁、推”机构占比	“育、繁、推”机构数量/作物种子企业总量	正向

1. 创新驱动发展

农作物种业创新是高技术、高投入、长时期的创新，本书创新驱动发展维度选取育种技术、研发能力两个指标。其中育种技术由新品种审定量、新品种授权量、作物种子效益和作物种子性能四个基础指标构成。随着种业市场的完善，假冒伪劣产品逐渐退出市场，拥有省级审定（以下简称“省审”）、国家级审定（以下简称“国审”）的品种受到农户的信赖，这类品种将进一步扩大自身的市场份额，省审与国审激发了作物种业的育种研发创新。随着种业市场的完善，各类科研院所、种业企业争相申请省审、国审以稳固自身的市场地位，但过多的科研院所与种业企业各自为政导致申请数量近年来暴增，而实际得到授权的新品种却不多。同时选取新品种审定量、新品种授权量能更好地反映出黄河流域9省（区）的育种创新能力及其效率，在两个指标皆上涨并靠近时，体现农作物育种创新技术有效并成功实现研发成果转化。农作物种业创新发展是为了有效促进农作物产业的发展，作物种子效益的好坏可直接用农作物单位面积的产量进行表达，在剔除气候、土壤等客观因素后农作物单位面积产量越高则代表种子效益越高。种子播种后需经过长时间的生长，因此发芽率、重种率反映农作物种子的性能，高水平、高质量的农作物种子是以低重种率体现的，高水平的育种创新是以农作物种子的高效体现的。

创新依赖的是创新技术人才与科研资金的投入，特别是对于种业，其研发所需时间漫长且不确定性风险很高，若没有雄厚的、长期稳定的资金难以实现原始创新突破，而农作物种业原始创新突破是实现种业振兴必不可少的，但限于农作物种业的创新技术人才和资金数据难以获取，故在本书中对研发能力的代理变量及计算均以科技研发支出、研发人员全时当量与第一产业占比的乘积进行粗略表示。

2. 协调全面发展

农作物种业是农业生产的基础，其高质量发展也推动着农业高质量发展，农作物种业发展不是单一的作物种子发展，而是作物种业产业的整体发展，其包括种子研发、种业企业、农作物种业市场、管理制度等。拟选取产业结构代表种业产业发展，尽管这一做法不能清晰反映农作物种业发展结构，但农作物种业发展的结果是靠农业生产表现的，因此可用其进行表达。同时金融支持是一个产业发展的关键，资本是逐利的，基于农作物种业发展周期长的特性，仅依靠市场流动资金难以筹集足额支撑农作物种业发展的资本，因此，在发展前期阶段国家支持显得尤为重要。

3. 绿色持续发展

绿色发展是现代化建设的显著特征，农作物种业在稳质保量的基础上实现绿色转型，为实现种业振兴、确保国家粮食安全打下良好基础。农作物种业绿色发展本就是一种高质量发展，它是在环境制约、生产条件制约的条件下提出的。农作物种子生产所耗费的资源反映了农作物种业发展是否可持续，农作物种子生产的投入产出率、种子生长所需的化肥农药使用量都将影响发展的可持续性。绿色持续发展选取作物种子化肥需求、种子农药需求来表示土壤环境；用平均育种时间和作物种子需求量表示种子经济能力。选用土壤环境的原因在于种子抗虫害、抗病害能力影响后期大田农药、化肥的使用量，进而影响土壤生态环境；反之，绿色高效种子可以减少农药化肥的使用，作物种业高质量发展的结果之一必然是性状优异、抗虫抗害优质品种胜出，在减少化肥和农药使用的条件下保证增产增收。抗旱抗涝同样是高品质种子追求的一个目标，目前我国的育种方式仍以大田杂交育种为主、生物育种为辅，研发出的新品种要在大田进行耕作繁衍几代观察性状，选择在温度高、水分足的条件下观察新品种性状，将大大缩短育种时间周期，提升育种效率。

4. 开放强化发展

在国际种业市场竞争加剧，国内种业市场集中度不高、缺乏具有国际竞争力的种业企业背景下，持续高水平对外开放有助于种业企业提升创新能力，借助于市场整合优质资源，合力构建大型种企拓宽海外市场，抢占市场份额。农作物种子进出口量反映种业的国际竞争力，出口大于进口表示国外种业市场对我国农作物种子需求量较高，我国对国外种子的依赖度降低，利于确保粮食安全、筑牢农业根基目标的实现。科研院所研究成果的另一表现方式是科技论文，农作物种业的高水平论文是实现技术突破的关键，Web of Science 育种技术论文数量是作物种业发展的理论基础。农作物种子产业资产规模是衡量农作物种业开放度的重要指标，资产规模越大越能吸引外资进入，同时种业企业自身发展前景更广阔。

5. 共享推进发展

农作物种业共享推进发展维度指标用区域推广率和产研融合度表示，包含推广品种数量、主要品种推广面积、种企（含科研院所合作）审定量占比、“育、繁、推”机构占比四个基础指标。推广品种数量是体现农作物种子差异化的关键，推广品种数量多表示大多数种子性状无差异，不存在显著优点。单个品种推广面积越大则此品种普适性越突出，同时在农作物播种面积一定的条件下，单个品种推广面积直接代表种子的共享度。我国种业面临着产研分离的困境，科研院所以项目研究为导向、种业企业以市场为导向，二者间常常出现背离现象。在省审和国审的新品种中，申请主体是种业企业或种业企业与科研院所合作的数量越多，说明种业市场越趋于市场主导。只有以市场为主导，种业企业的活力才会被激发出来，种业高质量发展才能实现。“育、繁、推”机构数代表种业市场集中度，它是农作物种业高质量发展的重要指标。

（二）数据来源

黄河流域 9 省（区）农作物种业高质量发展评价指标的数据来源均为

历年各省份统计年鉴、《中国统计年鉴》、《中国科技统计年鉴》、《中国农村统计年鉴》、《中国农村金融服务报告》，部分农作物种子的数据根据中国种业大数据平台、农业农村部种业管理司、海关数据网在线查询平台、中国农业农村信息网以及 Kynetec 网、世界农化网（中文站）等整理得到，对于少数缺失的数据使用 Stata 16.0 软件进行线性插值补齐以满足面板数据的要求，具体数据来源及说明见表 2－2。

表 2－2　数据来源及说明

序号	数据名称	数据来源	说明
1	统计数据	2013—2022 年各省份统计年鉴、《中国科技统计年鉴》、《中国农村统计年鉴》、《中国农村金融服务报告》等	少数缺失的数据使用 Stata 16.0 软件进行线性插值补齐，大量缺失的数据由合理估算得出
2	农作物种子数据	中国种业大数据平台（http：//202.127.42.145/bigdataNew/）中国农业农村信息网（http：//www.agri.cn/）	按年份查询后整理，对于缺失的数据，使用 Stata 16.0 软件进行线性插值补齐得出
3	种子进出口数据	海关数据网（http：//www.hgsj.com/）	搜索“种子进出口相关数据”并整理得出
4	种业市场规模	农业农村部种业管理司（http：//www.zzj.moa.gov.cn/）Kynetec 网、世界农化网（中文站）（https：//cn.agropages.com/Company-Wap/About－18494.htm）（https：//cn.agropages.com/Topic/）	根据网站公开的数据和收集的数据整理得出
5	育种技术论文	Web of Science 数据库（http：//www.webofscience.com/）	以农业技术、育种为关键词搜索得出
6	产研融合度	农业农村部乡村产业发展司农产品加工指导司（http：//www.xccys.moa.gov.cn/）各省种子管理站	使用企查查网站匹配企业成立时间与注册地信息，电子邮箱（e－mail）联系种子管理站得出
7	农产品相关数据	布瑞克农业互联网（http：//www.chinabric.com/）	收集整理得出

资料来源：郑秀娟．基于随机前沿的物流业发展效率及区域差异分析［J］．统计与决策，2018，34（18）：121－124.

三、样本区农作物种业高质量发展水平测算

基于已经构建的黄河流域农作物种业高质量发展评价指标体系，采用熵值法对黄河流域农作物种业高质量发展水平进行测度，并据此分析2012—2021年黄河流域农作物种业高质量发展态势、各省份总体时序变化特征以及上、中、下游的区域特征。

当前，学界对高质量发展水平测算较为通用的方法是主观赋权法与客观赋权法。主观赋权法主要是层次分析法和德尔菲法，其具有对数据要求不高、思路简单等优点，但缺点也很明显，即过于主观，并且要求决策者对决策内容熟悉，否则会导致较大偏差。客观赋权法主要包括熵值法、主成分分析法、灰色系统法以及主模糊数学法等，客观赋权法主要是根据数据的差异和相关关系确定指标权重，其虽然避免了主观赋权法的随意性，但陷入就数据而论的陷阱，基于严谨性与科学性采用客观赋权法中的熵值法进行分析。

（一）熵值法

熵值法的概念最早是由 Shannon 在 1948 年提出，是用来判断某个指标的离散程度的数学方法。熵值法属于一种客观赋值法，其利用数据携带的信息量大小计算权重，得到较为客观的指标权重。熵值是不确定性的一种度量，熵越小，数据携带的信息量越大，权重越大；相反熵越大，信息量越小，权重越小。其具体的计算公式与步骤如下。

1. 整理原始数据构造数据矩阵

$$X=(X_{ij})_{mn}=\begin{pmatrix} x_{11} & \cdots & x_{1n} \\ \vdots & \ddots & \vdots \\ x_{m1} & \cdots & x_{mn} \end{pmatrix}=(A_1, A_2, \cdots, A_n) \tag{2-1}$$

式（2-1）中，X_{ij}（$i=1, 2, \cdots, m$；$j=1, 2, \cdots, n$）表示第 i 个对象的第 j 项指标值，A_j（$j=1, 2, \cdots, n$）为第 j 项指标的列向量数据。

2. 标准化处理

为评价黄河流域 9 省（区）农作物种业高质量发展水平所选取的指

标多种多样，各个指标的数量级、性质、正负性存在差异，在计算前需对数据进行标准化处理，指标的性质是正、负两种，数据的大小若与农作物种业高质量发展存在正向关系则为正向，否则为负向。同时，为避免经过标准化处理后某些年份的数据值出现为零的情况，所以对标准化后的值进行 0.001 平移：

$$当指标属性为正向时：Z_{ij}=\frac{x_{ij}-\min\ (x_{ij})}{\max\ (x_{ij})\ -\min\ (x_{ij})}+0.001 \tag{2-2}$$

$$当指标属性为负向时：Z_{ij}=\frac{\max(x_{ij})-x_{ij}}{\max(x_{ij})-\min(x_{ij})}+0.001 \tag{2-3}$$

其中，Z_{ij} 描述的是第 i 个子系统中的第 j 项指标的标准化值，$\max(x_{ij})$、$\min(x_{ij})$ 分别为某维度某项指标的最大值、最小值。

3. 计算权重和信息熵

计算第 j 项指标下第 i 个省份占该指标的比重 P_{ij}，并计算第 j 项指标的熵值 e_j，计算公式分别如下：

$$P_{ij}=\frac{Z_{ij}}{\sum_{j=1}^{m}x_{ij}} \tag{2-4}$$

$$e_j=-\frac{1}{\ln m}\sum_{i=1}^{m}(p_{ij}\ln P_{ij}) \tag{2-5}$$

其中，$1/(\ln m)>0$，且 $0<e_j<1$。

4. 计算第 j 项指标的差异系数

$$g_j=1-e_j \tag{2-6}$$

5. 计算权重与综合得分

$$W_j=\frac{g_j}{\sum_{j=1}^{n}g_j} \tag{2-7}$$

$$Z_i=\sum_{j=1}^{n}W_jZ_{ij} \tag{2-8}$$

其中，W_j 是第 j 项指标的权重，Z_i 是黄河流域农作物种业高质量发展水平的综合得分。

（二）黄河流域农作物种业高质量发展水平综合分析

根据表 2－1 构建的黄河流域农作物种业高质量发展评价指标体系，经过测算得出 2012—2021 年黄河流域 9 省（区）农作物种业高质量发展水平综合评价值（以下简称"发展水平值"），具体如表 2－3 所示。基于研究需要，下文将按照总体评价和分段评价的思路，根据测算的研究期内黄河流域农作物种业高质量发展水平值，全面探讨黄河流域 9 省（区）2012—2021 年农作物种业高质量发展的现况，以达到进行整体性分析的研究目的。

表 2－3　2012—2021 年黄河流域 9 省（区）农作物种业高质量发展水平值

地区		年份										均值
		2012	2013	2014	2015	2016	2017	2018	2019	2020	2021	
上游	内蒙古	0. 1888	0. 2066	0. 2220	0. 2425	0. 2455	0. 2514	0. 2529	0. 2703	0. 2882	0. 3265	0. 2495
	甘肃	0. 1858	0. 1913	0. 2140	0. 2563	0. 2693	0. 2755	0. 2832	0. 2748	0. 2787	0. 3373	0. 2566
	宁夏	0. 1580	0. 1632	0. 1709	0. 1868	0. 1888	0. 1966	0. 1944	0. 2030	0. 2194	0. 2201	0. 1901
	青海	0. 1108	0. 1111	0. 1112	0. 1243	0. 1333	0. 1277	0. 1296	0. 1289	0. 1383	0. 1452	0. 1260
	四川	0. 2719	0. 2852	0. 2982	0. 3437	0. 3546	0. 3675	0. 3925	0. 3988	0. 4404	0. 4644	0. 3617
中游	山西	0. 2130	0. 2451	0. 2622	0. 2757	0. 2814	0. 2988	0. 3180	0. 3383	0. 3683	0. 3658	0. 2967
	陕西	0. 1885	0. 1906	0. 1998	0. 2189	0. 2199	0. 2672	0. 2796	0. 2731	0. 2905	0. 3031	0. 2431
下游	山东	0. 3638	0. 3738	0. 4140	0. 4457	0. 4870	0. 5044	0. 5365	0. 5715	0. 6583	0. 7437	0. 5099
	河南	0. 2809	0. 2892	0. 3185	0. 3842	0. 3885	0. 3882	0. 4841	0. 5207	0. 5753	0. 6108	0. 4240
总体		0. 2179	0. 2285	0. 2456	0. 2753	0. 2854	0. 2975	0. 3190	0. 3310	0. 3619	0. 3908	0. 2953

1. 黄河流域农作物种业高质量发展总体特征

如表 2－4 所示，2012—2021 年 10 年间黄河流域 9 省（区）农作物种业高质量发展水平值逐年上升。如图 2－5 所示，黄河流域总体农作物种业高质量发展水平值从 2012 年的 0. 2179 增加到 2021 年的 0. 3908，涨幅达 79. 35%，黄河流域 9 省（区）农作物种业高质量发展水平五个维度则以不同的速率上升。这表明随着新发展理念的提出与践行，黄河流域农作物种业高质量发展水平呈现稳中上升态势，育种技术创新能力大幅增强，市场结构逐渐完善，种业研发主体逐渐由科研院所主导转向由市场主导，且农作物种业发展呈现出全面性、可持续性的发展势头。

表 2－4　2012—2021 年黄河流域农作物种业高质量发展各维度水平值

年份	高质量发展水平	五个维度				
		创新	协调	绿色	开放	共享
2012	0. 2179	0. 0580	0. 0278	0. 0467	0. 0303	0. 0551
2013	0. 2285	0. 0616	0. 0316	0. 0461	0. 0309	0. 0581
2014	0. 2456	0. 0726	0. 0348	0. 0473	0. 0324	0. 0586
2015	0. 2753	0. 0872	0. 0390	0. 0567	0. 0334	0. 0590
2016	0. 2854	0. 0919	0. 0413	0. 0591	0. 0318	0. 0613
2017	0. 2975	0. 0936	0. 0416	0. 0607	0. 0337	0. 0678
2018	0. 3190	0. 1111	0. 0380	0. 0635	0. 0362	0. 0702
2019	0. 3310	0. 1205	0. 0354	0. 0664	0. 0389	0. 0698
2020	0. 3619	0. 1398	0. 0358	0. 0710	0. 0432	0. 0722
2021	0. 3908	0. 1640	0. 0324	0. 0749	0. 0418	0. 0777

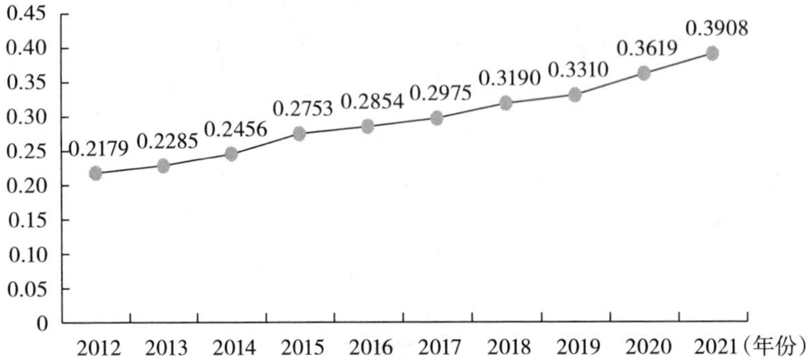

图 2－5　2012—2021 年黄河流域农作物种业高质量发展水平变化趋势

资料来源：根据网站公开资料整理所得。

如图 2－6 所示，2012—2021 年 10 年间黄河流域农作物种业高质量发展水平五个维度表现出变化不同、速率不同的态势。其中，创新维度发展最快且在 10 年间均保持着增长，农作物种业高质量发展水平创新维度数值 10 年间上升了 0. 106，上升幅度高达 182. 76%，是黄河流域农作物种业高质量发展水平提升的主要来源。创新维度值的大幅提升表明创新驱动发展已成为各地区农业发展（包含种业发展）的精神引领。

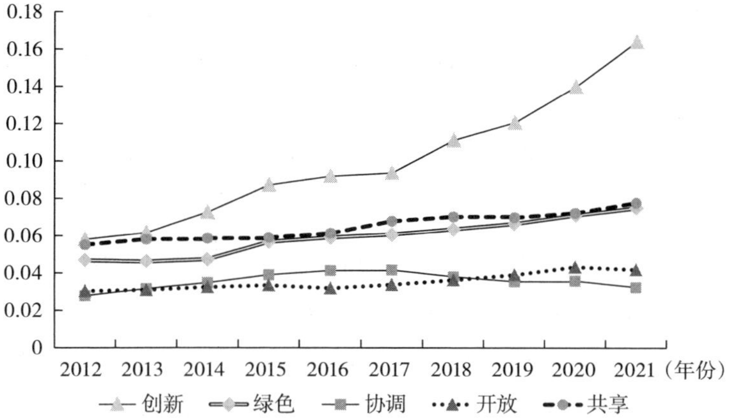

图 2－6　2012—2021 年黄河流域农作物种业高质量发展各维度水平变化趋势

资料来源：根据网站公开资料整理所得。

（1）当前，我国现代农作物种业体系在国家创新激励政策引领下，摒弃低质量育种体制的束缚，不断推动生物育种产业化扩面提速，实现育种科技攻关原始创新突破，培育出种业资源紧平衡状态下社会所需的高品质农作物种子。

（2）绿色和共享维度值在 2012—2021 年的 10 年间，同样保持着稳步上升的发展态势，其中，农作物种业高质量发展水平绿色维度值从 2012 年到 2021 年增长了 60.39%，共享维度方面则上升了 41.02%。2024 年 2 月 19 日中央全面深化改革委员会第四次会议审议通过的《关于促进经济社会发展全面绿色转型的意见》指出，“促进经济社会发展全面绿色转型是解决资源环境生态问题的基础之策，要坚持全面转型、协同转型、创新转型、安全转型，以‘双碳’工作为引领，协同推进降碳、减污、扩绿、增长，把绿色发展理念贯穿于经济社会发展全过程各方面”。2012 年农作物种业高质量发展水平的绿色维度值在创新和共享维度之下；经过 10 年的发展，2021 年，绿色维度值虽仍落后于创新发展维度值，但和农作物种业高质量发展水平共享维度值基本相同。伴随生物育种技术的持续创新，中国的农作物新品种已经拥有高强度抗病性、抗旱性、耐涝性，从而大大降低了化肥与农药的施用量。同时，互联网技术和现代物流业的发展也使得现代数字信息传播速度大大加快，优质的农作物品种实现了在不同地区间的充分流动，根据相关数据体现的育种前沿技术也打破了区域封锁壁垒，加速了全球育种技术的相互交流、携手共进。

（3）协调和开放维度值，2012—2021 年 10 年间虽均有所上升但上升幅度较小，其中协调维度值上升了 16.55%，开放维度值上升了 37.95%。值得注意的是，黄河流域农作物种业高质量发展水平的协调维度值在 2012—2021 年间表现为先上升后下降的趋势，其中 2017 年的值最大；而开放维度值虽有微弱下降趋势，但整体表现为上升，其中，2020 年的值最大。近年来，我国加快推进现代农作物种业高质量发展。2012 年开始实施《全国现代农作物种业发展规划（2012—2020 年）》，2021 年通过《种业振兴行动方案》，这些政策的实施无疑为黄河流域农作物种业发展提供了更好的发展契机。但基于我国农作物种业自身存在的育种体系不完善、推广服务模式不适应市场、种业科技金融支持力度不足、育种自主创新能力不强等问题，可能是导致协调维度和开放维度上述现状的原因。

2. 黄河流域农作物种业高质量发展上、中、下游区域特征

表 2－5　2012—2021 年黄河流域上、中、下游农作物种业高质量发展水平值

区域	年份	农作物种业高质量发展	五个维度				
			创新	协调	绿色	开放	共享
上游	2012	0. 1831	0. 0331	0. 0309	0. 0527	0. 0235	0. 0428
	2013	0. 1915	0. 0368	0. 0361	0. 0522	0. 0238	0. 0426
	2014	0. 2033	0. 0427	0. 0406	0. 0520	0. 0250	0. 0429
	2015	0. 2307	0. 0510	0. 0472	0. 0627	0. 0258	0. 0441
	2016	0. 2383	0. 0530	0. 0512	0. 0650	0. 0244	0. 0447
	2017	0. 2437	0. 0539	0. 0523	0. 0654	0. 0258	0. 0464
	2018	0. 2505	0. 0590	0. 0473	0. 0680	0. 0276	0. 0487
	2019	0. 2552	0. 0641	0. 0435	0. 0714	0. 0297	0. 0465
	2020	0. 2730	0. 0720	0. 0436	0. 0739	0. 0332	0. 0503
	2021	0. 2987	0. 0892	0. 0396	0. 0804	0. 0323	0. 0572

续表

区域	年份	农作物种业高质量发展	五个维度				
			创新	协调	绿色	开放	共享
中游	2012	0. 2008	0. 0455	0. 0241	0. 0537	0. 0280	0. 0495
	2013	0. 2179	0. 0482	0. 0273	0. 0533	0. 0284	0. 0606
	2014	0. 2310	0. 0517	0. 0289	0. 0591	0. 0292	0. 0622
	2015	0. 2473	0. 0575	0. 0322	0. 0644	0. 0299	0. 0633
	2016	0. 2507	0. 0566	0. 0333	0. 0643	0. 0277	0. 0688
	2017	0. 2830	0. 0610	0. 0322	0. 0698	0. 0297	0. 0903
	2018	0. 2988	0. 0712	0. 0291	0. 0700	0. 0319	0. 0966
	2019	0. 3057	0. 0787	0. 0277	0. 0731	0. 0341	0. 0921
	2020	0. 3294	0. 0895	0. 0277	0. 0814	0. 0388	0. 0920
	2021	0. 3345	0. 0951	0. 0243	0. 0814	0. 0376	0. 0960
下游	2012	0. 3224	0. 1328	0. 0238	0. 0246	0. 0497	0. 0916
	2013	0. 3315	0. 1372	0. 0248	0. 0238	0. 0512	0. 0944
	2014	0. 3663	0. 1682	0. 0261	0. 0235	0. 0540	0. 0945
	2015	0. 4150	0. 2075	0. 0252	0. 0339	0. 0561	0. 0922
	2016	0. 4378	0. 2245	0. 0245	0. 0392	0. 0542	0. 0953
	2017	0. 4463	0. 2255	0. 0242	0. 0399	0. 0576	0. 0991
	2018	0. 5103	0. 2814	0. 0235	0. 0458	0. 0619	0. 0977
	2019	0. 5461	0. 3034	0. 0232	0. 0470	0. 0667	0. 1057
	2020	0. 6168	0. 3596	0. 0243	0. 0535	0. 0724	0. 1069
	2021	0. 6773	0. 4202	0. 0222	0. 0544	0. 0697	0. 1108

黄河流域面积较大，流域内 9 省（区）间地域分布特征存在显著差异：下游地区多平原、气候温度适宜，大部分地区分布着适宜耕作的土地资源；中游地区主要为山地和一部分黄土高原，土地肥沃程度一般；上游地区多为高原、高山和丘陵，农业发展基础薄弱，致使农作物种业发展较为缓慢。因此，分析黄河流域上、中、下游农作物种业高质量发展水平有助于了解区域差异，因地制宜发挥资源优势。

如表 2－5 和图 2－7 所示，在黄河流域上、中、下游农作物种业高质量发展水平值中，下游水平值最高，中游次之，上游最低。黄河流域下游农作物种业高质量发展水平值2012—2021年10年间提升了110.08%，为上、中、下游最大上升幅度，其创新维度值更是从2012年的0.1328增加到2021年的0.4202，成为黄河流域农作物种业高质量发展水平值的黄金区；同时，黄河流域下游地区拥有中、上游地区无法相比的开放度、种业发展先天条件和育种基础条件，表明黄河流域下游农作物种业高质量发展水平值高，既是先天基础条件所致，也是后续政策、制度等努力的结果。

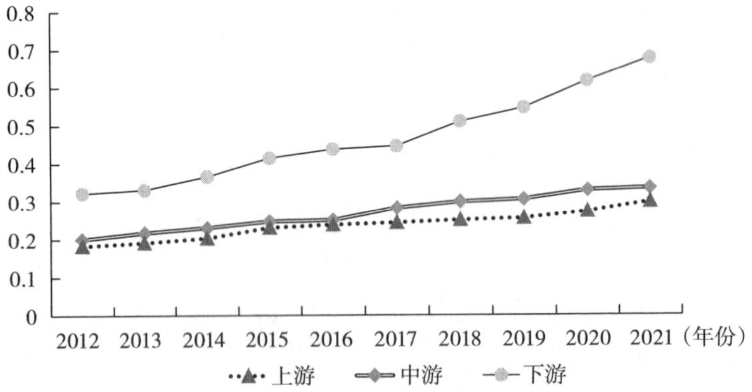

图2-7　2012—2021年黄河流域上、中、下游农作物种业高质量发展水平值

资料来源：根据网站公开资料整理所得。

中游地区的农作物种业高质量发展水平在10年间上升了66.58%，其协调维度值在2012—2021年无明显增长，但共享维度值与创新维度值涨幅相近，二者均在90%以上，说明在黄河流域中游创新维度虽是农作物种业高质量发展水平提高的主要原因，但共享维度对农作物种业高质量发展水平值提高的重要性在10年间和创新维度展现出并驾齐驱的态势。上游地区农作物种业高质量发展水平值10年内涨幅最小，2012—2021年10年间上涨了63.13%，增速与中游地区相近。2021年黄河流域上游地区农作物种业高质量发展水平的创新维度值和绿色维度值相近，分别为0.0892和0.0804，但创新维度值仍是上游地区农作物种业高质量发展水平增速最快的部分，增速高达169.49%，是上游农作物种业高质量发展水平值整体增速的近2.7倍。依据图2-7所计算的黄河流域农作物种业高质量发展水平值，通过对比发现 2012 年农作物种业高质量发展水平值在 0.3 以上的省份仅有山东，而到了 2021 年这一数值达到了 7 个，仅青海和宁夏 2 省（区）未达到 0.3 以上，表明黄河流域农作物种业高质量发展水平 10 年间显著上升。

第三节　样本区农作物种业高质量发展区域差异与时空演化

一、区域差异分析方法：Dagum 基尼系数

基尼系数是衡量一个国家或地区居民收入差距的常用指标，基尼系数值越接近 1 代表收入分配越不平等，越接近 0 代表收入越趋于平等。相较于传统的基尼系数，Dagum 基尼系数能够将研究值分解为区域内差距、区域间差距以及超变密度。Dagum 基尼系数计算公式如下。

$$G = \frac{\sum_{j=1}^{k}\sum_{h=1}^{k}\sum_{i=1}^{n_j}\sum_{r=1}^{n_h}|y_{ji} - y_{hr}|}{2n^2\mu} \tag{2-9}$$

其中，G 表示总体基尼系数；k 表示研究区域数量（本章研究区域为黄河流域上、中、下游，因此 $k=3$）；n 表示黄河流域 9 省（区）的个数（$n=9$）；μ 表示所考察省（区）农作物种业高质量发展评价值的均值；y_{ji} 和 y_{hr} 表示第 j（h）个区域内省（区）i（r）的农作物种业高质量发展水平；n_j 和 n_h 表示区域 j（h）内省（区）的个数。区域 j 的基尼系数 G_{jj}，区域 j 和区域 h 的基尼系数 G_{jh} 计算公式分别如下。

$$G_{jj} = \frac{\sum_{i=1}^{n_j}\sum_{r=1}^{n_h}|y_{ji} - y_{hr}|}{2n_j^2\mu^j} \tag{2-10}$$

$$G_{jh} = \frac{\sum_{i=1}^{n_j}\sum_{r=1}^{n_h}|y_{ji} - y_{hr}|}{n_j n_h(\mu_j + \mu_h)} \tag{2-11}$$

同时，本研究将总体基尼系数分解为区域内差异贡献率 G_w，净值差异贡献率 G_{nb} 和超变密度的贡献率 G_t，其计算公式如下。

$$G_w = \sum_{j=1}^{k} G_{jj} p_j s_j \tag{2-12}$$

$$G_{nb} = \sum_{j=2}^{k} \sum_{h=1}^{j-1} G_{jh} D_{jh} (p_j s_h + p_h s_j) \tag{2-13}$$

$$G_t = \sum_{j=2}^{k} \sum_{h=1}^{j-1} G_{jh} (1 - D_{jh})(p_j s_h + p_h s_j) \tag{2-14}$$

上述各式中，$p_j = n_j/n$，$s_j = n_j\mu_j/(n\mu)$，$p_h = n_h/n$，$S_h = n_h\mu_h/(n\mu)$，D_{jh} 表示区域 j 和区域 h 间黄河流域农作物种业高质量发展水平的相对影响，计算公式如下。

$$D_{jh} = \frac{d_{jh} - p_{jh}}{d_{jh} + p_{jh}} \tag{2-15}$$

$$d_{jh} = \int_0^{\infty} dF_j(y) \int_0^{y} (y - x) dF_h(x) \tag{2-16}$$

$$p_{jh} = \int_0^{\infty} dF_h(y) \int_0^{y} (y - x) dF_j(x) \tag{2-17}$$

在式（2－15）至式（2－17）中，d_{jh} 表示区域间农作物种业高质量发展水平的差值，即区域 j 和 h 中所有 $y_{ji} - y_{hr} > 0$ 的样本值加总值的期望，p_{jh} 表示超变一阶矩，即区域 j 和 h 中所有满足 $y_{hr} - y_{jr} < 0$ 的样本值加总值的期望，F_j（F_h）表示 j（h）区域的累积分布函数。

二、区域差异具体分析

表2－6为2012—2021年黄河流域农作物种业高质量发展水平值经过Dagum基尼系数分解后的结果，Dagum基尼系数越大表示农作物种业发展越不平衡。如表2－6所示，2012—2021年10年间总体Dagum基尼系数在逐渐上升，表明黄河流域农作物种业高质量发展水平区域差异呈上升态势，总体Dagum基尼系数值在10年间上升了38.55%。在构成总体差异中，区域内基尼系数 G_{jj} 10年间出现小幅上升态势，上升了约17.39%，2021年区域内基尼系数 G_{jj} 的值为0.054，而总体基尼系数的值为0.248，

说明区域内差异并非黄河流域上、中、下游农作物种业高质量发展水平区域差异的主要来源。具体来看，区域内差异贡献率 G_w 在 10 年间均保持在 20% 水平以上 30% 水平以下，从 2013 年开始贡献率逐渐降低，从 27.58% 下降到 21.73%，降低了 5 个多百分点，表明黄河流域农作物种业高质量发展在日益增大的区域差异中其组内[①]差异越来越小，这将有助于实现农作物种业协调全面、共享推进的高质量发展。

表 2-6　2012—2021 年黄河流域农作物种业高质量发展水平 Dagum 基尼系数及贡献率

年份	基尼系数				贡献率/%		
	总体	区域内基尼系数 G_{jj}	区域间基尼系数 G_{jh}	超变密度基尼系数 G_T	区域内差异贡献率 G_w	净值差异贡献率 G_{nb}	超变密度贡献率 G_t
2012	0.179	0.046	0.116	0.016	25.78	65.17	9.04
2013	0.181	0.050	0.114	0.016	27.58	63.36	9.05
2014	0.191	0.051	0.123	0.017	26.54	64.46	8.99
2015	0.194	0.051	0.120	0.023	26.26	61.99	11.75
2016	0.201	0.052	0.124	0.024	26.01	61.79	12.19
2017	0.195	0.052	0.127	0.015	26.96	65.48	7.56
2018	0.218	0.051	0.152	0.015	23.45	69.76	6.79
2019	0.227	0.050	0.163	0.014	21.99	71.85	6.17
2020	0.242	0.051	0.176	0.015	21.22	72.53	6.25
2021	0.248	0.054	0.174	0.020	21.73	70.19	8.08

由表 2-6 和图 2-8 可知，区域间基尼系数 G_{jh} 是总体 Dagum 基尼系数大小的主要原因，其从 2012 年的 0.116 上升至 2021 年的 0.174，上升幅度高达 50%，与此同时可以观察到区域间基尼系数 G_{jh} 在 10 年间均高于区域内基尼系数 G_{jj} 和超变密度基尼系数 G_T，说明黄河流域农作物种业高质量发展的区域间差异是造成整体差异的主要原因，且区域间基尼系数 G_{jh} 的变化趋势与总体基尼系数的变化趋势相同。在总体基尼系数（从 0.195 上升到

① 组内，其中“组”是指本章黄河流域上、中、下游的具体某一段区域，“组内”则指本章黄河流域上、中、下游某一具体区域内的简称。例如，上游内部的差异，也称为“组内”差异。

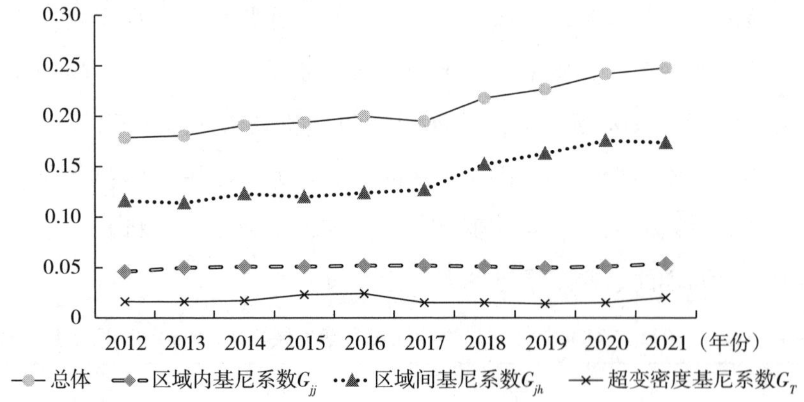

图2-8　2012—2021年黄河流域农作物种业高质量发展水平差异变化及来源

资料来源：根据网站公开资料整理所得。

0.218）上升最快的2018年也是区域间基尼系数 G_{jh}（从0.127上升至0.152）上升最快的年份，净值差异贡献率 G_{nb} 在研究期内的10年间均保持在60%以上，特别是2020年贡献率高达72.53%，进一步证明黄河流域农作物种业高质量发展的整体区域差异来源是净值差异贡献率 G_{nb}。超变密度基尼系数 G_T 在研究期内呈现上升—下降—上升的波浪形变化趋势，在2021年达到0.020，较2012年上升了25%，但是超变密度基尼系数 G_T 在2017—2020年均低于起始年份2012年的0.016。超变密度基尼系数 G_T 解释的是样本间交叉重叠问题，超变密度贡献率在研究期内基本保持在10%以下，说明促进黄河流域农作物种业高质量均衡性发展，应致力于减小区域间（上、中、下游间）存在的差异。

表2-7表示2012—2021年黄河流域农作物种业高质量发展水平Dagum基尼系数差异分解结果，可以看出，黄河流域下游地区的组内Dagum基尼系数呈现下降—上升—下降的循环波动趋势，其间数值虽出现上升但2021年组内Dagum基尼系数较2012年仍下降23.44%，说明黄河流域下游地区农作物种业高质量发展差异在逐渐降低，即山东省农作物种业发展水平与河南省的差异存在减弱的趋势。由图2-9可以发现黄河流域上游农作物种业高质量发展水平的组内差异是整体差异产生的主要原因，此数值在2012—2021年10年间均保持着上升趋势，并从2012年的0.154上涨到

2021 年的 0. 202，上涨幅度较中游地区并不明显，但上游区域 Dagum 组内基尼系数上升数额却是中游地区的约 3 倍。综上，黄河流域上游种业高质量发展水平存在较为严重的不均衡现象，究其原因，可能是上游区域地域面积广阔，包含多种地形地貌以及生态气候，因此上游区域农作物种业发展存在差异是客观情况。

表 2 – 7　2012—2021 年黄河流域农作物种业高质量发展水平 Dagum 基尼系数差异分解结果

年份	区域内（组内）基尼系数			区域间（组间）基尼系数		
	上游	中游	下游	上游 & 中游	上游 & 下游	下游 & 中游
2012	0. 154	0. 031	0. 064	0. 120	0. 276	0. 232
2013	0. 164	0. 063	0. 064	0. 138	0. 268	0. 207
2014	0. 167	0. 068	0. 065	0. 143	0. 286	0. 226
2015	0. 176	0. 057	0. 037	0. 141	0. 285	0. 253
2016	0. 176	0. 061	0. 056	0. 141	0. 295	0. 272
2017	0. 183	0. 028	0. 065	0. 142	0. 294	0. 224
2018	0. 196	0. 032	0. 026	0. 157	0. 341	0. 261
2019	0. 192	0. 053	0. 023	0. 157	0. 363	0. 282
2020	0. 197	0. 059	0. 034	0. 167	0. 386	0. 304
2021	0. 202	0. 047	0. 049	0. 157	0. 388	0. 339

资料来源：根据网站公开资料整理所得。

表 2 – 6 反映了黄河流域农作物种业高质量发展水平差异的形成主要源于区域间差异，表 2 – 7 明确了区域间 Dagum 基尼系数值，可以看出上游 &中游、上游 & 下游、下游 & 中游的组间[①] Dagum 基尼系数在研究期内均出现了上升态势。上游 & 下游的组间 Dagum 基尼系数在 2021 年达到了 0. 388，处于三个组间差异最大值位，10 年间上升了 40. 58%；下游 & 中游的组间 Dagum 基尼系数在 10 年间也稳定增长，并在 2021 年达到了 0. 339，较 2012 年上升 46. 12%，为三个组间差异上升幅度最大的，表明黄河流域农作物种业高质量发展水平的差异来源主要是区域的组间差异。

① 组间，其中“组”是指本章黄河流域上、中、下游的具体某一段区域，“组间”则指本章黄河流域上、中、下游中某两个具体区域间的简称。例如，上游 & 中游之间的差异，也称为“组间”差异。

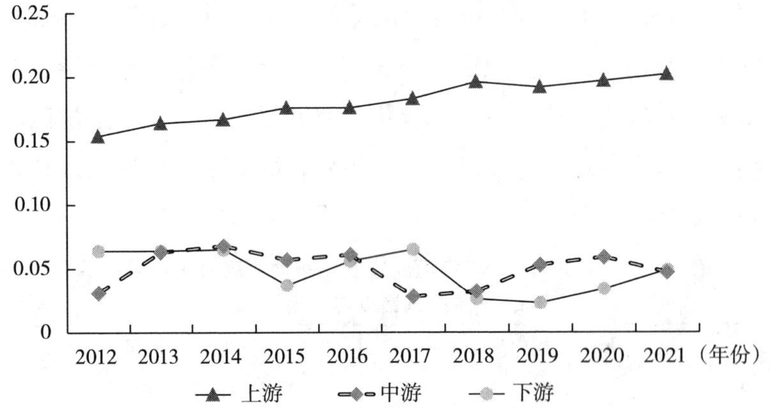

图2－9　2012—2021年黄河流域上、中、下游农作物种业高质量发展水平组内基尼系数

资料来源：根据网站公开资料整理所得。

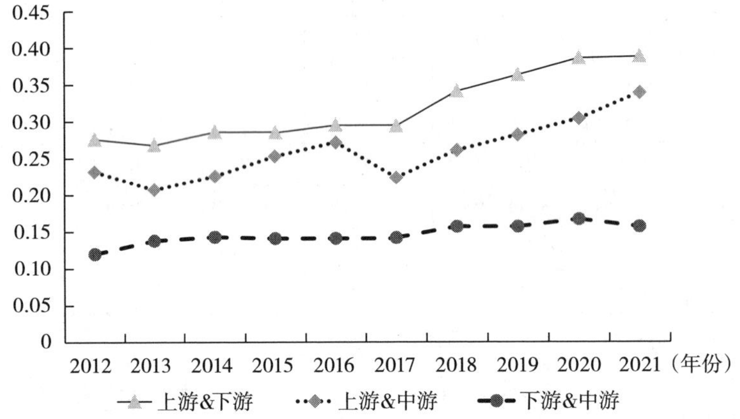

图2－10　2012—2021年黄河流域农作物种业高质量发展水平组间基尼系数

资料来源：根据网站公开资料整理所得。

而由表2－7和图2－10可知，组间差异的主要来源是上游&下游、下游&中游之间的差异。其中，2012年上游&中游的组间Dagum基尼系数为0.120，远低于上游&下游、下游&中游的组间Dagum基尼系数0.268和0.232；到2021年同样是上游&中游的组间Dagum基尼系数为0.157，远低于上游&下游、下游&中游的组间Dagum基尼系数为0.388和0.339。

基于农作物种业自身的属性、自然禀赋的差异性，科研育种的投入、制度和环境壁垒，均会影响其发展质量。因此，针对上述分析现况，黄河流域9省（区）农作物种业发展需因地制宜，种业强省可优先发展，借助于国家各种政策、整合优质种质资源，利用自身对人才的吸引力和自身储备的农业科技人才，做大做强种业；之后通过扩散效应助力种业发展劣势地区，进而实现中国种业整体高质量发展，以夯实粮食安全根基，确保中国人的饭碗牢牢端在自己手中。

三、时空演化分析

（一）核密度估计法

核密度估计法属于非参数检验方法中的一种。参数估计是假定样本集符合某一概率分布，接着根据样本集拟合该分布中的参数；非参数估计是指未有任何先验经验知识，其是通过数据本身的特点、性质来拟合的分布。核密度估计法具体计算公式如下：

$$f(x) = \frac{1}{Nh}\sum_{j=1}^{k} K[(X_i - x)/h] \tag{2-18}$$

其中，N 为样本数，h 为带宽，X_i 为独立分布的观测值，$K(x)$ 为核函数（$K>0$），并且带宽 h 与样本数 N 之间存在以下关系：$\lim_{N\to\infty} h(N) = 0$，$\lim_{N\to\infty} Nh(N) = N\to\infty$。为使结果更直观，选取高斯核函数进行计算分析，公式如下：

$$K(x) = \frac{1}{\sqrt{2\pi}}\exp\left(-\frac{x^2}{2}\right) \tag{2-19}$$

（二）黄河流域农作物种业高质量发展水平时空演进

通过对已有研究文献的整理总结，本书采用 Matlab 软件对黄河流域9省（区）农作物种业高质量发展水平进行核密度估计，图2-11为2012—2021年黄河流域农作物种业高质量发展核密度估计时空演进趋势，通过分析可知：①在样本研究期内黄河流域农作物种业高质量发展水平分布呈现整体向右移动的趋势，表明黄河流域9省（区）的农作物种业高质量发展水平日渐提升。②通过图2-11可以看出波峰的高度在逐渐降低，波峰宽度出现变大趋势，表明黄河流域农作物种业高质量发展水平的整体差异在逐渐扩大。在图 2－11 的右侧可以看出有一个较长的小“拖尾”，这说明黄河流域农作物种业高质量发展主要集中在较低水平。③在整个研究期内存在两个小的波峰，分别呈现出一大一小的格局，较大的波峰在农作物种业高质量发展的低水平区域，小波峰位于农作物种业高质量发展的高水平区域，并且处于2015年之后，说明在考察期初始的2012年，黄河流域9省（区）处于农作物种业高质量发展水平的省份较少，大部分地区仍处于较低水平，随着时间的推移，2020年时黄河流域农作物种业高质量发展存在明显的差异，由单峰转变为双峰，但单峰左侧较右侧明显高，意味着在2020年及以后黄河流域农作物种业高质量发展多数省份处于较低水平。

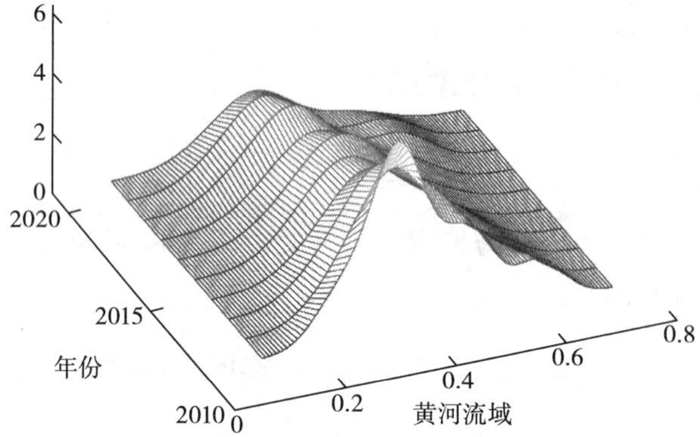

图 2－11　2012—2021 年黄河流域农作物种业高质量发展核密度估计时空演进趋势

资料来源：根据网站公开资料整理所得。

第四节　样本区农作物种业高质量发展驱动因素

一、模型构建与变量选取

根据上文通过熵值法对黄河流域农作物种业高质量发展水平的测度，以及运用 Dagum 基尼系数法分析出农作物种业高质量发展存在严重的区域不平衡现象，面对黄河上、中、下游流域农作物种业区域间差异存在逐渐增大的趋势，挖掘出农作物种业高质量发展的驱动因素有助于减弱黄河流域区域间发展的不平衡现象，同时助力种业创新、农业现代化发展。种业作为农业生产的源头，是掌握粮食安全的关键，农作物种业的发展既受到自然因素的影响也受到非自然因素的影响。探究黄河流域农作物种业高质量发展的驱动因素时，气候、环境等不再考虑，因为自然因素在一定的历史与时代背景下短时间是无法发生变化的，能够在短期发生变化并且可以有效促进农作物种业高质量发展的非自然条件是本书的主要研究内容和研究方向。非自然因素如社会经济因素由于和农作物种业高质量发展水平二者之间处在双向动态变化的过程，因此选取合适的计量模型能揭示二者的变化规律与内在的驱动机制。

（一）模型构建

农作物种业高质量发展是一个复杂的系统，社会经济因素会对其产生正向或负向的驱动作用，参考地理学知识在空间邻近且农业发展条件相似的地区间农业高质量发展更易出现相互“模仿”或“示范”的“空间依赖性”和“空间相关性”，即外部因素不仅对本地区农业高质量发展产生影响，也能通过“溢出效应”影响本地区的邻近地区，其“溢出效应”又从邻近地区“反馈”回原区域，共同对区域农业高质量发展产生阻碍或推动作用，农作物种业高质量发展同农业发展也存在“溢出效应”，探究黄河流域农作物种业高质量发展的驱动因素能更好实现农作物种业全面提升的目标。为探究其驱动因素，依据收集到的相关面板数据构建如下计量模型：

$$y_{it} = \alpha_k x_{it} + \alpha_0 + \theta_t + e_{it} \tag{2-20}$$

其中，等式左边的 y_{it} 表示被解释变量第 i 个地区第 t 年农作物种业高质量发展水平指数，等式右边的 x_{it} 表示解释变量，α_k 表示各驱动因素的系数($k=1, 2, 3, 4, 5, 6$)，α_0 、θ_t 、e_{it} 则分别表示截距项、时间效应、随机干扰项。

（二）变量选取

参考已有研究成果，影响种业高质量发展的因素是多维的，且不同的影响因素其影响程度不同[①]。通过对已有文献观点进行梳理，拟选取市场化程度（*Mar*）、科技创新能力（*Tec*）、农业发展水平（*Agr*）、种业潜在动力（*Ur*）、金融支持水平（*Fin*）和种子企业数量（*Seed*）作为解释变量，以黄河流域农作物种业高质量发展水平作为被解释变量，基于实证分析的需要，对选取的解释变量进行取对数处理，具体得到如表2－8所示的结果。

表2－8　农作物种业高质量发展驱动因素解释变量选取及说明

变量名称	变量描述	变量简称
市场化程度	参照樊纲对市场化定义计算方法取对数	Ln_*Mar*
科技创新能力	植物新品种权申请数量（件）取对数	Ln_*Tec*
农业发展水平	农业总产值（亿元）取对数	Ln_*Agr*
种业潜在动力	从事第一产业的劳动力数量/总从业人数（%）取对数	Ln_*Ur*
金融支持水平	农业中辅助性活动（种子等）投资（亿元）取对数	Ln_*Fin*
种子企业数量	每年注册成立种业生产相关的企业取对数	Ln_*Seed*

1. 市场化程度

市场的需求决定了种业的发展方向。我国种子行业起步较晚，种子市场一直到新中国成立之后才得以初步建立并缓慢发展。2021年12月24日，全国人大常委会通过了修改《种子法》的决定，全面加大了品种权的保护力度，我国正式迈进种子市场化阶段。由于市场化程度受到多方面的影响，为了促进种业高质量发展，解决目前种业市场营商环境质量不高、侵权假冒产品层出、套牌侵权惩处力度较小等问题，加之学者对市场化定义的各不相同，本书拟依据学术界广泛认可的樊纲等（2003）[②]的计算方法，测算黄河流域各省份种业市场化程度并将其作为解释变量。

2. 科技创新能力

科技创新能力是种业发展的核心竞争力。农作物种业创新能力主要表现为科研院所、高校、种企等单独拥有或合作享有的创新环境、创新平

① 徐瑞慧．高质量发展指标及其影响因素[J]．金融发展研究，2018(10)：36－45.

② 樊纲，王小鲁，张立文，等．中国各地区市场化相对进程报告[J]．经济研究，2003(3)：9－18，89.

台、创新投入、创新成效等协同合作的创新成果①。于 1997 年颁布《植物新品种保护条例》并在 1999 年加入《国际植物新品种保护公约》（UPOV）1978 年文本②，标志着中国种业创新发展开启了新征程。我国新品种保护条例的实施显著提高了中国农作物种子的价格，因此，选取植物新品种权申请量作为我国黄河流域农作物种业科技创新能力的解释变量。

3. 农业发展水平

农作物种业发展水平与农业发展水平密切相关，且二者存在相互促进的关系，农业发展水平越高越利于激发农作物种业的高质量高水平发展。面对当今跌宕起伏的国际农业贸易局势，世界各国都非常关注自己国家的农业发展，尤其是关注关系国家粮食安全的农业核心生产资料——种子产业的发展。同时，日益加速发展的农业数字化和机械化水平不断提升的趋势，使得各个国家种业发展水平与农业发展水平息息相关。因此，选取农业发展水平作为种业发展水平的解释变量。

4. 种业潜在动力

人力资本是产业结构演进的重要决定性因素之一，也决定了产业结构演化的方向和速度。种子行业属于技术密集型行业，其育种、制种、种子加工等环节的技术落地都离不开育种人力资源、从事种植业的劳动力在田间地头的积极工作，因此现代种业的发展仍需从事农作物种业生产的大量人力资源参与其中。此外，基于中国的国情和农业发展的重要基础地位，从业人口结构与人力资本储量也一定程度上决定着种业发展的潜力和演化速度，因此，选取我国从事第一产业的人力资本占比作为种业潜在动力的变量描述。

5. 金融支持水平

高质量的种业发展需要高质量的金融支持。鉴于我国金融服务需求与

① 粟月萍，胡婷婷．广西农作物种业科技创新能力评价指标体系研究[J]．今日科苑，2023(7)：82－90.

② 罗忠玲，凌远云，罗霞．UPOV 联盟植物新品种保护基本格局及对中国的影响[J]．中国软科学，2005(4)：37－42.

供给的缺口性矛盾，当前我国种业发展科技创新投入不足，种业竞争力较弱。若想满足我国种业金融服务需求日益增加，且金融服务需求规模大、多元化、全链条的需求趋势，需要统筹银行贷款、创业风险投资、资产并购重组、上市融资、关联企业投资等多渠道的资金。因此，金融支持水平被作为中国种业高质量发展驱动因素的一个解释变量。

6. 种子企业数量

种子企业是国家种业发展的主体。发达国家的种业发展历程表明，龙头企业是种业的核心，把种业企业做强才能把该产业做强。基于我国种企多而杂的市场现状，单个种企各自为政，资源得不到优化配置，信息得不到共享，技术得不到充分转化，兼并重组、整合优质种企、重组种业集团成为中国种子企业做大做强的必由之路。2023 年作为国内种业飞速发展的一年，多家种企冲刺上市，头部种企资源整合，“国家队”入局和生物育种产业化落地，都将驱动我国种业高质量发展改革的持续推进。

其中，科技创新能力解释变量来自历年《中国科技统计年鉴》；市场化程度参考樊纲等（2003）对市场化的定义，也即根据政府与市场的关系、非国有经济的发展、产品市场的发育程度、要素市场的发育程度、市场中介组织发育和维护市场的法治环境五个方面计算所得；种子企业数量根据企查查精准查找整理而得；其余解释变量的数据均来自各地区的统计年鉴，其中四川、甘肃两省的农业中辅助性活动（种子等）投资从 2018 年后未公布，因此，依据当年农业投资总额经过合理计算而得。

二、描述性统计分析与平稳性检验

解释变量的描述性统计与 VIF 检验如表 2 – 9 所示。在不同时期和不同尺度发现 VIF 均小于 10，参考已有学者文献研究中采用的方法①，在 VIF 小于 10 时说明各解释变量之间不存在严重的多重共线性。

---

① 王雨群，王晶，薛莹，等．黄河口水域主要鱼种的时空生态位宽度和重叠[J]．中国水产科学，2019，26(5)：938 – 948.

表 2-9　解释变量的描述性统计与 VIF 检验

解释变量	最大值	最小值	均值	标准差	VIF
Ln_*Mar*	2.348	1.215	1.905	1.928	5.84
Ln_*Tec*	6.752	0.000	3.685	4.007	7.10
Ln_*Agr*	8.789	4.763	7.208	7.409	8.21
Ln_*Ur*	4.094	3.135	3.555	3.567	2.64
Ln_*Fin*	6.040	2.710	5.044	5.269	3.27
Ln_*Seed*	6.301	0.000	3.434	3.465	2.33

为确保回归结果的有效性，剔除由于变量不平稳导致的伪回归，对变量进行单位根检验，同时不同的检验方法因假设条件不一致出现伪错误的概率较高，由于 LLC 检验要求 T>>N，即时间年份数要远远大于个体数时才适用，本书仅使用了黄河流域近 10 年的数据所以达不到 LLC 检验的要求，因此，采用 IPS 检验、HT 检验和 Hadri LM 检验三种方法对变量进行平稳性检验，当变量同时通过三种检验时视为平稳。表 2-10 为基于 Stata 16.0 计算出的结果，其中 y 表示黄河流域农作物种业高质量发展水平，可以看出一些变量在零阶不平稳，因此需要对其进行一阶差分后再检验是否平稳，数据在经过一阶差分后表现平稳。

表 2-10　单位根检验结果

变量	IPS	HT	Hadri LM	检验结果
y	-0.7076	0.3752	4.1651***	非平稳
dy	-2.8177***	0.0377**	3.8290***	平稳
Ln_*Mar*	-0.8060	0.3604	3.5929***	非平稳
dLn_*Mar*	-3.0183***	0.1209**	2.6932***	平稳
Ln_*Tec*	-2.5623***	-0.0807***	3.7409***	平稳
dLn_*Tec*	-3.7280***	-0.4452***	3.9929***	平稳
Ln_*Agr*	-1.0614	0.3134	4.2313***	非平稳
dLn_*Agr*	-3.0049***	-0.0199***	1.7077**	平稳
Ln_*Ur*	0.3107	0.7348	3.8930***	非平稳
dLn_*Ur*	-3.7280***	-0.2748**	3.0623***	平稳
Ln_*Fin*	-1.7948**	0.2098*	3.3237***	平稳

续表

变量	IPS	HT	Hardri LM	检验结果
dLn_*Fin*	-3.1262***	0.0004***	3.7972***	平稳
Ln_*Seed*	-2.3365***	0.2303*	1.2083	不平稳
dLn_*Seed*	-3.0383***	-0.1103***	3.8566***	平稳

注：***、**、*分别表示1%、5%、10%的显著性水平。

为确保实证结果的稳健，对自变量进行协整检验（此为一种统计分析方法，主要用于考察两个或者多个变量之间的长期平稳关系）。经过 Pedroni 检验和 Kao 检验的结果如表 2-11 所示，最右侧 P 值均小于 0.01，表示协整结果在 1% 的显著性水平上拒绝原假设，也即变量之间存在协整关系，排除了伪回归出现的可能。

表 2-11 协整检验结果

检验方法	检验形式	Statistic	P 值
Pedroni 检验	Modified Phillips - Perron t	3.9220	0.000
	Phillips - Perron t	-16.3179	0.000
	Augmented Dickey - Fuller t	-6.6508	0.000
Kao 检验	Modified Dickey - Fuller t	2.8856	0.002
	Dickey - Fuller t	4.5646	0.000
	Augmented Dickey - Fuller t	3.9226	0.000

三、样本区农作物种业高质量发展驱动因素分析

分位数回归（Quantile Regression）的核心，原理是依据因变量的不同分位数点将数据拆分，进而探究不同分位点下的回归影响关系，相较于传统的线性 OLS 回归，分数位回归具有以下优势：第一，如果数据中有异常值，使用分位数回归会使结果更加稳健；第二，在存在异方差问题时，使用分位数回归结论更加稳健可靠；第三，可观察不同分位数点时的回归系数值，从而更全面地分析各解释变量对 y 的影响情况。

具体到本节的研究目的，黄河流域农作物种业高质量发展驱动因素的分位数回归结果与 OLS 回归结果如表 2-12 所示，普通线性 OLS 回归的结

果（表2－12最后一行）显示，科技创新能力（Ln_*Tec*）、种业潜在动力（Ln_*Ur*）二者均在1%的水平上显著，农业发展水平（Ln_*Agr*）、金融支持水平（Ln_*Fin*）、种子企业数量（Ln_*Seed*）三个解释变量分别在5%、10%、10%的水平上显著，值得注意的是，市场化程度（Ln_*Mar*）与黄河流域农作物种业高质量发展存在负相关关系，但并不显著。

表2－12　黄河流域农作物种业高质量发展驱动因素的分位数回归与OLS回归

分位数/OLS	常数	Ln_*Mar*	Ln_*Tec*	Ln_*Agr*	Ln_*Ur*	Ln_*Fin*	Ln_*Seed*	样本量	R^2
0.10	0.15 (1.050)	0.005 (0.101)	0.032*** (3.405)	0.021* (1.014)	−0.064** (−2.132)	0.001 (0.066)	0.009** (1.820)	90	0.610
0.20	0.176 (1.169)	−0.017 (−0.334)	0.038*** (4.706)	0.005 (0.278)	−0.045* (−1.303)	0.01 (0.707)	0.010** (2.068)	90	0.587
0.30	0.450*** (3.037)	−0.018* (−0.352)	0.038*** (4.327)	−0.006 (−0.349)	−0.119*** (−3.441)	0.024** (1.721)	0.015*** (2.845)	90	0.582
0.40	0.531*** (2.974)	−0.048* (−0.805)	0.038*** (3.704)	0.006 (0.336)	−0.140*** (−3.306)	0.022* (1.547)	0.012** (1.910)	90	0.580
0.50	0.522*** (2.899)	−0.034 (−0.566)	0.029*** (2.861)	0.015* (0.955)	−0.160*** (−3.676)	0.030** (2.071)	0.01* (1.625)	90	0.579
0.60	0.482** (2.306)	−0.03 (−0.427)	0.028** (2.465)	0.027* (1.485)	−0.163*** (−3.140)	0.027* (1.669)	0.008 (0.997)	90	0.598
0.70	0.794*** (3.444)	−0.069* (−0.883)	0.041*** (3.299)	0.019 (0.992)	−0.214*** (−3.512)	0.02 (1.128)	0.01 (1.156)	90	0.619
0.80	0.828*** (4.547)	−0.065 (−0.884)	0.038*** (3.371)	0.023 (1.274)	−0.238*** (−4.384)	0.028* (1.499)	0.009 (1.116)	90	0.642
0.90	0.868*** (4.609)	−0.073 (−0.971)	0.064*** (4.915)	−0.007 (−0.558)	−0.197*** (−3.059)	0.024* (1.054)	0.009 (1.121)	90	0.658
OLS	0.499*** (2.96)	−0.021 (−0.38)	0.038*** (3.97)	0.028** (1.85)	−0.169*** (−4.13)	0.014* (1.05)	0.007* (1.22)	90	0.823

注：***、**、*分别表示1%、5%、10%的显著性水平；括号内数值为 *t* 值。

表2－12分位数回归结果显示，科技创新能力和种业潜在动力在各分位上均显著，其中科技创新能力对黄河流域农作物种业高质量发展有显著

正向推进效应，种业潜在动力在各分位对农作物种业均产生显著负向效应。科技创新能力是农作物种业发展的核心推动力。农作物种业的创新包括多个方面，如种子品种创新、制度政策创新、交易服务模式创新等。科技创新作为引领发展的第一驱动力，科技创新能力越强越能促进黄河流域农作物种业高质量发展。如图2－12所示，在农作物种业高质量发展水平的低分位，从事农作物种业“育、繁、推”的从业人员未能实现合理科学的分工模式，导致在低水平时其与农作物种业高质量发展之间存在逆向关系。随着“育、繁、推”一体化水平的提升，农作物种业内部结构更加完善，种业从业人员分工更加专业化、细致化、合理化，从事农作物种业人员的积极性被激发后，更能各司其职，这有助于提升种业发展效率。

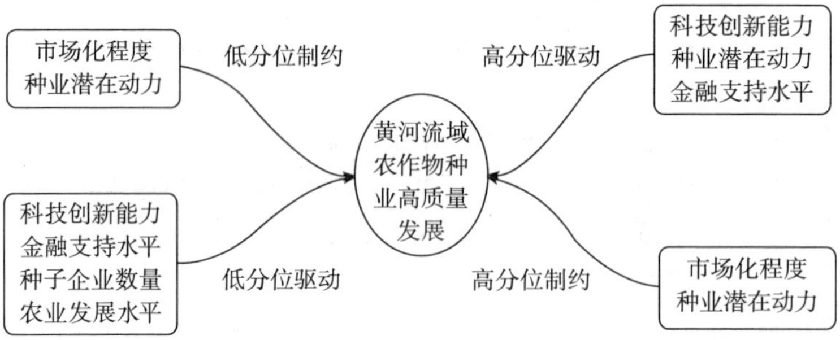

图2－12　黄河流域农作物种业高质量发展的驱动机理

农业发展水平在低分位和中分位（0.1、0.5、0.6）上对农作物种业高质量发展有显著正向促进作用，其在其他分位上对农作物种业高质量依旧存在促进作用，但并不显著。农业发展与农作物种业发展并不是完全相辅相成的，而是农作物种业发展促进农业的发展，在自然条件一定时决定农业增收的是农作物产量，而在农作物外部条件一致时决定产量的是农作物种子，但农业的发展水平也决定了农作物种业的发展动力。金融支持水平在各分位数表现不同，在农作物种业高质量发展的中高分位表现为显著正向促进效果。农作物种业研发具有周期长、资金回笼慢的特点，加之受市场上假冒伪劣的“套包”种子和农户自留种子的影响，使得种业研发机构成本高、利润率通常处于较低水平，影响种业企业科研投入的积极性。

而金融支持所提供的贷款支持、金融服务以及技术支持等投入可以有效改变我国种业研发投入创新不足、同质化竞争严重（“谷物过剩、高端匮乏”）现象，助力农作物种业高质量发展。

种子企业数量可以反映出市场的活跃度，种业企业数量越多则市场上种子品质越趋于同质竞争，市场越趋于完全竞争；完全竞争市场则利润分散，难以获取垄断利润，导致产业创新不足、发展缓慢。由表2－12可知，在农作物种业高质量发展的中低分位，种子企业数量对其存在显著正向影响，而到了高分位种子企业数量的影响不再显著，表明农作物种业高质量发展水平越高，种业企业越需要品种差异化、精准化、规模化发展。

四、稳健性检验

为验证结果的稳健性，本书将从以下两个方面检验上文结果的稳健性：一是利用随机效应模型对数据进行分析；二是替换被解释变量，由原来采用熵值法测算得出的黄河流域农作物种业高质量发展水平值变换为由熵权 TOPSIS 法计算而得，然后采用普通线性 OLS 回归分析各解释变量对农作物种业高质量发展水平的影响，具体结果如表2－13。

表2－13　稳健性检验

解释变量	随机效应模型	高质量水平值替换为由熵权 TOPSIS 后的 OLS 结果
Ln_*Mar*	−0.0305 (−0.55)	−0.0585 (−0.92)
Ln_*Tec*	0.0173* (1.80)	0.0403*** (3.75)
Ln_*Agr*	0.0708*** (2.96)	0.0226* (1.33)
Ln_*Ur*	−0.1538*** (−3.21)	−0.1937*** (−4.20)
Ln_*Fin*	0.0283** (2.41)	0.0052 (0.35)

续表

解释变量	随机效应模型	高质量水平值替换为由熵权 TOPSIS 后的 OLS 结果
Ln_*Seed*	-0.0095* (-1.74)	0.0131** (1.95)
常数	0.2158 (0.92)	0.6982*** (3.66)
R^2	0.7882	0.7681

注：***、**、*分别表示1%、5%、10%的显著性水平；括号内数值为 *t* 值。

由表2-13可以看出，无论是把分析方法更换为随机效应模型还是替换被解释变量（即把经熵值法测算的黄河流域农作物种业高质量发展水平替换为由熵权 TOPSIS 测算出的结果，其结果仍可客观反映出黄河流域农作物种业高质量发展水平），继续用普通 OLS 回归，结果与前文结论基本一致，科技创新能力、种业潜在动力均对黄河流域农作物种业高质量发展存在显著性影响，且科技创新能力呈现促进作用，种业潜在动力呈现出抑制作用。此外，可以看出种子企业数量对农作物种业高质量发展有显著抑制作用，这与前文分析结果也基本一致，即种业企业若想发展壮大离不开收购合并以成为种业集团，靠数量并不能促进农作物种业高质量发展，只有成为跨国大型种企，抢占国际市场份额才是提升之道。

第五节　结论及政策建议

一、结论

以黄河流域农作物种业高质量发展为研究对象，以黄河流域9省（区）为空间单元，并以2012—2021年为时间尺度，依据新发展理念合理构建包含创新、协调、绿色、开放、共享五个维度，涉及20项具体指标的黄河流域农作物种业高质量发展的评价指标体系，运用熵值法测度黄河流域农作物种业高质量发展水平，分析总体和上、中、下游的农作物种业高质量发展的时序特征，并从五个维度分别考察2012—2021年黄河流域农作物种业高质量发展的动态变化。根据测度结果采用Dagum基尼系数分解法分析黄河流域农作物种业高质量发展的区域差异以及区域差异的主要成因，以期为后续黄河流域农作物种业高质量发展指明方向，并且通过核密度估计法描绘出黄河流域农作物种业高质量发展的动态演进轨迹。由上述研究，主要得出如下结论。

（一）黄河流域农作物种业高质量发展水平整体呈上升趋势

2012—2021年黄河流域农作物种业高质量发展水平整体呈现稳中上升趋势，10年间涨幅达79.35%，农作物种业高质量发展水平在其五个维度则表现为不同程度的上升。其中，创新维度上升幅度最大，达到182.76%；协调维度上升幅度最小，2012—2021年10年间仅上升16.55%；开放维度值上升了37.95%；协调、开放是黄河流域农作物种业高质量发展的短板，即结构性问题与封闭性问题是黄河流域农作物种业高质量发展的突出问题。

黄河流域上、中、下游农作物种业高质量发展水平存在差异，其中下游水平值最高，中游次之，上游最低，发展速度同整体水平一样呈现出下游发展最快，中游次之，上游最慢，但上游与中游的上升幅度仅相差3.45个百分点（63.13%与66.58%）。创新维度在上、中、下游均有较好的表现，但绿色与协调维度是黄河流域上游省份农作物种业高质量发展的短板，开放维度是中游和下游农作物种业高质量发展的短板，在下游省份绿色维度是农作物种业高质量发展的优势。

（二）黄河流域农作物种业高质量发展水平存在区域差异且差异呈现逐渐增大的趋势

2012—2021年，黄河流域农作物种业高质量发展水平存在区域差异且差异呈现逐渐增大的趋势，总体Dagum基尼系数值在2012—2021年10年间上升了38.55%，并且区域组间差异是黄河流域农作物种业高质量发展水平主要差异的形成原因，区域组间差异系数在2012—2021年上升了50%，高于总体差异的上升幅度，降低区域组间差异是未来工作的重点。而区域组间差异中上游&下游、下游&中游之间的差异较大，上游&中游之间的差异较小。三种区域组间差异中，上游&中游的差异在10年间上升幅度最小，仅为30.83%。

（三）黄河流域农作物种业高质量发展水平时空演化特征整体向好

核密度显示黄河流域农作物种业高质量发展水平在2012—2021年有向右移动的趋势，表明研究期内黄河流域农作物种业高质量发展水平时空演化特征整体向好；波峰的高度在逐渐降低并且宽度出现增大的趋势，在整个考察期内存在两个小波峰，呈一大一小左右分布，较大的集中在黄河流域农作物种业高质量发展水平较低的区域，较小的在高质量发展水平较高的区域。

（四）影响黄河流域农作物种业高质量发展水平的驱动因素主要为科技创新能力和种业潜在动力

分位数回归结果显示，科技创新能力和种业潜在动力在各分位点上均对黄河流域农作物种业高质量发展水平显著，其中科技创新能力对高质量发展有促进作用，而种业潜在动力则表现为抑制作用。农业发展水平在低分位和中分位上对农作物种业高质量发展同样显著，市场化程度无论是在低分位还是中、高分位均对农作物种业高质量发展表现出抑制作用，种子企业数量在中、低分位对农作物种业高质量发展存在显著正向促进作用，金融支持水平则是在中、高分位上存在正向促进效应。

二、政策建议

保障粮食和重要农产品稳定安全供给始终是建设农业强国的头等大事。当今，发达国家农作物种业已进入种业4.0时代，即“生物技术+信息技术+人工智能+大数据”的育种时代，中国如何从杂交育种2.0时代和生物育种技术 3.0 时代过渡到种业 4.0 时代，其系统性的方法与路径仍在探索中。

基于本章对 2012—2021 年黄河流域农作物种业高质量发展水平的测度、区域差异和时空演变特征以及高质量发展驱动机制的分析，发现科技创新能力与种业潜在动力对高质量发展的低、中、高分位存在驱动制约模式。基于前文分析，提出以下建议。

（一）省域层面：重点推进

农作物种业是一个为农作物生产提供基本生产资料的特殊行业，是事关国家安全尤其是粮食安全的战略性产业。首先，农作物种业作为农业生产的重要一环和基石，与农业、工业和其他与国民经济及公共福利相关的各行业有着紧密联系。中国农业可持续发展，尤其是粮食产业发展依赖农作物种业振兴。当前，黄河流域有甘肃、河南、山东等制种大省和用种大省，在充分认识黄河流域农作物种业高质量发展时空特征和地区差异的基础上，依据各省份的要素禀赋条件，鼓励具有种业生产区位优势条件的省份，如甘肃、河南优先重点发展作物种子产业。其次，合力资本投入、育种技术创新、种质资源信息和自然要素条件，在高科技集聚区进行育种创新研发，在耕地面积广阔区进行试验播种繁育，在种质资源丰厚区挖掘并收集优良基因，形成资源优化配置，进而构建种业“领头羊”，打造种业重点中心区，利用扩散效应推进黄河流域乃至全国种业实现振兴。

（二）产业层面：深化市场改革

农作物种业育种技术创新是种子持续改良换代、培育优良品种、提升生产效率的关键。基于我国国情和农业研发的权责特征，作物种子产业市场主体需进行种企或“种企 + 科研院所”的公共研发单位改革，深化以市场为主导的种子产业改革，把农作物种业资源、人才、资本等要素转向商业化育种，加强种质资源基础研究队伍建设，同时建立产学研紧密结合、与市场需求相辅相成并以企业为主体的农作物种业创新体系。

（三）政策层面：精准施策

加强顶层设计，不断提高依法治种、依法兴种水平，完善金融支持和市场支持等政策改革。改善种业发展的市场环境，鼓励流域内有能力的种业龙头企业发展转型；从立法和技术层面加强种业发展市场监管，尤其是加强作物品种知识产权保护，打通种业发展的市场渠道；大力培养并引进育种研发人才；积极引导种企转型，对自主创新种企，给予财税政策保障，引导金融机构加大对这类企业的信贷支持力度，促进形成人才流、资金流、技术流良性互动的全产业链作物种子产业生产模式，最终形成绿色、协调、创新、开放、共享的农作物种业高质量发展局面。

第三章　农作物种业科技创新效率研究

党的二十大报告提出“要加快建设质量强国，坚持创新核心地位”，要求种业“完善科技创新体系，加快实施创新驱动发展战略”。种业是农业之“芯”，“芯”之科技创新效能是农业发展的不竭动力，“芯”之科技创新质量是保障国家种业安全、粮食安全和重要农产品有效供给的基石。当前，以“生物技术+信息技术”为特征的第四次种业科技革命正在孕育，以种业科技创新为着力点加快推进农业现代化建设具有紧迫性。因此，研究我国种业科技研发效率和成果转化效率，不断提升中国种业科技创新水平，以解决种业发展中核心技术“卡脖子”难题，已成为我国新发展阶段建设农业强国、保障国家粮食安全的头等大事。

第一节　基本概述

种业事关粮食安全和农业农村现代化，种业科技创新是种业发展的关键。《中华人民共和国国民经济和社会发展第十四个五年规划和2035年远景目标纲要》指出，坚持创新在我国现代化建设全局中的核心地位，把科技自立自强作为国家发展的战略支撑。农业农村部公开数据显示，2021年我国农业科技进步贡献率达61.5%，跨入世界第一方阵，其中，良种对粮食作物贡献率达到45%，主粮新品种水稻、小麦和玉米的增产贡献率分别为45.9%、30%和47.3%。自2016年5月全国科技创新大会提出建设世界科技强国的奋斗目标以来，我国自主选育农作物品种种植面积实现全国实际播种面积95%以上的占比，基本实现了主要粮食作物良种全覆盖，粮食单产提高对总产增加的贡献率超过66%①，从源头上确保了口粮的绝对安全，突破了资源环境硬约束，持续稳定提升了粮食综合生产能力。

一、相关概念界定

种业创新，是指通过引入新的种植品种、种植技术、种植管理方法，以提高农作物产量、质量和耐逆性，降低生产成本，减少对环境的影响，推动农业可持续发展。本章围绕种业企业科技创新分析过程中的相关概念和已有研究成果进行如下简要描述：第一，对上市种子企业、科技创新等进行概念界定；第二，对种业创新发展的已有研究成果进行文献回顾与评述。

（一）上市种子企业

种子企业是与种子经营相关企业或部门的集合体，真正意义上种业的形成是以种子公司的出现为典型标志的。2011 年国家首次明确了种子企业是商业化育种及种业创新发展的主体。基于后文实证分析的需要，本章涉及的种子企业是指从事农作物种子研发、培育、推广、销售等业务的企业，而上市种子企业则是指公开发行股票的农作物种子企业。

第一，根据中国证券监督管理委员会2012 年10 月26 日发布的《上市公司行业分类指引》（2012 年修订）规定：“当上市公司某类业务的营业收入比重大于或等于50%，则将其划入该业务相对应的行业。但某类业务的收入和利润均在所有业务中最高，而且均占到公司总收入和总利润的30%以上（包含本数），则该公司归属该业务对应的行业类别。”由此，某一上市公司当主营种业相关的营业收入比重大于或等于50%时，则将其划入种业上市公司；又或者种子业务收入和利润均在某一公司所有经营业务中最高，且均占到公司总收入和总利润的30%以上（包含本数），则该公司归属种子产业。第二，上市公司业务是以种业为基础或与种业关系密切的，具有明显的种业产业特征，则该公司可归属种子上市公司范畴。

① 龙文进，张玉梅．让科技更好托举起中国饭碗[N]．光明日报，2022－12－07(T11)．

在此界定标准的基础上，本章研究将从事食用菌研发、栽植与销售以及果品栽植、加工和销售的上市公司从种业类别中剔除，再剔除本章研究时间段内数据不全或异常的公司，最终得到当前12家中国上市种子企业，具体信息如表3－1所示。

表3－1 2022年上市种子企业基本信息一览表

序号	公司代码	企业简称	主营种子	所属地区
1	601952	苏垦农发	水稻、小麦	江苏省
2	002041	登海种业	玉米	山东省
3	600354	敦煌种业	棉花	甘肃省
4	000713	丰乐种业	水稻、玉米	安徽省
5	000998	隆平高科	水稻、玉米	湖南省
6	600313	农发种业	玉米、小麦、水稻	北京市
7	300087	荃银高科	玉米、小麦、水稻	安徽省
8	300189	神农科技	水稻	海南省
9	600371	万向德农	玉米	黑龙江省
10	430736	中江种业	水稻、小麦、玉米	江苏省
11	831888	垦丰种业	水稻、玉米	黑龙江省
12	002385	大北农	水稻	北京市

资料来源：根据巨潮网资料整理所得。

（二）科技创新

“创新”一词的概念首见于美籍奥地利政治经济学家约瑟夫·熊彼特（Joseph Alois Schumpeter）1912年的《经济发展理论》（*The Theory of Economic Developmen*）中，“创新”是一种通过合理优化配置，对生产要素和生产条件进行重新整合并引入经济生产体系以取得最优生产价值的行为。书中指出，创新源自企业家，而技术属于外生经济变量，创新的目的是获取超额利润。创新是社会发展的长期动力，创新包括技术创新、理论创新和制度创新等。

此后，越来越多学者参与到“创新”概念及内涵的探讨中。20世纪50年代，美国的管理学家德鲁克（Drucker，1970）将“创新”引入管理领域，认为创新分为技术创新和社会创新两种。到20世纪60年代，新技术革命迅猛发展。美国经济学家罗斯托（Rostow，1960）提出了经济成长六阶段理论，把“创新”的概念发展为“技术创新”，并把“技术创新”提高到“创新”的主导地位。而此后很长一段时间，学者们对“创新”内涵的研究都以技术创新为主导，认为创新就是技术创新，而科技创新也常和技术创新同时出现。但实际上技术创新并不等同于科技创新：前者是指企业在生产实践过程中基于生产要求、工作经验积累等原因而带来的原有生产工艺改进或新工艺产生等行为；后者是原创性科学研究和技术创新的总称，是指创造和应用新知识和新技术，采用新的生产方式和经营管理模式，开发新产品、提供新服务的过程。因此，可以说科技创新是包含技术创新的。综上所述，科技创新应包含知识创新、技术创新与管理创新，它们彼此相互作用（见图3－1）。

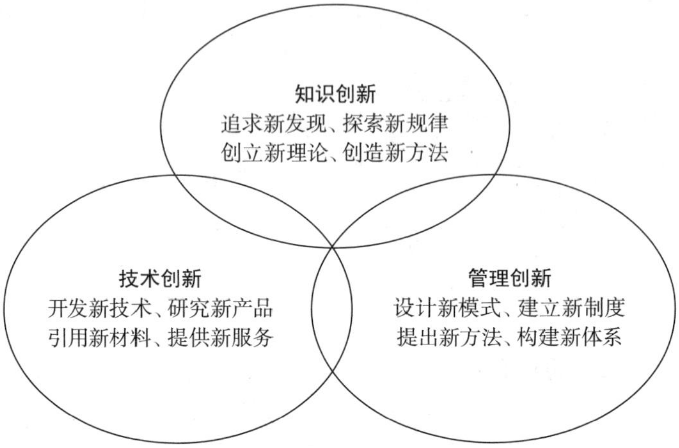

图3－1　科技创新体系

本章将“科技创新”界定为上市种子企业基于一定要素的投入支出，创造并应用新知识、新技术、新工艺，从而达到提高生产效率、获取最大利益的目的。

（三）科技创新效率

就科技创新效率的内涵而言，一部分学者认为，科技创新效率是在科学生产技术、创新要素市场价格以及创新要素投入比例受到控制的情况下，产出一定量的科技成果所需的最低创新投入与实际创新投入之间的比率。另一部分学者认为，科技创新效率属于科技创新体系范畴，科技创新体系是一个多投入多产出的开放体系，而科技创新效率则是投入一定比例的创新要素产出科技成果的转化效率。科技创新效率的意义在于，以既定的生产条件为基础，根据其投入量与产出效益衡量创新主体（政府、科研院所、企业等）的科技创新资源配置效率是否最优，生产效率是否高效，管理方式是否合理，而且也可以确定科技生产的水平以及评判科技创新体系的健全程度，这使得科技创新效率研究尤为重要。同时，测算和评价科技创新效率水平在学术界也广受关注，其中测算方法以随机前沿分析（Stochastic Frontier Analysis，SFA）为代表的参数法和数据包络分析（Data Envelopment Analysis，DEA）为代表的非参数法为主。本章实证分析选择了数据包络分析方法（DEA）来评估上市种子企业的科技创新效率，这是因为企业科技创新是一个复杂的系统，它包含多种投入以及多种产出，数据包络分析方法可以很好地解决多投入多产出情形，并且不需要建立函数关系。

基于上述内容，本章界定的科技创新效率是指上市种子企业作为创新主体，在一定条件下科技创新活动的投入产出比例关系，即投入一定比例的创新要素所能获得的最大产出，或获得一定科技成果产出所需要创新要素的最小投入。

（四）创新价值链

创新价值链是基于技术创新理论与价值链理论逐步发展而来的，涉及产业链、价值链、技术链、创新链等多种基本概念，国外的研究一般以IVC（Innovation Value Chain）命名，即创新价值链。最早由 Hansen 和 Birkinshaw（2007）在其论文 *The Innovation Value Chain* 中提到创新是一个循序渐进的过程，具体可以划分为创意的产生、创意的转换和创意的传播三个阶段，为研究创新价值提供了一种新角度，其核心为创新主体间多阶段协同创新的价值传递。之后，学者们逐渐关注创新的阶段性，重视创新价值链理论，开始对企业创新活动进行分阶段研究。有的学者把创新活动划分为两个阶段，如 Chen 等（2012）、范德成等（2018）运用创新价值链理论从产业层面对科技研发阶段与经济转化阶段的创新效率进行了研究；另有一部分学者把创新活动划分为 3 ~5 个阶段，如 Roper 等（2008）把制造业创新过程划分为知识收集、知识转化和知识开发三个阶段。王利军等（2023）将创新过程扩展为知识创新、研发创新、产品创新、工艺创新、市场创新五个阶段来探讨长江经济带的科技创新效率水平。

以上学者的成果均体现出了创新价值链的思想，为本章下文的进一步研究奠定了坚实的基础并发挥了借鉴作用。

对本章的研究对象——上市种子企业而言，创新价值链是指企业通过前期市场调研，了解市场需求，开展研发新技术并运用到新产品和服务中，最终实现自身经济价值的过程。具体是指，上市种子企业通过投入一定的人力、物力和财力等创新要素进行科技研发并获得科技成果，然后将在科技研发阶段获得的科技成果转化为生产力，从而实现经济效益的创新两阶段链式模型。如图 3 -2 所示，本章实证部分将在此基础上对上市种子企业科技创新效率进行评价。

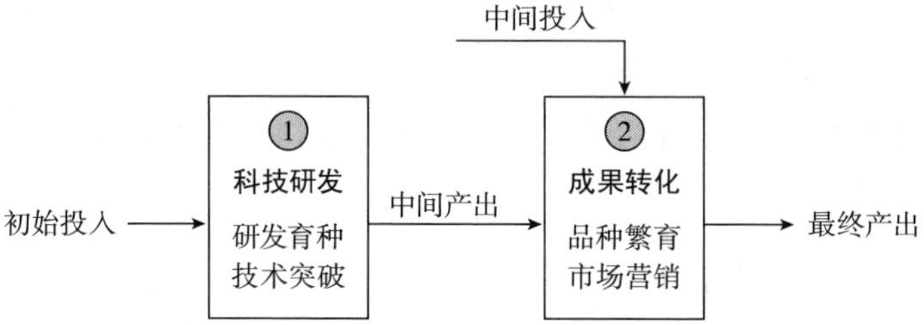

图 3 -2　种业企业科技创新活动的基本流程

二、相关研究文献回顾

科技创新是推动现代种业发展的关键。当前，我国在农作物种子科技发展，特别是生物育种领域已取得突出进展，论文发表和专利授权数量快速增长。通过检索 Web of Science 核心数据库和 Derwent Innovation 专利数据库，1992—2021 年我国在生物技术育种领域的发文总量为 39248 篇，授权专利总量为8707件，在育种研发规模上与美国同处第一梯队。然而，我国农作物种子在核心技术方面仍明显受制于人，主要表现在：一方面，我国科研成果质量不高，全球高被引文献发表量、核心专利申请量都与美国存在较大差距；另一方面，中国尽管是当前能够参与生物育种中分子育种和转基因育种的少数国家之一，但是水平并不高，大部分分子育种原创技术和专利掌握在欧美等科技强国手中，特别是基因编辑工具和调控技术等关键核心技术大多被国外掌控，严重制约了我国农作物种业的高质量发展，成为种业发展的“卡脖子”难题。

（一）种企科技创新能力的相关研究

科技创新能力是衡量企业可持续发展的重要方面，目前已较多应用在企业的创新能力评价中。构建创新评价体系并对研究主体进行评价已成为研究创新能力的基本范式，如刘建明等（2021）从创新环境等角度构建创新能力监测指标体系并对广东省的创新能力进行评价；常洁等（2020）从资源等角度构建指标体系并对科技型中小企业的创新绩效进行评价；潘娟等（2018）构建创新绩效指标评价体系并检验区域科技创新投入绩效；李露（2016）构建科技创新指标评价体系并对科技企业的创新绩效进行评价；徐维祥等（2021）基于重构的农业科技创新指标体系对中国农业科技创新水平进行测度；王丹等（2019）通过构建国家农业科技创新能力指标评价体系对金砖国家的农业科技创新能力进行评价。

（二）种企科技创新效率的相关研究

目前学界关于种子企业科技创新效率的研究多采用SFA和DEA两种方法进行测算评价。其中，SFA需要预先设定生产函数的形式，且仅适用于单一产出多投入的情形，而DEA不需要假设生产函数，是评价具有多投入多产出决策问题相对有效性的方法，并且DEA模型在评价指标的选取上相对宽松，能够对效率进行有效分析，被广泛应用于产业层面的效率测度。如刘虹燕等（2016）采用超效率DEA模型和Malmquist指数模型对国内种企2010—2014年生产效率进行了分析，研究发现技术进步值偏低制约了种企效率的进一步提高；李青松和龚莞容（2022）选取2016—2020年10家上市种子企业的科技创新成果数据，运用DEA－Malmquist、DEA－BCC等多类模型方法对其科技创新效率进行测度研究，发现上市种子企业科技创新效率呈现上升趋势，但规模效率阻碍了综合效率的进一步提升。宫思羽、王博、余志刚等（2023）利用DEA－Malmquist指数法测算2012—2020年全国30个省份粮食全要素生产率，后又采用联立方程模型检验种业创新与粮食全要素生产率的相互作用关系，发现种业创新可通过依靠技术进步、技术效率的"双轨驱动"来促使粮食全要素生产率的提高。

（三）影响种企创新的因素研究

党的十八大以来，以习近平同志为核心的党中央高度重视科技创新，明确提出要实施创新驱动发展战略。随着创新驱动发展战略的不断推进，企业创新是其中的关键一环，众多学者对影响企业创新的因素进行了深入分析。郑明等（2022）认为龙头企业的科技创新水平受政府补助等诸多创新环境要素的影响；徐伟（2022）认为研发人员占比、专利数量等创新投入和创新产出等要素对制造业企业的创新水平存在影响；徐金海等（2021）认为主营业务利润等创新绩效指标（唐根丽，2012）、对外竞争环境（毕克新等，2011）、市场发展条件（Lukas et al.，2001；Chesbrough，2003）等诸多企业外部因素对企业创新发展有显著影响。

三、小结

种子企业作为种业的主体，是面向产业、面向市场、面向商业化应用的创新主体。为了深入研究种业科技创新发展的现状，认知种子企业已有关于科技创新的诸多研究，是必须要做的功课。

综上可知，学界对种子企业科技创新发展的研究主要聚焦于创新能力评价、创新效率测度以及影响科技创新的因素等方面。对种业创新效率的研究以整体效率为主，对创新过程的研究基本处于黑箱状态，而对于种企创新发展过程具体分为几个阶段，每个阶段的创新效率如何的研究相对薄弱，有待进一步深入探究。鉴于此，本章内容将从创新价值链出发，构建两阶段创新效率评价体系，利用 DEA - BCC 模型分别测算种子企业科技研发效率和成果转化效率，旨在打开种子企业创新过程的黑箱，为提升我国种子企业科技创新效率提供政策建议。

第二节 中国种业科技创新发展现状

一、中国农作物种业科技创新发展现状

（一）种业科技创新体系初步形成

目前，在国家政策支持和引导下，我国已初步建立起以市场需求为导向、以企业为创新主体、产学研协同创新的种业科技创新体系，如图 3 - 3 所示。具体体现在：①政府通过推进种质资源共享保护利用、持续拓宽种业创新资金来源渠道、健全知识产权保护体系等措施，全力支持构建面向市场、产学研协同、开放创新的种业科技创新体系，仅 2011—2019 年在种业提升工程中就投入了近 18 亿元中央预算内基本建设资金，并撬动其他投资 12.8 亿元，拥有近 6000 家种子企业。②2012 年中央一号文件提出要着力抓好种业科技创新，明确推动企业成为创新主体。在国家种业新政支持下，种子企业通过引进科研院所、高校的人才和资源，逐步发展，已经培育出一批发展相对较好的龙头企业，如袁隆高科、垦丰种业、荃银高科等。2020—2022 年通过国家初审的水稻、玉米品种中完全由企业独立或企业合作选育的品种数量占比分别保持在 53%、79% 以上，这说明企业作为品种创新主体的格局已经形成。③在我国种业资源分配上，科研院所和高等院校拥有领先的科研实力、丰富的育种资源和优秀的创新人才，而种子品种需求更多的是企业或农民，这就会导致“育种机制两张皮”的局面出现。因此，充分发挥和利用好科研单位长期积淀的资源和技术优势，以及种子企业的管理、资金和市场资源优势，构建和发展农作物

种业创新体系，实现优势互补、资源有效利用是十分必要的。以中国农科院为例，其发起成立科企融合发展联合体，与北京大北农科技集团股份有限公司签署协议，协议规定大北农集团将以每年5000万元、总额不少于2.5亿元的资金投入，与中国农科院共同开展主要农作物品种选育等领域的合作研发及成果转化工作，并为中国农科院设立1000万元的科技创新奖励，形成了企业“出题+出资”，科研院所“答题”的有效机制。

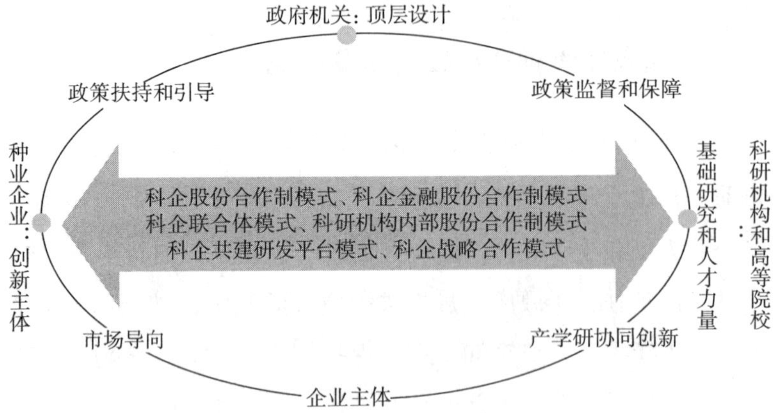

图3－3　我国种业科技创新体系

（二）农作物基础研究各环节成果丰硕

种业基础研究是种业科技创新的源头，其核心是种质资源研究。目前，在种质资源收集与保护方面，我国已建立了以长期库为核心，以1座复份库、10座中期库、43个种质圃为支撑，以206个原生境保护点为补充，以及与国家基因库相结合的农作物种质资源保护体系。数据显示，截至2022年底，我国长期保存的农作物种质资源数量已达53.9万份，位居世界第二位。我国已建立表型与基因型相结合的种质资源鉴定评价体系，包括植物新品种测试中心及其27个分中心，水稻、玉米、小麦等作物1万多个品种的DNA指纹数据库以及35种作物的分子鉴定技术标准，利用多样化的地方品种和野生近缘种中的优异特性，筛选出一批高产、优质和抗逆性强的种质资源。构建了亚洲栽培稻3010份种质泛基因组，绘制出小麦

D基因组精细图，构建了国际首张普通菜豆单倍型图谱。建立了可固定杂种优势的水稻无融合生殖体系，实现了杂交稻无融合生殖“从0到1”的突破。其中，2021年度重大科学发现包括第一代基因组设计的杂交马铃薯，2021年度重大成果产出包括中麦895等。

（三）农作物新品种科研转化水平不断提升

我国农作物新品种科研转化水平不断提升，基本实现了用种安全。近年来，我国种业自主创新能力显著提升，2017年开始，由于我国审定通道的开放，品种审定数量开始快速激增；2021年全国国审和省审品种审定数量4219个，同比增加26.5%。目前，我国良种对粮食作物、蔬菜作物和畜牧业发展的贡献率分别达到45%、40%和40%，其中，主粮新品种如水稻、小麦和玉米的增产贡献率分别为45.9%、30%和47.3%。种业专业化生产可保障全国70%以上农作物用种需求、75%畜禽用种需求和40%的水产苗种需求。其中，农作物良种覆盖率高于96%，自主选育品种的种植面积比重为95%以上，水稻、小麦两大口粮作物品种完全自给，粮食用种安全基本得到保障。我国已认定216个国家级制种基地，覆盖粮棉油糖果菜茶等重要农作物，促进了国家良种质量与数量的大幅提升。

（四）农作物育种技术正向数字化发展

我国农作物杂交育种技术正处于由杂交育种向分子育种的过渡阶段，智慧育种技术突破和平台建设正在起步阶段。在杂交育种方面，我国在杂交小麦、水稻及一些特有品种的育种技术方面具有优势，水稻、小麦两大口粮作物品种完全自给；杂种优势利用、远缘杂交、植物染色体杂交、诱变等技术不断突破，培育了十字花科蔬菜、粮油植物等多个新品种，部分品种如超级稻、高产杂交玉米和优质专用小麦等已得到产业化应用。在分子育种方面，分子标记选择和聚合育种技术体系刚刚起步，转基因及基因编辑技术正处于完善阶段。在智慧育种方面，中国农科院正与阿里巴巴公司合作共同推进“智慧育种”公共服务平台建设，隆平高科公司于2021年与华为云合作构建隆平高科大数据底座平台。近年来，我国智慧育种技术不断取得新突破，2022 年，我国科学家综合利用机器学习和生物大数据，开发出了一套以“目标导向的优选技术”命名的智能多性状育种技术，相比于常规杂交育种，大大降低了工作量，并能促进我国玉米品种实现0.75% ~8.66% 的增产。

二、中国种企科技创新发展现状

（一）稳中向好的表现

1. 上市种企科技创新能力不断增强

从研发成果来看，上市种子企业经过多年发展和并购重组，通过资源整合和技术积累，已经形成一批拥有较充足的研发资金、高端人才及成熟技术的种子企业。如表 3 －2 所示，相关统计数据显示，2017—2022 年隆平高科通过国审与省审品种总量为 744 件，年均 124 件，其中 2020 年通过审定品种总量达 198 件；荃银高科通过国审与省审品种总量为 244 件，年均 40 多件；登海种业年均通过审定品种总量在 48 件以上。其他主要上市公司由企业自主研发培育的品种审定申请量也呈逐渐上升趋势，这意味着我国上市种子企业科技创新能力不断加强，正在成为我国农作物育种创新的主力军。

表 3 －2　2017—2022 年中国主要上市种子企业新审定（国审 + 省审）农作物品种量

单位：件

企业名称	2017 年	2018 年	2019 年	2020 年	2021 年	2022 年
隆平高科	90	94	149	198	143	70
荃银高科	18	30	24	60	66	46
登海种业	29	38	62	68	61	31
农发种业	13	28	41	48	34	25
丰乐种业	10	21	29	23	24	21
敦煌种业	7	11	9	22	16	8
垦丰种业	27	32	26	32	12	12
大北农	27	23	23	23	18	10

资料来源：根据各公司年度报告和中国种业大数据平台数据整理所得。

2. 上市种企种子加工和营销服务质量不断提升

种子加工和销售服务是保证种子质量、提升新品种创新价值、提高品种创新效益的有效手段。近年来，我国上市种子企业以现代种业产业化为发展方向，在种子生产加工采购和营销服务模式等方面一直走在国内种子行业的前列。以隆平高科为例，公司聚焦于农作物种业和产业链服务，实行“3 + X”品类策略，内生外延发展并举，持续巩固水稻、玉米、蔬菜三个核心品类种业地位，同时“X”包含的小麦、棉花、油菜籽等辅助业务的种子板块市场份额也在扩大。公司先后通过 ISO 9001 质量管理体系、ISO 14000环境安全管理体系、OHSAS 18000 职业健康安全体系，建立了“双全双零”的质量管理理念和文化，公司内部执行的产品质量标准普遍高于国家标准：杂交水稻亲本种子质量执行（纯度≥99.8%、芽率≥85%），高于国家标准（纯度≥99.5%、芽率≥80%）；玉米种子纯度可达98.5%～99.3%，高于国家标准（96%～98%）；黄瓜种子纯度可达98%，高于国家标准（95%）。严格的全产业链质量管理体系和引领业内的质量执行标准，帮助公司提高了入库种子质量合格率，大幅降低了制种除杂成本，使制种农户收入逐年增加，公司不合格种子转商率逐年降低，提高了公司种子产品的应用和推广价值。根据全国农技中心发布的统计数据，2021 年隆平高科杂交水稻品种在全国杂交水稻品种推广面积排名前十品种中独占七席，并包揽前六名；玉米品种在全国玉米推广面积排名前十的品种中，独占四席。

（二）面临的困境：部分上市种企研发投入力度不足

为衡量研发投入力度的大小，国际上通常采用“研发强度”（R&D Intensity）指标，对企业而言，该指标即研发经费占销售收入的比重。国际上一般认为：当研发强度达到 2% 时，企业才能基本生存；当研发强度达到 5% 以上时，企业才具有竞争力。就种业企业而言，公开资料显示，在国际上，育成一个大品种的平均投入是 1.4 亿美元，其研发投入一般占其销售收入的 10%～15%。2020 年德国拜耳集团在作物科学研发上的投入总额达到了41.4亿欧元，占销售额的10.4%①；中国隆平高科2017年进入全球种业前十强，2020年其研发投入占营业收入比重为10.5%，与全球营业收入最大的种企拜耳集团比重相当。

如图3-4所示，2022年国内种子行业营收规模排名前五的隆平高科、荃银高科、苏垦农发、登海种业和鲜美种苗，研发总投入仅为6.714亿元，只有隆平高科一家种企研发投入占营业收入的比重超过10%，苏垦农发的年度研发强度仅为0.57%；而2022年德国拜耳集团作物研发投入费用②为28.76亿欧元（以2022年度平均汇率换算，约折合人民币209.798亿元），是中国种子行业营业规模排名前五企业年度研发总投入费用的31倍多。

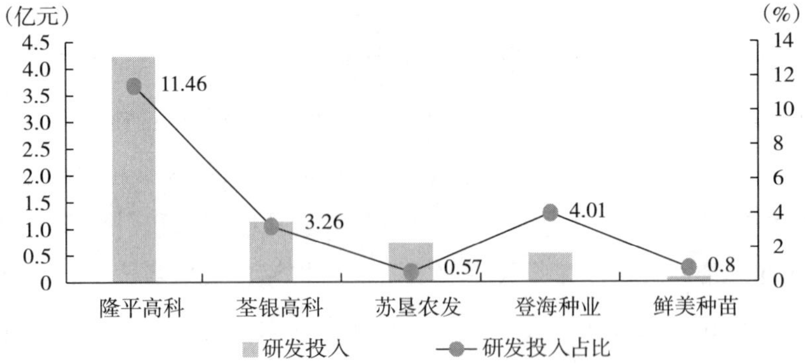

图3-4　2022年中国种子行业营收规模排名前五企业研发投入情况

资料来源：根据相关企业披露数据整理所得。

天眼查专业版数据显示，2023年我国种子相关企业183.5万家，其中市值超过100亿元的上市种企有7家，分别为大北农、北大荒、隆平高科、登海种业、苏垦农发、农发种业和荃银高科，但综观国内持证种子企业③中具有自主研发创新能力的企业不到总数的1.5%。

① 范贝贝，李瑾，冯献．农业强国目标下作物育种科技与装备创新：态势、挑战与路径[J]．科技导报，2023，41（16）：23-31.

② 研发投入费用主要用于种子性状、新化合物筛选和数字化智慧农业，不断开发推广创新的产品线和智慧农业服务软件，旨在保护作物健康的同时减少对农田环境的影响。

③ 持证种子企业是指拥有持发的相关证件，在农业领域中，从事种子生产、销售及服务的企业，是农业技术创新和商业化应用的重要主体。

第三节　中国种企科技创新效率测度与评价

为了深入了解我国当前种子企业的科技创新效率情况，下文研究拟采用实证分析的方法，选取我国当前上市的12家农作物种企作为样本单位，进行具体的研究。

一、模型构建

数据包络分析方法最早由美国著名运筹学家 A. Charnes 和 W. W. Cooper 提出，是一种利用线性规划对不同决策单元进行相对有效性研究的一种数量分析方法，因其各评估指标不需要进行无量纲化处理和无须提前确定生产函数的具体形式，在多个投入和多个产出效率研究中被广泛应用。1978年，Charnes、Cooper 和 Rhodes 三位学者提出了 CCR 模型。CCR 模型建立在固定规模报酬不变 CRS 的假设基础上，因此，由 CCR 模型所得出的效率值就是技术效率值。1984年，Banker 和 Charness 等针对生产可能集中的锥性假设不成立，在概念和应用上剔除了 CCR 模型中规模报酬不变的假设条件，重新设置为规模报酬可变，衡量在不同规模报酬之下效率的估计值，发展成为 BCC 模型。BBC 模型的具体计算公式如下。

$$\min[\theta - \varepsilon(e_m^T s^- + e_m^T s^+)]$$

$$\text{s. t.}\begin{cases}\sum_{i=1}^{n} x_i\lambda_i + s^- = \theta x_{i0} \\ \sum_{i=1}^{n} y_i\lambda_i - s^+ = y_{i0} \\ \sum_{i=1}^{n}\lambda_i = 1 \\ \lambda_i \geqslant 0, s^+ \geqslant 0, s^- \geqslant 0 (i = 1,2,3,\cdots,n)\end{cases}$$

其中，θ 是决策单元的综合效率值，取值为 0～1；ε 为非阿基米德无穷小量，其取值为大于0且小于任何正数；λ_i 为第 i 个决策单元的权重；x_i、y_i

分别表示第 i 个决策单元的投入向量和产出向量；s^- 为投入松弛变量；s^+ 为产出松弛变量。当 $TE=1$（$\theta=1$，且 $s^-=s^+=0$）时，决策单元DEA有效，反之DEA无效。

二、指标选取与数据处理

（一）指标选取

基于创新价值链理论，本节将种子企业创新活动划分为科技研发和成果转化两个阶段。在投入产出指标选取上，参考霍明（2022）、李青松（2022）等相关涉农涉种创新效率研究，依据相关种业数据的可靠性和可获取性，选取固定资产、研发投入、研发人员作为初始投入指标；中间产出指标包括专利授权数、植物新品种授权数；销售费用和销售人员作为二次投入指标；最终产出包括主营业务收入和营业利润。上述具体指标说明如表3－3所示。

表3－3　上市种企科技创新两阶段投入—产出指标说明

阶段	指标类别	指标名称
科技研发阶段	初始投入	固定资产/元
		研发投入/元
		研发人员/人
	中间产出	专利授权数/件
		植物新品种授权数/件
成果转化阶段	二次投入	销售费用/元
		销售人员/人
	最终产出	主营业务收入/元
		营业利润/元

（二）数据处理

本章实证分析以我国12家上市种子企业2017—2022年面板数据为基础，利用DEAP 2.1软件对种子企业科技创新效率及其变化趋势进行测度分析。研究数据主要来源于企业历年年报、国家统计局专利库、知网专利数据库、中国种业大数据平台等。考虑到决策单元的投入产出数据中不宜出现负的数据，指标间量纲级别不宜差别过大，故本章实证研究利用极值处理方法对原始数据进行处理，避免出现误差。

三、创新效率测算及分析

（一）科技研发阶段效率分析

表3－4　2022年中国上市种子企业科技研发阶段效率评价

企业名称	综合效率	纯技术效率	规模效率	规模报酬
苏垦农发	0.836	1.000	0.836	DRS
登海种业	1.000	1.000	1.000	CRS
敦煌种业	0.539	0.969	0.556	IRS
丰乐种业	0.571	0.814	0.702	IRS
隆平高科	1.000	1.000	1.000	CRS
农发种业	0.264	0.686	0.385	IRS
荃银高科	1.000	1.000	1.000	CRS
神农科技	0.454	1.000	0.454	IRS
万向德农	0.943	1.000	0.943	IRS
中江种业	1.000	1.000	1.000	CRS
垦丰种业	0.842	0.914	0.922	IRS
大北农	0.297	1.000	0.297	DRS
均值	0.729	0.949	0.758	

注：IRS代表规模报酬递增；DRS代表规模报酬递减；CRS代表规模报酬不变。

以2022年我国12家上市种子企业科技研发阶段的投入和产出指标数据为样本，运用DEAP 2.1软件以投入为导向进行DEA－BCC综合效率静态分析，结果如表3－4所示。在企业进行科技创新活动过程中，科技研发阶段效率总体偏低，12家上市种子企业的综合效率、纯技术效率、规模效率的均值分别为0.729、0.949、0.758，未能实现DEA有效。其中，登海种业、隆平高科、荃银高科和中江种业四家上市种子企业的综合效率值为1，说明其在科技研发阶段的投入配置相对合理；而农发种业和大北农两家上市种子企业的综合效率值尚不足0.4，说明它们在科技研发阶段的投入要素分配不合理，资源未得以充分利用。

从分解值来看，总体上纯技术效率均值高于规模效率均值。尤其是敦煌种业、农发种业、神农科技、大北农的对比更加明显，这四家上市种子企业科技创新效率不高的原因主要在于规模效率偏低，处于非有效状态，对企业科技创新效率的提升起到了明显的抑制作用，说明这些企业在投入上可能存在资源浪费现象。像敦煌种业、农发种业、神农科技等规模报酬递增的企业可以在未来年度适当增加要素投入以使其达到最优状态。

（二）成果转化阶段效率分析

运用产出导向 BCC 模型，依据成果转化阶段“投入—产出”指标，对 2022 年 12 家上市种子企业科技创新效率进行计算，结果如表 3－5 所示。在成果转化阶段，12 家上市种子企业的综合效率、纯技术效率、规模效率的均值分别为 0.842、0.884、0.934，未能实现 DEA 有效。其中苏垦农发、登海种业、农发种业、神农科技、中江种业均达到 DEA 有效状态。综合效率值最低的是隆平高科，仅达 0.284，表明其成果转化能力不及研发产出能力，科技成果未能及时转化成经济效益。究其原因，在于 2022 年其规模效率为 0.754，纯技术效率只达到 0.377，管理和技术水平低下严重限制了科技成果转化效率。

从 2022 年中国上市种子企业成果转化阶段效率具体分解来看，与第一阶段正好相反，成果转化阶段的纯技术效率均值小于规模效率均值，可见企业科技成果转化体系尚不成熟，转化机制不完善。大多数企业处于规模报酬递减状态，说明这些企业相对成果转化效益水平较低，再投入规模偏大；对于万向德农这类规模报酬递增的企业，则可以着重加大资源投入，以发挥规模效益，提高科技成果转化效率。

表 3－5　2022 年中国上市种子企业成果转化阶段效率评价

企业名称	综合效率	纯技术效率	规模效率	规模报酬
苏垦农发	1.000	1.000	1.000	CRS
登海种业	1.000	1.000	1.000	CRS
敦煌种业	0.976	0.976	0.999	DRS

续表

企业名称	综合效率	纯技术效率	规模效率	规模报酬
丰乐种业	0.685	0.774	0.884	DRS
隆平高科	0.284	0.377	0.754	DRS
农发种业	1.000	1.000	1.000	CRS
荃银高科	0.516	0.672	0.769	DRS
神农科技	1.000	1.000	1.000	CRS
万向德农	0.977	1.000	0.977	IRS
中江种业	1.000	1.000	1.000	CRS
垦丰种业	0.684	0.811	0.843	DRS
大北农	0.984	1.000	0.984	DRS
均值	0.842	0.884	0.934	

注：IRS 代表规模报酬递增；DRS 代表规模报酬递减；CRS 代表规模报酬不变。

（三）科技创新效率总体分析

表 3-6 给出了 2017—2022 年中国上市种子企业两阶段科技创新效率情况。从综合效率上看，无论是科技研发阶段还是成果转化阶段，综合效率有效值数量在 2～5 区间波动，占总统计企业数量比例的 17%～42%，整体综合效率较低。但 2017—2020 年科技研发阶段的综合效率值从 0.711 逐步平稳上升至 0.900，表明我国上市种子企业整体良性发展，科技创新成果产出效率不断提升，成果转化阶段效率值从 2018 年的 0.695 逐步提高到 2022 年的 0.842，反映出我国上市种子企业在科技成果商业化方面的投入产出比逐渐靠近相对最优状态。分解来看，2017—2022 年每年纯技术效率值等于 1 的企业数量在 7 家上下浮动，占总统计企业数量一半以上，12 家上市种子企业纯技术效率均值保持在 0.9 左右，说明上市种子企业在管理和技术水平方面仍有发展空间。2017—2022 年每年规模效率处于非有效状态的企业数量占比在 67% 左右，表明大多数企业在科技资源利用方面尚未发挥出规模效应，与最优生产规模相去甚远。

科技研发和成果转化效率偏低共同制约着我国种子企业科技创新效率的提升。其中不难看出成果转化阶段的效率损失现象相对严重，未来需要合理配置要素投入比例，避免资源浪费的同时提高相关人员的业务水平，加大市场化引导力度，促进科技成果有效转化。

表 3-6 2017—2022 年中国上市种子企业两阶段科技创新效率

指标		2017 年	2018 年	2019 年	2020 年	2021 年	2022 年
综合效率值	科技研发阶段	0.711	0.772	0.832	0.900	0.811	0.729
	有效值个数	2	3	3	3	4	4
	成果转化阶段	0.785	0.695	0.744	0.839	0.830	0.842
	有效值个数	3	2	4	4	3	5
纯技术效率值	科技研发阶段	0.906	0.897	0.911	0.954	0.921	0.921
	有效值个数	6	6	6	8	7	8
	成果转化阶段	0.955	0.853	0.851	0.887	0.892	0.884
	有效值个数	10	7	7	7	6	7
规模效率值	科技研发阶段	0.782	0.855	0.917	0.945	0.883	0.758
	有效值个数	3	3	4	4	4	4
	成果转化阶段	0.826	0.831	0.876	0.946	0.922	0.934
	有效值个数	3	2	4	4	3	5

四、评价分析

总的来说，2017—2022 年中国上市种子企业两阶段科技创新效率均未达到有效状态，其中科技研发效率呈先上升后下降趋势，主要受规模效率的制约；成果转化效率呈先下降后上升趋势，受到纯技术效率制约。从综合效率上看，无论是科技研发阶段还是成果转化阶段，上市种子企业每年综合效率处于有效状态的数量占总统计企业数量比例最高仅达42%，12 家上市种子企业效率均值不及 0.8，可见不同企业效率差异较大，整体综合效率较低。从纯技术效率上看，上市种子企业每年纯技术效率值等于 1 的企业数量占总统计企业数量的比例高达83%，12 家上市种子企业纯技术效率均值保持在 0.9 左右，说明纯技术效率作用得以发挥，种子企业内部科技创新管理水平不低但尚存发展空间。从规模效率上看，每年规模效率处于有效状态的企业数量占比仅达33%，表明大多数企业在科技资源要素投入方面不合理，未实现规模效益。

科技研发和成果转化效率偏低均阻碍着我国种子企业科技创新效率的提升。其中成果转化阶段的效率损失现象相对严重，究其原因在于我国企业商业化育种模式虽以市场为导向，但受资金、人才等限制，大多数企业尚未建立起“育种、扩繁、推广”一体化健康发展新格局。因此，企业因育种品质不佳和创新性不足，难以抢占市场份额并将科技成果产出有效转化为经济收益。

第四节　提升农作物种业科技创新效率的建议

基于创新价值链理论，对目前国内上市种子企业科技创新发展水平进行剖析后发现：我国上市种子企业科技创新两个阶段效率都比较低，成果转化阶段普遍低于科技研发阶段，其中科技研发效率受制于规模效率偏低，纯技术效率不高是阻碍成果转化效率提升的主要原因。因此，本章从提升科技研发效率和成果转化效率角度出发，为整体提升中国种业（尤其是上市种子企业）科技创新效率提供一定的政策建议。

一、加强政府引导，搭建种业科技创新平台

科技创新平台具有汇聚创新资源、推动企业创新、加快科技成果转化等多重功能，是推进产学研用深度融合的主要载体。当前尽管我国围绕种子的政策不断出台，但种质资源创新不足、品种同质化严重、产学研用脱节等一系列问题并未解决，种企尚未能够充分发挥创新主体的作用。为更好地推动现代种业发展，政府应建立和完善以企业为主导的产业技术研发创新体制机制，搭建更多由科研机构、大专院校、种子企业等组成的种业科技创新平台，促进各类创新要素向企业聚集，实现种业研发资源共享共用，让种业科技资源和人才“流起来、活起来、用起来”，逐步形成以企业为主体、市场为导向、资本为纽带的产学研用紧密结合的发展模式。近年来国内在水稻产业内搭建了完善领先的商业化育种平台，并以此为突破口，组织和扶持了一批科技创新技术体系平台，如中信集团及所属中信农

业、隆平高科与武汉大学、南京农业大学、中国水稻研究所、中国农科院作物研究所等10家单位共同组建杂交水稻创新攻关联盟，荃银高科联合6家科研单位成立的国家水稻商业化分子育种技术创新联盟等。科技创新平台的搭建和运用将会强化应用型、商业化创新模式，加快技术攻关和培育一批突破性关键技术、种质资源及重大品种，实现科研院所和企业共同发展。

二、优化生产经营规模，推进种业产业链一体化

规模效率是指企业投入要素规模的变化对综合效率的影响，反映其经营规模的优化程度。在科技研发阶段，大多数种子企业规模效率处于非有效状态，提升规模效率对上市种子企业来说是实现综合效率提升的主要因素。对此，上市种子企业要牢牢把握自身在资本市场的融资能力，合理调整科技创新投入结构，提高投入—产出配置水平，结合“育、繁、推”一体化相关政策，打造实现种业产业链一体化，形成规模优势。具体来说，在企业生物育种上加大研发投入，打造科研创新平台，掌握育种核心技术，在繁种上注重种子质量，建立育繁种基地，对种子从生产到制种全过程实施监控管理，确保种子质量，在推广上树立品牌意识，注重营销策略，促进生产社会化和规模化，充分发挥种子企业全产业链的规模效益，在竞争中获得超额利润和比较优势。同时，政府应加大支持如万向德农、神农科技等规模报酬递增的种子企业通过兼并重组方式实现规模扩张，做大做强企业规模，同时孵化培育有优势、有特色的种子龙头企业，以提升产业的规模经济。

三、加强企业内部管理，完善成果商业化体制机制

科技成果转化是科技成果从实验室走向市场并服务于产业和经济社会发展的重要一环。但由于我国种子企业育种研发起步晚、基础差，研发出的新品种同质化现象严重，缺乏“精品种子”，企业前期研发投入带来的科技成果产出不能及时转化为公司经济效益。上述实证指出纯技术效率是

阻碍企业成果转化效率提高的主要因素。对此，首先，建议种子企业加强企业内部管理，建立健全成果转化激励机制，提升成果转化相关人员的工作积极性。各级政府也应在保障对种业科研事业经费支出的基础上，将支持科技成果商业化作为投入重点，设立专项资金，以贴息、降息、无息贷款的方式支持企业成果转化活动。其次，新品种的质量也是影响成果转化率的关键因素。建议修改完善现有品种评价体系，从制度上解决新品种数量多但质量不佳的问题，鼓励企业研发“精品种子”，同时利用现代信息化技术，加大品种宣传力度，把科技成果及时送到农民手上，让科技成果快速转化为现实生产力，形成品种优势。最后，建议建立国家级、区域性的权威的种业成果转化服务平台，完善信息交流机制，形成以企业为核心的产学研紧密结合的科技成果转化新机制。

第四章 粮食主产区农作物种业竞争力研究

仓廪实，天下安，确保中国人的饭碗牢牢端在自己手中是新时代国家粮食安全观的明确目标。保障粮食和重要农产品稳定供给是我国农业现代化和政府农业政策的根本目标之一，也是农业高质量发展的重要体现。2022 年我国粮食总产量达 13731 亿斤（68655 万吨），实现粮食生产“十九连丰”。十九连丰的取得，是党中央和国务院一直高度重视粮食安全的结果，更是国家抓住耕地和种子“两个要害”的成果。农作物种子作为农业生产的核心生产资料，深入实施种业振兴行动，抓住“种子”这个要害，不断提升农业“芯”之竞争力，方能有效保障粮食等农作物品种的持续更新换代，用现代化的良种来强化粮食安全和农业强国的基础支撑。

第一节 基本概述

一、相关概念界定

（一）粮食主产区

粮食主产区是指地理、土壤、气候、技术等条件适合种植某些粮食作物并具有一定的资源、技术和经济效益等比较优势的粮食重点生产区；其不仅能满足粮食自给自足，还可以提供大量商品粮，对实施粮食安全战略具有重要作用。2003 年末，财政部颁发的《关于改革和完善农业综合开发若干政策措施的意见》中明确将黑龙江、吉林、辽宁、内蒙古、河北、河南、山东、江苏、安徽、四川、湖南、湖北、江西 13 个省份界定为我国的粮食主产区，2021 年由财政部、农业农村部、银保监会共同印发的《关于扩大三大粮食作物完全成本保险和种植收入保险实施范围的通知》中延续粮食主产区的界定。

国家统计局统计数据显示，2022 年全国粮食播种面积达 10000 千公顷以上的省份有 2 个，按粮食播种面积从大到小排列依次为黑龙江、河南；粮食播种面积在 5000 千公顷～10000 千公顷的省份有 7 个，从高到低排列依次为山东、安徽、内蒙古、四川、河北、吉林、江苏；粮食播种面积在 3000 千公顷～5000 千公顷的省份有 7 个，依次为湖南、湖北、云南、江西、辽宁、山西、陕西；粮食播种面积在 1000 千公顷～3000 千公顷的省份有 7 个，依次为广西、贵州、甘肃、新疆、广东、重庆、浙江；其余福建、宁夏、天津、青海、海南、西藏、上海、北京等 8 个省份粮食播种面积在 1000 千公顷以下。由此，我国 13 个粮食主产区是国家粮食作物的主要播种区，对保障国家粮食安全发挥了重要作用，研究 13 个粮食主产区农作物种业竞争力意义重大。

（二）产业竞争力

竞争力一词起源于拉丁语“Competier”，意为“参与市场的商业竞争”。竞争力，是参与者双方或多方的一种角逐或比较而体现出来的综合能力。它是一种相对指标，必须通过竞争才能表现出来，笼统地说竞争力有大有小，或强或弱。目前学界对竞争力的研究多从国家、产业与企业三个角度（层面）来探讨，结合本章的研究目标，重点研究产业竞争力。

综观已有研究中关于产业竞争力的概念表述，比较有代表性的有：张超（2002）认为产业竞争力是指不同国家的同类产业在生产效率、生产能力和创新能力之间的比较，在国际自由贸易条件下不同国家之间同类产业最终在产品市场上的竞争能力。金碚（2003）指出产业竞争力是一国特定产业通过在国际市场上出售其产品而反映出来的生产竞争能力。郭京福（2004）指出产业竞争力是指某一特定产业或全部产业通过对生产要素和资源的高效配置及转换，稳定持续地生产出比竞争对手更多财富的能力，体现的是在市场竞争中的比较关系，表现在市场上如产品价格、成本、质量、服务、品牌和差异化等方面拥有比竞争对手更强大的差异化能力。陈柳钦（2005）认为产业竞争力是一个国家或地区产业对于该国或该地区资源禀赋结构（比较优势）和市场环境的反应和调整能力。伦蕊（2005）认为产业竞争力是指能在经济活动中对资源的高效利用与配置（表现层），能把产业技术进步能力、产业组织成长能力、产业空间聚集能力和产业要素引斥能力等四种能力进行有机统一（本质层），能在产业的持续创新中提升技术效率和制度效率（来源层）。

产业竞争力是一个比较概念，是一国或一个地区的某种产业相较于他国或其他地区的同一产业的竞争能力，其内核是比较优势原理，其中生产要素、产品需求、企业结构以及支持政策都将会影响产业竞争力。参考上述既有概念，本书中的产业竞争力被定义为：某一产业之间的比较，也就是某类产业的竞争优势比较，研究对象是处于不同国家或地区竞争中的某一产业，产业竞争的实体是企业，产业竞争的最终比较物是产品或服务。产业竞争力的实质在于产业生产力，此外，产业竞争力还受到资本竞争力、技术竞争力等方面的影响。

（三）种业产业竞争力

种子是各项农业技术和生产资料发挥作用的载体，种业是由种子产业和相配套的社会服务、政府管理、公共支持、行业自律等构成的有机整体，是关系一个国家农业发达与否和科技水平高低的一种产业体系。

根据已有研究成果，种业竞争力 = 种质水平 × 工程化体系效率 × 规模 × 产品开发能力。提高我国种业竞争力的关键在于构建高效的工程化育种体系，在优势区域继续保持优势水平，在劣势区域尽快提升我国种质创制水平，从而实现良种自主可控。

根据研究中种业和产业竞争力的概念，本书将种业产业竞争力定义为：种业产业竞争力产生于一国或一个地区的种业国际竞争力，是指种业基础结构、育种技术水平和市场环境等在种业生产经营活动中，市场竞争主体（种企）通过高效地提供种子和相配套的技术服务，在市场竞争中比对手占有更高的市场份额和地位，并拥有可持续的盈利能力。种业竞争力主要取决于种业基础条件和技术水平两个方面，种业生产要素的积累也将有效提升当地种业竞争力；总之，要素禀赋条件、需求因素、相关支撑产业、政府环境和机会等都会影响种业产业竞争力。

二、相关研究文献回顾

（一）种业竞争力的相关研究

学界对于种业竞争力的研究由来已久，原因在于种业竞争力不仅反映出一国的农业基础产业的竞争能力，更在于种子产业的主权属性，因此，不断提升种业竞争力是保障实现中国农业强国和国家粮食安全的根本，研究种业竞争力也是对种业安全的关注与探讨。大体来看，目前关于种业竞争力的研究主要集中在种业产业竞争力和种业企业竞争力两个层面。

1. 对种业产业竞争力的相关研究

种业竞争力首先表现为种业产业本身的独特竞争优势。王学君（2009）指出中国在国际种子市场的竞争中，占据很小的国外市场份额，丧失更多的国内市场份额，从而导致其在世界种业的竞争中处于劣势。苏硕军（2012）利用贸易竞争优势指数来衡量中国种业国际竞争力，结果显示中国种业的 TC 指数为负，说明中国种业与欧美发达国家相比，种子贸易竞争水平较低，国际竞争力不足。王静（2012）计算并分析了 2006—2012 年主要种子国际市场，研究发现中国种业的国际市场占有率基本保持在 2% 左右，明显低于法国、荷兰、美国等种业强国。王磊等（2014）从市场份额角度分析发现，中国种业在国际市场份额竞争中处于弱势地位，不具有显性比较优势，产品出口市场集中且品种类型单一，竞争力较弱但整体处于上升态势。吕明乾（2015）采用模糊综合评判分析得到 60 个国家种业竞争力的国际排名，中国排在第 28 位，国际竞争力不强。张立荣等（2013）、张晓丽等（2016）、陈龙江等（2016）、黄君岩等（2018）运用钻石模型分析中国水稻、转基因棉花以及玉米的国际竞争力，一致认为我国种业在生产、研发与销售等方面竞争力较弱，但水稻在育种研发方面存在一定的优势。华树春（2018）对跨国种企进行对比，提出中国种业竞争力主要在市场份额、育种技术与人才、价格、种质资源等方面存在劣势。郑怀国（2021）通过构建“科技创新力指数”和“产业竞争力指数”，对我国种业国际竞争力进行了评估，认为我国的生物育种水平与美国有较大差距，主要原因在于我国延伸性、尾随性研发居多，缺乏原始创新能力。

2. 对种业企业竞争力的相关研究

国际种业的竞争主要是跨国种业企业间的竞争，其种业企业竞争力被越来越多的人关注。我国种企整体呈现出多而不强的发展特点，种企缺乏核心竞争力，而打造种子育种研发平台、建立种子价值营销体系、加强种子知识产权保护是培育我国种企核心竞争力的重要对策。陈燕娟等（2016）构建了种子企业知识产权竞争力评价指标体系和评价模型，研究发现我国规模化种业企业存在知识产权管理能力和保护能力较强，但创新能力和运营能力不足的现象。孙华（2016）运用波特五力模型，分析了我国蔬菜种子产业的竞争状况，提出政府应该在财政、金融和服务方式的转变等方面给予资金和政策的扶持。王平（2021）认为促进种企间兼并重组实现“育、繁、推”一体化能有效提升种业竞争力，这与侯军岐（2016）的观点一致，认为种企是种业发展的主体和构成细胞，我国种企总体上表现为“多、小、散”的发展特点，导致我国种业缺乏核心竞争力。史越英（2022）以全球种业市场发展规模为切入点，发现中国种业发展规模较小、发展缓慢、产业化程度较低，与世界领先种业抢占市场份额的能力不足，缺乏核心竞争力。张太宇等（2022）通过研究社会矛盾与种业发展不平衡之间的联系，认为打造产研共同体、促进生物育种技术产业化与种业信息数字化转型可整体提升我国种业竞争力，最终解决发展不平衡问题。

（二）对提升种业竞争力的相关研究

沈军（2011）指出竞争力是种业企业生存的关键，而企业竞争力的核心是自主知识产权，自主知识产权的核心是科技创新，若想提升种业竞争力就要以实现科技创新为基础。李建奇（2011）认为现代种业市场的竞争已不仅是种子生产企业实力的竞争，更主要的是种子企业所处的供应链与竞争对手所处的供应链之间的竞争，因此提升种业竞争力的关键在于加强我国种业供应链管理。周正剑（2012）提出调整中国种业市场结构，对中国种业市场进行重组，优化资源配置，加大科研投入，大力发展农业生物技术，实现产学研合作一体化可以从根本上提升种企竞争力。谭世梅（2018）认为，当前中国种业发展面临着行业集中度低、产学研合作脱节、企业研发投入偏少、营销手段单一等诸多问题，必须加快建立和完善种业现代企业制度，促进产学研合作一体化，加大研发投入，提高科研创新能力，树立品牌意识，完善营销策略，建立起管理高效的现代化种子产业。吴鼎文（2021）提出过度多元化的种子公司可以通过采取归核化战略，合理配置资源，垄断异质资源以提高企业核心竞争力。杨莉阳（2021）通过构建 ISBSM 模型和 SBLI 模型分别测度了效率和全要素生产率，并在此基础上构建了综合竞争力模型，同时从做大、做强、做优三个维度评价种业企业竞争力。

王静、孟俊杰等（2021）通过对先正达、隆平高科、北大荒等中国种企发展案例的研究，发现跨国并购、加大科研投入、自主创新、建立人才队伍、注重产学研合作是促进我国种业发展的必由之路。陈祥、姜龙等（2021）提出目前国外种业的竞争正逐步从规模、质量和价格转向新品种，种业竞争力取决于科研创新的实力，企业应加大与科研机构、高等院校的合作力度，引进优秀的高技术人才，未来才能在种业市场上占据一席之地。邓岩等（2022）对全球 17 个国家的种业国际竞争力进行了分析，得出投资—出口型、投资主导型和生产—出口型 3 种条件组态的种业国际竞争力提升路径，同时提升行业集中度、加大知识产权保护力度等对提升国际种业竞争力仍有组态效应。

三、中国种子行业整体发展概况

种子作为农业最基本的生产资料，对农业生产的发展起着非常重要的作用。根据相关数据，中国既是全球最大的农业生产国家，也是世界上最大的种子消费国之一，每年种子总用量约为125亿公斤[①]，其中商品化种子的市场消费量在60亿公斤左右，市场规模突破500亿元，在全球种子市场规模中的占比为21%。

（一）种子企业基本情况

2011年国务院以国发〔2011〕8号印发《关于加快推进现代农作物种业发展意见》，标志着中国农作物种业进入产业升级的新阶段。企业数量是产业发展状况的重要指标之一。在国家一系列提高种子企业设立门槛、鼓励优质种子企业积极开展自主研发、促进行业整合的政策引领下，我国种子行业整合速度明显加快，大型种子企业顺势而为，加速并购优质标的，整合资源，提升市场占有率和竞争力，推动企业迅速发展壮大，并出现了一批年销售额超10亿元的骨干企业；一批规模小、研发水平落后的企业逐步被淘汰或被兼并，具备“育、繁、推”一体化经营能力的龙头企业迅速成长，全国种子企业数量同步减少并呈现出阶段性变化的特点。

如图4-1所示，我国种子企业数量由2012年的6003家降至2016年的4516家，之后持续回升，2021年升至7668家，其中主要为瓜菜种子企业数量增加所致。究其原因：自2016年开始，国家对农业实行供给侧结构性改革，各地纷纷调减粮食面积，蔬菜瓜果等非主要农作物播种面积增长，相应种子需求增加；与此同时，2016年1月1日起新修订的《种子法》开始实施，《农作物种子生产经营许可管理办法》进一步修改，取消了申请生产经营许可时的注册资金和先证后照等要求，实行“两证合一”；加之农业农村部按照国务院“放管服”改革要求，取消和下放了一批行政许可事项，特别是将全国范围内经营的“育、繁、推”一体化种子企业经营许可证下放到省级发放，进一步释放了企业发展的活力。

（二）种子企业市值情况

自2011年以来，以基因组学、全基因组选择等为代表的新育种技术快

---

① 千树．我国种业市场分析[J]．农村工作通讯，2002（11）：34.

速发展及应用，种子企业市值稳步向前。如表 4－1 所示，2011—2016 年我国农作物种子市值稳步增长，市值由 990 亿元增长到 1229.61 亿元；之后 2017—2021 年农作物种子市值进入徘徊调整期，市值维持在 1200 亿元左右。尽管 2017—2021 年中国种企数量呈上升趋势（见图 4－1），但市值却徘徊不变。表明中国种子市值正在进入徘徊调整新周期，原因可能是产能过剩、产品同质化、种子本身竞争力不足以及种子的区域普适性不够，育种创新抑或提升种子竞争力成为种企发展的新方向。

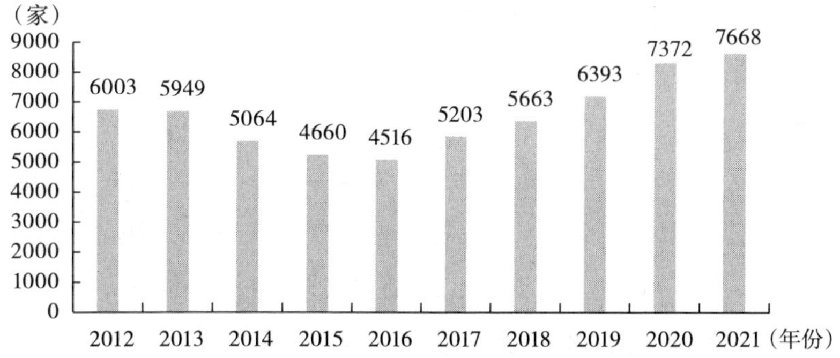

图 4－1　2012—2021 年中国种子企业数量变化情况

资料来源：根据中国种业大数据平台资料整理所得。

表 4－1　2011—2021 年我国农作物种子市值变动情况

年份	市值变动情况/亿元
2011	990
2012	1038
2013	1113
2014	1149
2015	1170
2016	1229.61
2017	1222.12
2018	1201.67
2019	1187.55
2020	1199.89
2021	1281

资料来源：《2022 年中国农作物种业发展报告》。

（三）农作物品种审定[①]情况

1981 年第一届国家农作物品种审定委员会成立，标志着我国品种审定制度基本形成，品种审定制度逐渐完善，形成了以品种审定为基础的市场准入制度、以植物新品种权为基础的产权保护制度，逐渐完善了我国农作物种业法规体系。"十三五"期间全国审定各类型品种 1.68 万个，比"十二五"增加 117%，其审定品种中，水稻和玉米品种共占 82%，但绿色优质专用品种仅占比 20% 左右。

2013—2021 年国家级品种审定数量快速增长，尤其是自 2016 年新修订的《种子法》实施以来，品种试验渠道拓宽，除原有的国审和省（区）审外，增设的绿色通道、联合体试验、同一生态区引种备案等渠道提升了品种审定速度，新审定品种数量激增。如表 4－2 所示，2013—2016 年我国水稻、小麦、玉米、棉花、大豆等 5 种主要农作物国家级品种审定数量未曾超过 200 个，从 2017 年开始，数量井喷；2018 年水稻、小麦、玉米、棉花、大豆等 5 种主要农作物国审品种数量较 2017 年上涨 497 个，涨幅超过 122%；2021 年国审水稻、小麦、玉米、棉花、大豆等 5 种主要农作物品种数量最多，为 1875 个，之后开始回落。究其原因，在于 2021 年修订了水稻、玉米审定标准，提高了产量、品质、抗性要求，2013—2021 年品种审定数量得以逆转出现明显下降，优质绿色品种比例稳步增加。

表 4－2　2013—2023 年主要农作物国审品种数量

年份	水稻	玉米	小麦	大豆	棉花	合计
2013	43	18	25	15	5	106
2014	47	29	21	14	13	124
2015	53	55	0	13	14	135
2016	66	34	34	13	13	160
2017	178	171	26	21	10	406
2018	269	516	77	35	6	903

① 品种审定是确定品种生产价值的审定，是法律规定的、新品种育成或新品种引进在推广之前政府主管部门对作物品种管理的一项规范措施，以审查其能否推广及其推广范围。

续表

年份	水稻	玉米	小麦	大豆	棉花	合计
2019	372	665	59	31	23	1150
2020	574	802	106	48	26	1556
2021	677	919	154	86	39	1875
2022	438	827	176	70	49	1560
2023	409	801	197	94	51	1552
合计	3126	4837	875	440	249	9527

注：2023 年国审品质包含 37 个转基因玉米品种，14 个转基因大豆品种。
资料来源：根据网站公开资料整理所得。

尽管中国农作物种业市场新品种不断增加，但真正的突破性品种缺乏，品种同质化严重，种子供给过剩，市场竞争激烈，企业通过提价提升盈利空间的难度加大，同时竞争加剧导致销售费用等成本增加，盈利空间被挤压。

（四）植物新品种权情况

植物新品种权作为种业领域最重要的知识产权，是运用法治方式推动种业发展，提高依法治种、依法兴种水平，夯实种业振兴、农业强国建设的重要基础。我国 1997 年颁布《植物新品种保护条例》，建立植物新品种保护制度；1999 年加入 UPOV 公约 1978 年文本；2015 年种子法增设植物新品种保护专章，现行《中华人民共和国植物新品种保护条例》共分为八章、四十六条。截至 2021 年，全国累计申请植物新品种权 5.8 万件，授权 2.2 万件。其中，2021 年农业植物新品种权申请 9721 件，年度申请量在 UPOV 成员中连续 5 年居首位，比 2020 年增加 1808 件，增幅 22.85%；同年，我国农业植物新品种权授权 3218 件。其中，授权量超过 100 件的省（市）有北京、河南、山东、安徽、江苏、广东、河北和福建。

我国植物新品种保护是基于 UPOV 公约 1978 年文本，保护水平不高，特别是对原始创新保护力度一般。中国当前种业市场模仿育种、修饰改良等现象较为普遍，品种低水平、同质化严重，特别是假冒伪劣、套牌侵权等违法犯罪行为屡禁不止，其条例部分条款已不能适应新形势、新要求，业界期盼借鉴发达国家普遍使用的 UPOV 公约 1991 年文本，提高植物新品种保护水平，解决种业知识产权保护问题。

第二节　样本区河南省农作物种业发展现状

河南省位于中国中部，既是全国农业生产大省、13 个粮食主产区之一、产粮第二大省，也是全国种业（育种、繁种、用种、供种）大省，在小麦、玉米等粮食作物品种选育方面居于全国领先地位，肩负着保障国家粮食安全和种业稳中向好的重任。目前，河南省农作物种类众多，以小麦为例，河南省拥有种子繁育基地 430 万亩左右，年产小麦种子 18 亿公斤以上，小麦商品种子约占全国冬小麦用种的 50%，除满足本省需求外，每年还向湖北、安徽等省外调 5 亿公斤左右，小麦良种的省外销量约占销售总量的 50%。“三杂”种子（杂交玉米、杂交棉花和杂交水稻）供种量占用种量的 100%，其他种子供种量占用种量的 20% ~60% 不等，种业市场份额巨大。近年来，在党中央、国务院、省委省政府的高度重视下，河南省种业取得了长足发展，但其种业竞争力却面临严峻的挑战。

一、河南省农作物种业发展现状

（一）河南省农作物种业发展优势简介

河南省处于亚热带向暖温带过渡地带，适合多种动植物生长繁衍，种质资源丰富。从地理条件来看，河南全省地势西高东低，适宜大范围农业种植的平原及盆地面积达 9.3 万平方公里。此外，土层深厚的黄淮海冲积平原、肥沃的南阳盆地，均适宜耕种农作物，为小麦的大面积耕种提供了良好的先决条件。从气候类型来看，河南省位于我国中部，地处亚热带向暖温带过渡地区，小麦是喜光作物，河南省当地充足的光热资源为小麦种植提供了有利的条件。与此同时，河南省境内拥有丰富的水资源，黄河、淮河、汉水、海河四大水系流经此处，加之充足的降水，为农业灌溉提供了保障。

（二）河南省农作物种业发展基本情况

目前，河南省已初步形成了以企业为主体、科企合作的市场化育种创新体系，有力地促进了种业商业化发展。截至2020年底，已拥有“育、繁、推”一体化能力的企业8家，在新三板上市种子企业3家。建设有国家生物育种产业创新中心、国家小麦工程技术研究中心、国家小麦工程实验室、省部共建小麦玉米作物学国家重点实验室、国际小麦玉米研究中心、“2011计划”河南粮食作物协同创新中心等国家级高水平研发平台9个，省家禽种质资源创新工程研究中心、猪遗传改良及养殖技术工程研究中心、奶牛生产性能测定中心等省级育种研发平台22个。在种质资源收集和保护方面，目前建有中短期种质资源库14个、种质资源圃12个、畜禽水产保种场（区）21个。保存各类农作物种质资源4.66万份，其中小麦12099份、花生等油料作物7879份、玉米3997份、稻类4236份。食用菌种质资源种类68个、菌株1347份，畜禽品种资源75个，水产种质资源1046个。通过对河南省种质资源的鉴定、挖掘，创制出玉米王牌自交系郑58、昌7－2，小麦广谱杂交品系周8425B、C5/新乡3577，花生骨干杂交品种远杂9102、开选016等一批适应生产和市场需求的突破性新种质，具有国际竞争力的河南现代种业体系正在形成①。

2022年《河南省“十四五”现代种业提升工程建设实施方案》（以下简称《方案》）印发，《方案》以建设现代种业强省为目标，明确要着力提高资源保护、育种创新、品种测试和良种繁育能力，建立健全现代种业体系，创新种业体制机制，促进政产学研用紧密合作，建设一批国内一流的标志性种业工程，打造在国内外具有竞争力的“育、繁、推”一体化企业，推进河南由种业大省向种业强省转变。近一年多来，河南省农作物种质资源保护利用中心开工建设，国家生物育种产业创新中心和神农种业实验室入驻“中原农谷”运营，河南秋乐种业科技股份有限公司（以下简称

① 李国英．河南省建设种业强省的路径选择与对策建议［EB/OL］．（2021－10－26）［2024－03－01］．http://zkhn.hnr.cn/zkzdtj/articie/1/1452899211610353665？source=mobile.

国排名前二十的种业龙头企业，河南还没有一家企业入选。

如图4－2所示，Kynetec公司的数据显示，中国种业市场规模在2020年达到552亿元，其中我国种业市场CR5仅为13.8%，远低于全球市场集中度。隆平高科以5.0%的市场占有率居首位，荃银高科、垦丰种业、苏垦农发和鲜美种苗的市场占有率分别为2.4%、2.4%、2.1%和1.9%。河南省作为种业大省却没有种企的市场占有率进入全国前五，且单个种企全国市场占有率最大的仅为5.0%，表明河南省种企、全国种企需整合资源，研发出性状好、适应广的种子以占据市场份额。一般来说，企业在科研上的投入占销售收入的比重达到5.0%是正常水平。然而，目前我国持牌种子企业有6000多家，其中中小企业占比60%，具有自主研发能力的企业不到1.5%。由于资本的限制，我国大多数企业尚未建立起自己的科技创新体系，研发投入水平远低于国际公认的"死亡线"（1%）。

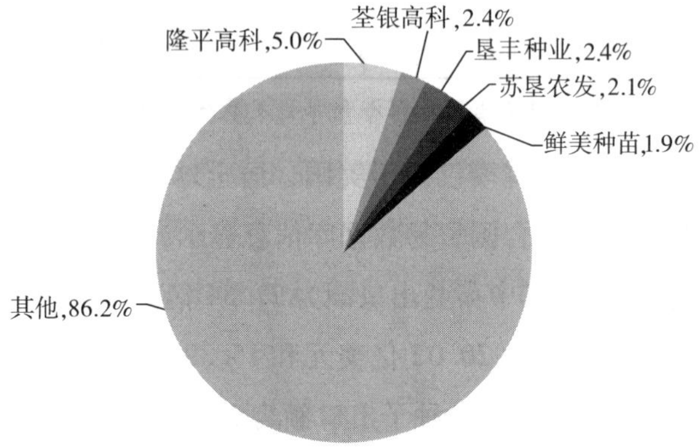

图4－2　2020年中国农作物种业竞争格局

资料来源：根据网站公开资料整理所得。

（二）河南省农作物种业创新力发展现状

农作物种子企业的创新力是影响其竞争力的重要因素。河南省农业科研系统主要由河南省农业科学院、20个省辖市农科院所、29个县级农科所组成，其为育种创新的主要保障体系。河南省种业企业包括秋乐种业、中棉种业科技股份有限公司、河南金博士种业股份有限公司等都开展了与农业科研院所的合作研发，即除了企业独立选育或企企合作选育品种外，与科研院所的创新研发也是重要的模式。种企的创新力应由市场主导，而科研院所创新大都是以课题、热点为导向，此种产研分离模式现象严重削弱了种业发展的竞争力。反观国际上种业创新突破均以种企为主导、科研院所为辅，当前我国种业正在向种企主导育种研发创新方向发展。

1. 农作物品种选育步伐明显加快

在发达国家强力推动将知识产权保护纳入世界贸易体系的主张下，由美国发起成立 UPOV。为强化种业竞争力与育种创新能力，中国于 1999 年加入 UPOV，以期在公约框架下解决新品种权争端，同时达到农作物新品种知识产权保护的目的。近年来，我国的农作物品种选育步伐明显加快。在品种数量上，审定品种、登记品种快速增长，有力地保障了农业生产用种需求。

如图 4－3 所示，2012—2021 年河南省（国审＋省审）的主要农作物新品种审定数量涨幅明显，尤其 2016—2020 年呈现直线上涨趋势。2012 年河南省农作物品种审定数量仅为 54 个，而到 2021 年上涨为 220 个，涨幅高达 307%。2012 年通过的国审品种数量中由河南省种企（包含与科研院所合作）研发的数量仅为 7 个，到 2021 年达到了 124 个，涨幅甚至达到了 1671%。随着河南省农作物品种审定数量的快速增多，将持续推进农作物品种的创新选育和新品种推广，同时避免知识产权纠纷带来的假冒伪劣侵权种子等纠纷案件发生，从而为农作物育种创新营造良好的法治环境。

2. 农作物种业竞争力提升明显

《中国科技统计年鉴》的数据显示，2012 年河南省农业植物新品种权申请量为 66 件，虽然 2021 年农业植物新品种权申请量的数据未公布，但 2020 年河南省农业植物新品种权申请量达到 748 件，足以表明河南省种业发展速度之快。种子行业企业的竞争力与其地理位置、资源状况、市场竞争力以及科技创新能力的综合实力均有关。如图 4－4 所示，2012—2020 年 9 年间同为粮食主产区的河南省与山东省的农业植物新品种权申请数量上升明显，发展较快，表明河南、山东两省的农作物种业竞争力不断提

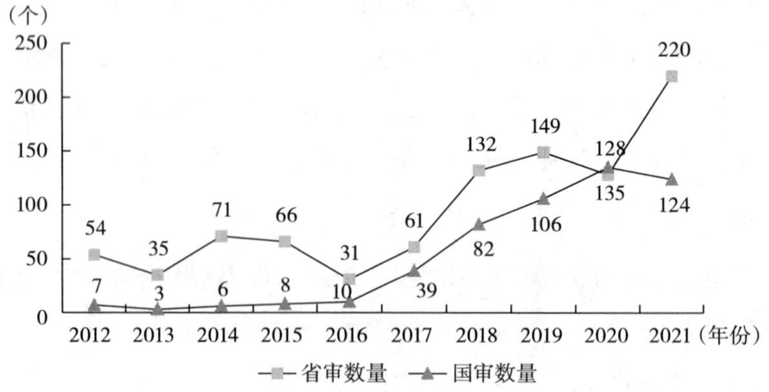

图 4-3　2012—2021 年河南省主要农作物（国审 + 省审）品种审定量

资料来源：根据中国种业大数据平台资料整理所得。

升，且提升明显。河南省与山东省作为农业大省，同时也是种业大省，拥有种业发展所需的众多优质（种质）资源可供利用，如高标准育种试验田、土壤环境、光热水资源和种业科技资源等，而四川、山西和内蒙古等省（区）则受地形地貌条件、自然光热水资源和气候等因素影响，使得农业植物申请新品种权的数量近年来发展缓慢。

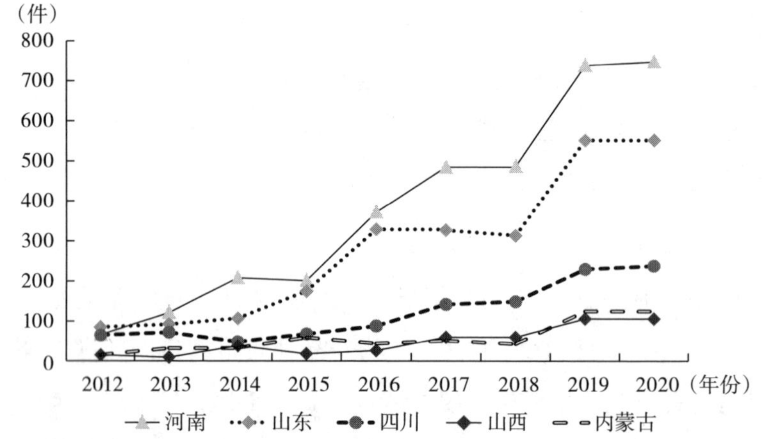

图 4-4　2012—2020 年河南等 5 省（区）农业植物新品种权申请量

资料来源：根据 2013—2021 年《中国科技统计年鉴》、Kynetec 各公司年报整理所得。

（三）河南省农作物种业竞争力发展现状

河南省地处黄淮海核心位置，是农作物供种与用种大省，农作物供种能力约占全国的1/10，全省年均繁（制）种规模34万公顷左右，供种总量21亿千克左右，其中小麦供种18亿千克，约占全国小麦供种总量的50%，优势明显。对于每一个制种大省来说，其种业竞争力的强弱主要受以下三点影响：

第一，种业发展离不开“繁、育、推”三大环节，无论是大型种企还是科研院所，其工作重点聚焦提升“繁、育、推”中“育”能力，而育出来的种子，还需要种业企业去“繁、推”，但恰恰后一方面，河南省还不够强。河南省种企“散、弱、小”问题比较突出，约80%的种业企业迄今为止仍没有研发队伍，同时缺乏创新能力，品种培育低水平重复，同质化严重，整体竞争能力不强。

第二，市场发展受需求影响，种业市场的发展同样由种子需求所决定，河南省耕地面积位居全国第二，仅次于黑龙江省，河南省与邻近省份因地域环境和气候条件等相似，育种研发出的种子可适面积广，庞大的种子需求是河南省种业提升竞争力的基础。

第三，育种创新能力是种业竞争力的核心。近10年来，河南省在种业领域共获得国家科技奖励11项（一等奖1项、二等奖10项），居全国前列，并且全国农业领域唯一的国家产业创新中心——国家生物育种产业创新中心在2019年4月落户河南省。根据河南省农业农村厅的数据，2023年初，河南发布关于公布农业产业化省重点龙头企业名单的通知，对农业产业化省重点龙头企业进行调整，并将调整后的1067家农业产业化省重点龙头企业名单予以公布，其中包括39家种业企业。上述坚实的发展基础使得河南省育种主体正在从以科研单位为主体加速向以育种企业为主体转变，商业化、市场化育种体系初现雏形。

三、河南省农作物种业发展中存在的问题

作为供种与制种大省，河南省种业企业存在核心竞争力较弱、研发投入不足以及金融服务缺位等问题，科研经费与种质资源大多被科研院所占据，种业企业拥有的资源（资金、种质、市场）贫乏，而科研院所的育种研发成果常与市场需求脱节，造成资源错用与浪费。研发能力是种业企业的核心竞争力，河南种业企业数量占全国总量的9%，"繁、育、推"一体化企业7家，但整体研发投入占销售收入的3.8%，与全国平均6.1%、欧美10%以上均有较大差距。

（一）种业研发创新缺乏良好的市场化环境

河南省种子同质化现象严重，没有一家种企在国内乃至全球有影响力，在种业创新关键技术领域总体还处于不利的竞争地位。原因在于育种创新不同于其他产业领域内的创新，其需要数年的周期、大量资金的耗费且结果充满不确定性；育种专业人才主要集中于科研院所而非种业企业，这与大多数中国人思维相同，即体制内工作较稳定；河南省缺乏育种专业技术人才，放眼整个中国，活跃在种业创新领域、致力于种子繁育的专家多为60～70岁，30～45岁的中青年人才占比不高，影响到农作物种业高质量、可持续发展。

近年来，河南省种业企业研发投入持续加大，企业竞争力明显提升，但仍存在种企规模小而散、品种同质化严重等问题，在经营规模、创新能力等方面都与国内龙头种企有明显差距，这与其农业大省、粮食大省的身份不相匹配。

（二）新技术运用和新品种选育亟待突破

河南省小麦、玉米、花生、芝麻等品种选育虽居全国领先水平，但在生物育种新技术应用方面还处于起步阶段，创新能力优势不足，分子标记辅助育种、基因编辑等仅在河南农大、省农科院立项应用；在小麦优质专用、抗赤霉病，玉米易籽粒机收，大豆高产、抗病、抗逆等品种选育上未

取得关键性突破；节水、节肥、耐旱、耐瘠薄品种数量不够丰富；正在建设的国家生物育种产业创新中心，仅开展了农作物种子创新工作，种苗研发工作尚未启动。现有平台间协同不足、产学研用深度融合不够，资源优势难以有效发挥，青年领军人才和创新优秀团队难以脱颖而出。同时，面对全国层出不穷的各种创新产品，拥有独立的、具有市场竞争力的农作物新品种和品种权无法显现自身的竞争优势，扩大市场份额。

由图4－5可知，2010—2016年全国主要农作物水稻、小麦、玉米、棉花、大豆5种种子品种审定数量在1400个左右徘徊，从2017年开始，品种审定数量开始快速增加，2019年全国审定（国审＋省审）水稻、小麦、玉米、棉花、大豆5种主要农作物品种4250个，比2018年增加880个。2020年仅国审玉米品种公示806个，比2019年10月公告的547个品种多259个，同比增长47%；是2018年国审品种（516个）的1.56倍、2017年（171个）国审品种的4.7倍、2016年（34个）国审品种的23.7倍。如附表2所示，以2022年河南省主要农作物（小麦、玉米、水稻、大豆和棉花）品种审定量基本情况一览表为例，根据《主要农作物品种审定办法》《农业植物品种命名规定》，全年全省审定通过了谷丰8号等108个小麦品种、梦玉309等64个玉米品种、郑稻C42等12个水稻品种、科林豆8号等18个大豆品种、中棉所100901等13个棉花品种，共计215个品

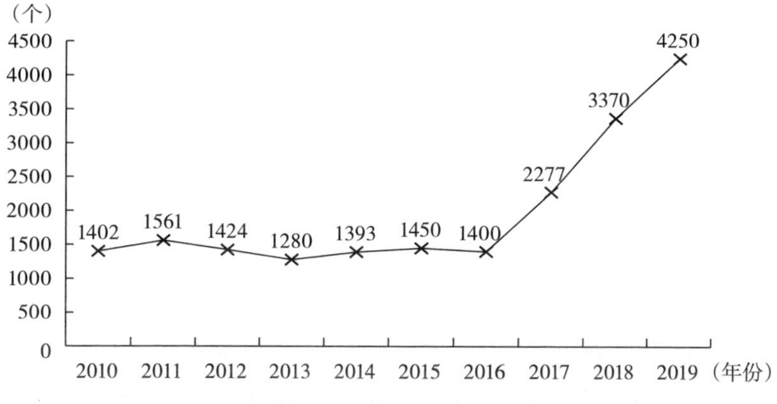

图4－5　2010—2019年中国农作物种子品种审定量

资料来源：中国种业大数据平台。

种，小麦、玉米新审定品种数量位居前二。正如附表 2 中所列出的河南省粮食新审定部分种子品种名称，不难发现，2022 年河南省新审定通过的 5 类农作物种子品种名称，多以文字加数字格式命名，如谷丰 8 号、中农 867、先玉 1879、郑稻 C42 等，相似度极高，名称同质化现象严重，不易区分新旧品种；同时，新审定种子品种名称的法人主体（申请人）小而多、散而弱、集中度不高，很难提升种业企业核心竞争力。

（三）系统、规模化的种质资源库缺乏

种质资源库是育种的基础数据库。无论是进行杂交配种，还是基因编辑，都需要尽可能地收集自然界中的不同种子作为实验基础。河南省虽然也有这种储存机制，但由于经费的匮乏，缺乏系统性规模化的种质资源整合，造成种质资源库（圃、场、区）建设数量不足，部分珍稀、濒危、特色种质资源的丧失风险不断加大；种质资源挖掘不够、鉴定评价不足，资源共享机制不完善。这些工作近几年也逐步得到了国家和各地区的重视，逐渐开展起来，但与西方国家长时间的积累相比差距仍然明显。

第三节　样本区河南省农作物种业竞争力实证分析

一、研究方法与指标选取

（一）研究方法

数据包络分析方法用于测算产出对投入的比率，其应用线性规划模型可计算比较决策单元（Decision Making Units，DMU）之间的相对效率，对评价对象做出评价。具体是指在投入一定量的生产要素且有一定数量的产品产出的前提下，通过定义一个决策单元（DMU）系统的一系列决策，计算出不同决策单元的效率，若效率值为 1，则该决策单元被认为 DEA 有效，若计算效率值小于 1，则该决策单元被认为 DEA 无效。在实践应用中，由于其不预设定具体函数形式和允许多种投入产出的优点，现已被学

者们广泛用于评估决策单元的投入产出效率。但这种方法也存在一定的缺陷：忽略了对随机干扰项的存在，无法区分技术无效率与误差项。而且DEA 测算的全要素生产率仅仅是相对效率，不是绝对效率。DEA－Malmquist 指数模型弥补了上述不足，能够测算出不同时期研究对象的效率变化情况，并且可以进一步将该指数分解为技术进步指数（Technical Change，Tech）和技术效率变化指数（Efficiency Change，Effch）。其中技术效率变化指数（Efficiency Change，Effch）在具有可变规模效益条件下又可进一步分解为纯技术效率变化指数（Pure Efficiency Change，Pech）和规模效率变化指数（Scale Efficiency Change，Sech）。

公式如下：

$$TFP = Effch \times Tech = (Pech \times Sech) \times Tech$$

如表 4－4 所示，全要素生产率指数 *TFP* 代表资源（包括人力、物力、财力）开发利用的效率水平，若 $TFP>1$，则表明综合生产率水平有所提高；反之则反是。$Effch>1$ 说明能力实现改善（技术效率提升），反之则表示阻碍了 *TFP* 增长。技术进步指数（*Tech*）对 *TFP* 的影响，以及纯技术效率变化指数（*Pech*）、规模效率变化指数（*Sech*）对 *Effch* 的影响也是同理。

表 4－4　相关指数及其代表含义

相关指数	相关指数的代表含义
全要素生产率（*TFP*）	资源（包括人力、物力、财力）开发利用的效率
技术效率变化指数（*Effch*）	生产活动投入与产出等方面的整体效率
技术进步指数（*Tech*）	生产技术的改进
纯技术效率变化指数（*Pech*）	生产领域中应用技术更新速度以及对先进技术的有效推广程度；管理水平
规模效率变化指数（*Sech*）	投入与产出匹配程度，生产规模合理性

（二）指标选取

在国内，学者们对种业全要素生产率的测算多从两方面展开：①以种子企业为决策单元，探究种子企业全要素生产率变化情况；②从品种出发研究特定品种在国内区域的竞争优势。黄勇、王刻铭（2016）通过测算湖南省6家具有代表性种企全要素生产率，发现种业创新水平是影响种业安全的关键因素。李泽华（2021）运用DEA－Malmquist指数法对河北省棉花生产进行测算分析，发现河北省在生产管理、技术推广等方面仍有不足。基于以上研究成果，本书选取播种面积、化肥施用折纯量、第一产业就业人员、农业机械总动力、有效灌溉面积作为投入指标；农作物总产量作为产出指标，运用DEA－Malmquist指数法测算分析2016—2021年包含河南省在内的13个粮食主产区种业全要素生产率变动情况，具体计算结果如表4－5所示。

表4－5　2016—2021年13个粮食主产区各项投入和产出指标

地区	年份	农作物总产量/万吨	播种面积/千公顷	化肥施用折纯量/万吨	第一产业就业人员/万人	农业机械总动力/万千瓦	有效灌溉面积/千公顷
辽宁	2016	23156.0	3515.0	148.1	705.4	2168.5	1573.0
	2017	2330.7	3467.5	145.5	714.8	2215.1	1610.6
	2018	2192.4	3484.0	145.0	711.8	2243.7	1619.3
	2019	2430.0	3488.7	139.9	675.0	2353.9	1629.2
	2020	2338.8	3527.2	137.6	631.0	2471.3	1632.5
	2021	2538.7	3543.6	135.0	600.0	2552.6	1644.3
河北	2016	3783.0	6791.4	331.8	1186.0	7402.0	4457.6
	2017	3829.2	6658.5	322.0	1086.0	7580.6	4474.7
	2018	3700.9	6538.7	312.4	982.0	7706.2	4492.3
	2019	3739.2	6469.2	297.3	938.0	7830.7	4482.2
	2020	3795.9	6388.8	285.7	815.0	7965.7	4470.0
	2021	3825.1	6428.6	276.9	777.0	8096.8	4495.0
山东	2016	5332.3	8517.3	456.5	1706.9	9797.6	5161.2
	2017	5374.3	8455.6	440.0	1622.5	10144.0	5191.1
	2018	5319.5	8404.8	420.3	1534.5	10415.2	5236.0
	2019	5357.0	8312.8	395.3	1445.9	10679.8	5271.4
	2020	5446.8	8281.5	380.9	1373.0	10964.7	5293.6
	2021	5500.7	8355.1	371.0	1316.0	11186.1	5329.3

续表

地区	年份	农作物总产量/万吨	播种面积/千公顷	化肥施用折纯量/万吨	第一产业就业人员/万人	农业机械总动力/万千瓦	有效灌溉面积/千公顷
吉林	2016	4150.7	5542.4	233.6	546.2	3105.3	1832.2
	2017	4154.0	5544.0	231.0	526.5	3284.7	1893.1
	2018	3632.7	5599.7	228.3	508.6	3466.0	1893.1
	2019	3877.9	5644.9	227.1	489.6	3653.7	1909.5
	2020	3803.2	5681.8	225.3	472.0	3896.9	1905.4
	2021	4039.2	5721.3	223.0	454.0	4149.2	1935.9
内蒙古	2016	3263.3	6803.4	234.6	555.9	3331.1	3131.5
	2017	3254.5	6780.9	235.0	533.5	3483.6	3174.8
	2018	3553.3	6789.9	222.7	507.3	3663.7	3196.5
	2019	3652.5	6827.5	218.4	475.2	3866.4	3199.2
	2020	3664.1	6833.2	207.7	443.0	4056.6	3199.1
	2021	3840.3	6884.3	241.9	422.0	4239.4	3184.0
江西	2016	2234.4	3807.2	142.0	608.7	2201.6	2036.8
	2017	2221.7	3786.3	135.0	572.3	2309.6	2039.4
	2018	2190.7	3721.3	123.2	527.9	2382.0	2032.0
	2019	2157.5	3665.1	115.6	489.8	2470.7	2036.1
	2020	2163.9	3772.4	108.8	455.0	2591.0	2038.5
	2021	2192.3	3772.8	108.6	424.0	2695.4	2056.0
湖南	2016	3052.3	5010.7	246.4	1587.3	6097.5	3132.4
	2017	3073.6	4978.9	245.3	1515.2	6254.8	3145.9
	2018	3022.9	4747.9	242.6	1462.4	6338.6	3164.0
	2019	2974.8	4616.4	229.0	1409.2	6471.8	3176.1
	2020	3015.1	4754.8	223.7	836.0	6589.0	3192.9
	2021	3074.4	4758.4	219.1	801.0	6676.4	3238.0
四川	2016	3469.9	6291.3	249.0	1709.0	4267.3	2813.6
	2017	3488.9	6292.0	242.0	1661.0	4420.3	2873.1
	2018	3493.7	6265.6	235.2	1618.0	4603.9	2932.5
	2019	3498.5	6279.3	222.8	1579.5	4682.3	2954.1
	2020	3527.4	6312.6	210.8	1542.0	4754.0	2992.2

续表

地区	年份	农作物总产量/万吨	播种面积/千公顷	化肥施用折纯量/万吨	第一产业就业人员/万人	农业机械总动力/万千瓦	有效灌溉面积/千公顷
四川	2021	3582. 1	6357. 7	207. 2	1506. 0	4833. 9	3033. 6
河南	2016	6498. 0	11219. 6	715. 0	1546. 0	9855. 0	5242. 9
	2017	6524. 2	10915. 1	706. 7	1375. 0	10038. 3	5273. 6
	2018	6648. 9	10906. 1	692. 8	1303. 0	10204. 5	5288. 7
	2019	6695. 4	10734. 5	666. 7	1251. 0	10357. 0	5328. 9
	2020	6825. 8	10738. 8	648. 0	1223. 0	10463. 7	5463. 1
	2021	6544. 2	10772. 3	624. 7	1172. 0	10650. 2	5681. 9
湖北	2016	2796. 4	4816. 1	328. 0	1246. 7	4187. 8	2905. 6
	2017	2846. 1	4853. 0	317. 9	1196. 2	4335. 1	2919. 2
	2018	2839. 5	4847. 0	295. 8	1147. 1	4424. 6	2931. 9
	2019	2725. 0	4608. 6	273. 9	1107. 2	4515. 7	2969. 0
	2020	2727. 4	4645. 3	267. 3	897. 0	4626. 1	3086. 0
	2021	2764. 3	4686. 0	262. 6	881. 0	4731. 5	3088. 4
江苏	2016	3542. 4	5583. 3	312. 5	814. 8	4906. 6	4054. 1
	2017	3610. 8	5527. 3	303. 9	769. 9	4991. 4	4131. 9
	2018	3660. 3	5475. 9	292. 5	737. 9	5017. 7	4179. 8
	2019	3706. 2	5381. 5	286. 2	706. 1	5112. 0	4205. 4
	2020	3729. 1	5405. 6	280. 8	675. 0	5148. 2	4224. 7
	2021	3746. 1	5427. 5	275. 6	630. 0	5213. 8	4232. 0
安徽	2016	3961. 8	7359. 0	327. 0	1383. 5	6867. 5	4437. 5
	2017	4019. 7	7321. 8	318. 7	1363. 3	6312. 9	4504. 1
	2018	4007. 3	7316. 3	311. 8	1353. 6	6543. 8	4538. 3
	2019	4054. 0	7287. 0	298. 0	1346. 9	6650. 5	4580. 8
	2020	4019. 2	7289. 5	289. 9	815. 0	6799. 5	4608. 8
	2021	4087. 6	7309. 6	284. 7	779. 0	6924. 3	46336
黑龙江	2016	7416. 1	14201. 8	252. 8	664. 2	5634. 3	5932. 7
	2017	7410. 3	14154. 3	251. 2	632. 0	5813. 8	6031. 0
	2018	7506. 8	14214. 5	245. 6	606. 2	6084. 7	6119. 6
	2019	7503. 0	14338. 1	223. 3	569. 2	6359. 1	6177. 6

续表

地区	年份	农作物总产量/万吨	播种面积/千公顷	化肥施用折纯量/万吨	第一产业就业人员/万人	农业机械总动力/万千瓦	有效灌溉面积/千公顷
黑龙江	2020	7540.8	14438.4	224.2	538.0	6775.1	6171.6
	2021	7867.7	14551.3	239.0	516.0	6912.1	62158

资料来源：根据历年《中国统计年鉴》及各省统计年鉴数据整理。

二、实证测算分析

（一）2016—2021年河南省种业全要素生产率变动分析

如表4－6所示，从时间序列的变动来看，除2021年因河南省洪涝灾害导致2020—2021年生产效率出现下滑趋势外，其余年份全要素生产率指数均大于1。2017年河南省种业全要素生产率各项指数均大于1且是研究期间全要素生产率最优年份，说明该年的生产投入与产出相匹配，效益良好。之后的全要素生产率指数较前年虽有所下降，但技术效率和技术进步率互相补充维系了全要素生产率增长态势，年均*TFP*增长幅度达2.4%。

表4－6　2016—2021年河南省种业DEA－Malmquist生产率指数及其分解

年份	*Effch*	*Tech*	*Pech*	*Sech*	*TFP*
2016—2017	1.032	1.001	1.000	1.032	1.032
2017—2018	1.166	0.875	1.000	1.116	1.020
2018—2019	0.972	1.052	1.000	0.972	1.023
2019—2020	1.038	0.982	1.000	1.038	1.019
2020—2021	0.913	1.047	1.000	0.913	0.956
河南省均值	1.024	0.991	1.000	1.014	1.010

总的来说，2016—2021年河南省种业全要素生产率平均上升1%。其中技术效率年平均增长2.4%，是拉动全要素生产率增长的唯一源泉，而技术进步年平均增长－0.9%，阻碍了全要素生产率的增长。从技术效率变化的两大分解项来看，纯技术效率保持不变，对全要素增长率零贡献；

规模效率的均值为1.014，其值大于1，说明河南省种业整体的规模收益呈递增趋势。

（二）河南省与其他粮食主产区种业全要素生产率对比分析

从13个粮食主产区来看，2016—2021年我国粮食主产区中四川、江苏、江西、辽宁、黑龙江、河北、内蒙古、湖南、山东、安徽、河南、湖北的全要素生产率均呈增长态势（*TFP* >1），仅吉林省年均全要素生产率指数小于1（*TFP* =0.980），是13个粮食主产区省份中种业全要素综合效率最低的省份。呈增长态势的各个省份中仅黑龙江为技术进步推动型（*Tech* =1.016 >1），其余省份均为技术效率推动型。由表4-7可知，河南省2016—2021年种业 *TFP* 指数为1.009，达到了 *DEA* 有效，但在13个省份 *TFP* 排名中比较靠后，且略低于全国平均水平（1.011）。

表4-7　2016—2021年13个粮食主产区种业生产全要素变化

	Effch	*Tech*	*Pech*	*Sech*	*TFP*	排序
四川	1.020	0.999	1.017	1.002	1.019	1
江苏	1.028	0.990	1.028	1.000	1.018	2
江西	1.017	1.000	1.000	1.017	1.017	3
辽宁	1.026	0.990	1.000	1.026	1.016	4
黑龙江	1.000	1.016	1.000	1.000	1.016	5
河北	1.024	0.991	1.012	1.011	1.015	6
内蒙古	1.037	0.979	1.062	0.977	1.015	7
湖南	1.021	0.992	1.018	1.003	1.013	8
山东	1.020	0.992	1.001	1.018	1.012	9
安徽	1.019	0.992	1.007	1.011	1.011	10
河南	1.021	0.989	1.000	1.021	1.009	11
湖北	1.012	0.991	1.008	1.005	1.003	12
吉林	1.000	0.980	1.000	1.000	0.980	13
平均值	1.019	0.992	1.012	1.007	1.011	

全要素生产率变化主要受技术效率和技术进步两方面的影响，进一步分解全要素生产率可以发现：河南省种业全要素生产率的增长得益于技术效率的提高（*Effch* =1.021 >1）以及规模效率的提升（*Sech* =1.021 >1）。

其中技术效率以年均2.1%的增幅弥补了技术进步下滑（$Tech=0.989<1$）对全要素生产率的负向影响，进而促进河南省种业综合效率的增长（$TFP=1.009>1$）。这也说明2016—2021年河南省技术效率与技术进步不相适应。究其原因在于技术进步具有时滞性，作用发挥需要一定的时间。目前发达国家已经进入种业4.0时代，河南省作为全国重要的农作物种业大省，下一步要尽快开展种源“卡脖子”技术攻关工作，加大技术投入，推动种业跨越式发展，实现种业大省向种业强省的转变。

此外，由表4－7也可知，13个粮食主产区的技术效率均正向增长（$Effch\geqslant 1$），对全要素生产率的增长起到了正向推动作用。进一步分解技术效率发现，各省的纯技术效率指数均大于1；辽宁、河南、山东、江西、河北、安徽的种业规模效率均高于全国平均水平（1.007），仅内蒙古规模效率指数小于1。这说明绝大多数省份在生产要素的分配结构上具有合理性，种业生产规模结构相对合理，投入与产出基本达到了最优状态。

三、原因探析

本章实证研究运用DEA－Malmquist指数法测算了2016—2021年包含河南省在内的13个粮食主产区种业全要素生产率，结果表明：2016—2021年河南省种业全要素生产率为1.009（>1），实现正向增长。其中技术进步水平下降（$Tech=0.989<1$）抑制了全要素生产率的增长，而技术效率的提高（$Effch=1.021>1$）对全要素生产率的增长起到了关键推动作用。从省际差异来看，河南省在13个省份 TFP 排名中比较靠后，且略低于全国平均水平（1.011）。

究其原因在于：①育种技术手段落后。作为农业大省、粮食大省，河南省选育的玉米、小麦、大豆等品种单产水平居全国领先地位，但与美国相比，只有其平均单产水平的60%～70%。这是因为目前河南省选育的系列重大品种多依赖于育种专家经验的积累，缺乏受现代育种技术支撑的原始创新，在资源占比、生物育种技术等方面存在“卡脖子”问题。如今，欧美等一些种业发达的国家以信息技术、生物技术、大数据信息技术等为核心的新一轮种业科技革命正在快速崛起，已经实现不同作物种质资源信息可在统一的数据管理平台上共享交流，分类管理。②河南种业企业多而不强。经过多年发展，河南种业企业整体规模不断壮大，企业竞争力也在提升。根据河南省农业农村厅统计数据，河南省有 11 家总资产超过 1 亿元的农作物种子企业、25 家年销售额超 1 亿元的种畜禽企业。但河南省规模化企业较少，具有“育、繁、推”一体化资质的企业更少，企业市场占有率偏低，相较于其他省份上市种企公司数量，河南省仅有一家种业上市企业。全国排名前二十的种业龙头企业，河南还未有一家企业入选。此外，企业育种资源薄弱，科研投入少，研发能力弱，尚未成为育种创新的主体力量。

第四节　基于河南省秋乐种业的案例分析

2022 年 12 月 7 日，秋乐种业（股票代码：831087）正式上市北京证券交易所，成为河南育种行业第一股，实现了河南省种业上市企业零的突破，也是我国种业领域自 2012 年以来唯一上市的农作物种业企业。它不仅实现了河南种业上市企业零的突破，同时成为我国 2012 年以来唯一上市的农业种业企业。本节选取隆平高科、登海种业、荃银高科 3 家国内上市种企及秋乐种业作为研究对象，通过对公司规模、经营效益、科研投入与成果转化等三个方面对比分析，探索影响河南省种企竞争力的因素，以期提供经验借鉴，实现河南由种业大省向种业强省的转变。

一、样本种企的发展概况

（一）公司规模

如表 4 – 8 所示，2021 年隆平高科资产总额高达 1400375 万元，排名第一；登海种业以 421022 万元的资产总额位居第二；河南省种子企业资产排名居后。其中，秋乐种业资产规模仅有 43887. 71 万元，其资产仅为隆平高科的3.13%，与隆平高科相差1356487.29万元，差距巨大；从员工人数来看，河南种企与国内龙头种业上市公司的员工人数差别也较大，2021年隆平高科员工人数最多，为2708人，秋乐种业人数最少，为209人，其仅占前者员工人数的7.7%。

表4-8　2021年样本公司规模情况对比

公司名称	总资产/万元	固定资产/万元	员工人数/人
隆平高科	1400375	149476	2708
登海种业	421022	59870	716
荃银高科	353839	29304	1044
秋乐种业	43887.71	7398.78	209

资料来源：根据样本公司公开年报整理所得。

（二）经营效益

如表4-9所示，上市企业中，隆平高科水稻种子业务全球领先，全年实现营业收入13.04亿元；玉米种子板块经营稳中有增，全年创收10.15亿元。登海种业作为国内最早实施“育、繁、推”一体化的试点企业，长期致力于玉米育种与高产栽培研究工作，现已经形成稳定发展的产业模式，盈利能力大幅提升，全年实现营业收入9.78亿元，同比增长24.66%。荃银高科为适应种植大户、家庭农场、农业合作社等客户群体持续增加的行业形势，实行“公司+大户”的营销模式，立足国内外两个市场开展销售业务，全年创收12.07亿元，毛利率高达44.21%。同时公司还实行订单粮食业务经营模式，促进自身品牌粮食生产，实现公司稳步高效发展，营业收入达7.24亿元。秋乐种业主要从事玉米、花生、小麦等农作物种子的研发、繁育、推广和技术服务；受种业行业利好影响，种子销量较上期有所增长，2021年营业收入比2020年增长24.06%。其中，推出的小麦新品种百农307得到市场高度认可，小麦板块营业收入和毛利率较2020年同期均有所增长。

表 4－9　2021 年样本公司种子业务情况对比

公司名称	主营业务/产品类型	营业收入/元	毛利率/%
隆平高科	水稻种子	1304087849	29.38
	玉米种子	1014827240	31.21
登海种业	玉米种子	978398114.4	38.15
荃银高科	水稻种子	1206648653	44.21
	订单粮食业务	724149912.6	7.60
秋乐种业	玉米种子	215027341.5	42.08
	小麦种子	56151261.86	17.91
	花生种子	59394601.45	6.84
	其他种子	2832871.3	9.13

资料来源：根据样本公司公开年报整理所得。

（三）科研投入与成果转化

品种创新能力和科技研发能力是种业企业在市场中得以保持高竞争力的重要因素。一般来说，种子企业的研发投入占销售收入的比重达到5%是正常水平状态。目前发达国家种子公司的研发投入一般占销售收入的10%～15%，如孟山都、先锋等国际种业巨头每年的研发投资约占销售收入的12%；通过大量的研发投入，培育高科技品种，其品种选育过程更加高效、精准、直接，以维持在种子市场的竞争地位和抢占全球市场份额。

当前，以孟山都、先锋等三巨头为代表的世界种业跨国公司，除了占据着全球种业市场的大部分份额之外，还控制着世界上大多数植物新品种的所有权。近年来，我国部分种企纷纷跟进国际发展趋势，加大了年度研发投入。如表 4－10 所示，以 2021 年数据为例，中国龙头种企隆平高科研发投入达到 27528 万元，占当年营业收入的 7.86%；登海种业研发投入占营业收入的比重达 6.34%，仅次于隆平高科；荃银高科和秋乐种业年度研发投入占总营业收入的比重分别为 3.3%、3.24%，落后于国际公认的正常水平（5%）；但值得肯定的是，样本种企科技成果转化显著，公司的自主创新卓有成效。其中，秋乐种业自主培育并通过审定或登记的植物新品种中的秋乐368（玉米品种）、秋乐618（玉米品种）、豫研1501（玉米品种）等代表性新品种，科技成果转化显著，具有较强的市场竞争力和较高的客户认可度，已成为公司主要的收入和利润来源。

表4－10 2021年样本公司研发投入情况对比

公司名称	研发投入/万元	研发投入占营业收入的比重/%	研发人数/人	研发人数占总人数的比重/%	总品种审定数量/个	当年审定品种数量/个
隆平高科	27528	7.86	451	16.65	267	51
登海种业	6979	6.34	169	23.46	248	31
荃银高科	8328	3.3	192	18.39	289	66
秋乐种业	1097.89	3.24	27	12.92	36	3

资料来源：根据样本公司公开年报整理所得。

二、样本种企的发展经验

种子是农业的“芯片”，秋乐种业“十年磨一芯”，无论是市场占有率还是品牌影响力，都在逐年攀升。其不仅培育出高产抗病玉米新品种“秋乐368”，还敲响北交所开市宝钟，成为河南种业第一股。究其知名度和竞争力提升的成功经验，主要有以下三点。

（一）高效的资源整合

秋乐种业作为农业部首批“育、繁、推”一体化企业，主要从事玉米、小麦、花生、大豆、油菜等农作物品种的研发、繁育、加工、推广和技术服务，形成了独有的包括种子培育、繁育、栽培和加工等在内的核心技术体系。除了自身优越的资源，其管理层和股东组成都相当高质、高效。①秋乐种业董事长张新友是中国工程院院士，主持培育了豫花22号、豫花9326号、远杂9102号、豫花65号、豫花47号等多个重要花生品种，先后3次获得国家科技进步奖二等奖，并且运用于公司的主营业务当中；②秋乐种业的前五大股东分别为河南农业高新技术集团有限公司、现代种业发展基金有限公司、河南生物育种中心有限公司、河南农投产业投资有限公司、河南农业科学技术开发有限公司，阵容强大，在资源方面各具优势。

（二）发力生物育种

从行业看，秋乐种业所处行业为生物产业——生物农业及相关产业——生物育种。生物育种技术发端于1967年的美国，而我国2000年前后才开始启动，生物育种技术与国际水平相比差距较大。秋乐种业通过生物育种技术，将有效的种子基因进行重组，尽可能发掘优质性状、比较理想的新品种或新的品种特性。近年来，秋乐种业清晰化的发展思路，从实际出发将工作重心放在生物育种研发上，成效显著。

（三）依靠科研打造强大竞争力

“依靠科技进步，服务农业农民”是秋乐种业的定位。自2000年12月秋乐种业成立以来，坚持做好科研，做好产品，做好服务，做中国质量最优的种子企业，咬定“科研”不放松，成为河南省农科院所创办企业中的一面旗帜。对于种子企业来说，科研是核心竞争力，品种怎么来，靠的就是科研，具体来说，是指秋乐种业提出的“1123”科技助力工程。第一个“1”是以秋乐自身科研团队为主；第二个“1”是与国家生物育种产业创新中心战略合作，该中心是公司第三大股东，为公司生物技术、生物育种等方面提供最前沿的技术支持；“2”是与以河南省农科院为代表的河南省内20余家农业科研单位紧密联系；“3”是与知名农业高校、河南省外农业科研单位及一流研发团队交流合作。

三、案例小结

综观秋乐种业的发展概况，从公司规模、经营效益、科研投入与成果转化等三个方面与隆平高科、登海种业、荃银高科3家国内上市种企对比分析，公司规模、经营效益、科研投入明显不及其他3家上市种企，且差距较大；但从投入产出视角来看，秋乐种业的市场竞争力不差的原因与其自身科研育种能力和成果转化收益较高有直接关系。再从秋乐种业自身发展的经验来看，其从2000年注册成立至今，能够做到以“种”为桥，整合优质资源，主动发力攻克中国种业的短板——生物育种，并且依靠科研蓄能增势，成效显著，值得借鉴。

第五节 政策建议

上述研究结果显示，当前作为全国粮食主产区之一的河南省，尽管其农作物种业发展具有一定的比较优势和发展潜力，但其农作物种业竞争力并不明显。提升河南省种业竞争力是保障国家粮食安全的重要举措。针对粮食大省当前的农作物种业发展现况，需完善体制机制，提供强有力的金融服务模式，加大种业保险的政策支持力度；要打通市场“堵点”“断点”，提升市场资源优化配置效能；应发挥骨干种企优势，鼓励大型优势种企兼并重组，强力推动企业兼并整合，强化龙头企业主体地位，培育大型“育、繁、推”一体化种业龙头企业；让种企发力生物育种研发新优势的同时提升行业集中度，进而提升粮食大省农作物种业竞争力。

一、完善体制机制，优化金融服务模式

当前我国种业发展的一般金融服务方式主体包括：政策性金融、商业银行以及多层次资本市场等，然而农作物种业自身发展的周期长、风险大、投资高等特点，导致国家“机制”引导“无力”，种业金融服务效率低下，亟须健全政策引领体制机制，提升种业发展金融服务效率，强化市场资本支持，加大种业保险的政策支持力度等。

（1）充分发挥政策性金融在引导和改善种业金融服务方面的重要作用。继续大力发展专门针对种业的政策性产业引导基金、风险投资基金、私募股权投资基金以及担保公司等，积极利用 PPP 融资方式助力种业孵化壮大，在试点的基础上大力发展政策性种业保险。

（2）鼓励金融机构围绕种业提供专属金融产品和专营金融服务，加大金融产品、金融工具以及服务方式的创新力度，拓展种业金融服务的来源。鼓励商业银行、政策性金融机构、证券公司等各类机构，围绕种业产业链特点和金融服务需求，提供契合种业特点的专属金融产品，组建专门

的服务团队，提供专业化的综合金融服务。

（3）鼓励政策性保险公司和商业性保险机构围绕种业产业链各环节创新产品，同时，围绕种业金融服务过程中的风险，形成种业保险产品，构建政府支持、企业参与、商业化运作种业风险分担与管理机制业保险的公共产品，建议扩大财政分担种业保费的比例和范围。

二、打通种业市场“堵点”“断点”，提升资源配置效能

分析粮食大省种业竞争力不强的原因，主要表现在：“育种”主体“错位”，未形成以企业为主体的商业化育种体系；“推种”模式“倒置”，尚未形成市场导向的高效种业创新体系等。当前，种业产业化已进入生态化发展阶段，产业链上各生态主体耦合形成一种生态链，它们通过创新资源流动和整合而相互影响、相互依赖，实现共生演化博弈。

（1）健全商业化育种体系。建立健全产学研深度融合、创新链和产业链高效联动的商业化育种体系。要健全科研院所和种业企业的合作机制，根据工厂化的要求在资金、人力和成果转化等多个流程中进行市场化运行。种业商业化育种体系有利于推动科研院所的科研成果转化，同时也能避免种业企业在研发上的重复投入与资源浪费。要打造一批具有独特竞争优势的种业企业，鼓励种业企业深入细分市场，拆分产业链，进行精细化耕作，形成一批具有特殊资源、特色品种的优势企业。

（2）健全市场导向的高效种业创新体系。首先，进一步完善种业创新体系，将政府扶持政策、市场需求和链条企业发展实际结合起来，通过市场优化配置研发前、研发中、研发后以及产业链上、中、下游各环节相应的技术服务、公共服务、信息服务等系统性服务，着力提升种业企业创新效能。其次，优化创新资源布局，强化基础研究与应用研究协同发展。支持龙头企业联合高校、科研单位和智库等第三方咨询机构，牵头组建种业创新联合体。进一步在科研项目立项、信贷、担保、兼并重组、人才流动等方面加大对企业的支持力度，强化企业在科技创新中的主体地位。最后，以市场为导向，建立良种联合攻关机制，立足现有的研发体系，尽可

能整合现有的研发力量，集中攻关培育具有自主知识产权的核心种源。利用创新激励机制对突破性成果进行奖补，并加大试验推广力度。在保持小麦、玉米等优势品种竞争力的同时，对蔬菜、瓜果等弱势品种展开布局。

三、培育大型“育、繁、推”一体化种业龙头企业

随着杂交种的普及和推广，我国种子商品化率仍有较大的上升空间，同时随着我国的种子科技含量和商品化率的提高，我国种子市场规模将进一步扩大。未来，拥有高研发能力及持续创新能力的种业头部企业将有望不断提升其市场占有率及竞争力。

（1）提高良种科技水平。鼓励种企培育、推广优质高产多抗耐逆农作物种子新品种，加强高效技术和生态栽培模式研发与推广，使种企形成具有高效优质科技水平的王牌品种，进而提高辐射效应、提升业界竞争力。

（2）加大支持力度。鼓励大型优势种企兼并重组，鼓励社会资本投入，积极引进战略投资者，发挥骨干种企优势，强力推动行业兼并整合，组建大型“育、繁、推”一体化种业集团，提升企业集中度，打造种业“航母”，倾力培育主板上市种企和特色优势明显的“隐形冠军”企业。

（3）强化种企主体地位，培育大型种业龙头企业。通过培育一批具有资源整合力、优势转化力与价值链主导力的“育、繁、推”一体化种业龙头企业，不仅能在产业链上发挥牵引作用，龙头企业还可以与产业链上企业深度耦合，形成稳定的分工协同关系，处于产业链核心位置的龙头企业可以带动上下游形成产业集群，在集群内，既有龙头企业、新型农业生产主体，也有合作社、小农户、相关要素企业/机构等，各成员具有明确的功能定位，实现优势互补、共同发展，龙头企业充分发挥头雁作用，逐步形成“头雁”引领、“强雁”跟进、“雏雁”齐飞的种业全产业链发展新格局。

2023 年中央一号文件明确指出要“全方位夯实粮食安全根基，深入实施种业振兴行动”。党的十八大以来，中国种业科技和产业发展取得了明显成效，做到了“中国粮主要用中国种”，为中国农业发展提供了有力支

撑。但种业作为高科技含量、高附加值和高资本投入的产业，未来持续提升其竞争力，尤其是提升包含河南省在内的13个粮食主产区种业全要素生产率乃是我国种业振兴的迫切需求。进入新时代，面对我国农作物种业发展不平衡不充分的矛盾和问题日益体现在发展质量上，尤其是种业核心技术的竞争力不足表现明显，需优化种业产业生态环境，持续增强创新活力，全方位提升种业发展水平。

第五章　农作物种业制种保险实施成效探究

建设农业强国需要建设农业保险强国。农业强国除了具有强大的生产和再生产能力，还必须有强大的、充分的风险保障能力，以应对不期而遇的自然风险或市场风险，保证农业再生产能够稳定、可持续进行。制种业是整个农业产业链的上游产业，优质的良种对提高农作物生产力、保障农作物生产质量、提高农民增收都有着举足轻重的作用。基于制种产业具有市场价格和自然灾害双重高风险属性，为建立制种产业风险保障体系，优化制种产业市场环境，制种保险作为一个专门为制种产业提供风险保障的险种应运而生。作为防范农作物制种产业突发事件危害的工具，制种保险是我国种业发展的助推器和稳定器。近年来，制种保险在我国现代农作物种业发展中对农民收益保障、农业农村社会稳定发挥了重要作用，成效显著。

第一节　基本概述

农业生产，良种先行。种业作为农业生产的源头和基础，是典型的高科技产业，其育种、制种和繁种阶段具有资本投入高、环节多、周期长、技术要求高等特点，极易受到自然气候条件、市场、技术等多方面不可控因素影响，比一般农业生产面临的风险更高，加剧了种业发展的不确定性。此外，近年来全球种子市场价格风险也正成为制种生产的主要风险，为了维持我国现代种业长期、稳定、可持续发展，亟须通过保险机制这一现代风险管理工具来分散和转嫁风险，为制种产业提供功能性保障。

中国有着容量巨大的种子市场，基于其产业面临较为突出的环境风险、技术风险、市场风险、资金风险等，2011 年国务院出台了《关于加快推进现代农作物种业发展的意见》，明确提出“建立政府支持、种子企业参与、商业化运作的种子生产风险分散机制，对符合条件的农作物种子生产开展保险试点”。2012 年将“对符合条件的种子生产开展保险试点”写入中央一号文件。同年，将“增加制种风险较高的杂交玉米和杂交水稻等种子生产保险”作为重大工程任务写入《全国现代农作物种业发展规划(2012—2020 年)》。2015 年中央一号文件再次提及“将主要粮食农作物制种保险纳入中央财政保费补贴目录”。2018 年，国家正式将三大主粮农作物制种保险正式列入中央财政保费补贴目录。2020 年 12 月 28 日，习近平总书记在中央农村工作会议上提出“没有良种难以实现农业现代化”。

由此，国家支持农作物种业制种保险的政策支持体系日趋完善，我国逐步建立起种业保险在种业生产过程中的风险分散机制。

一、制种保险的内涵与特征

（一）制种产业的内涵

种业是种子产业的简称，是一个自成系统的物质性生产行业，也是一个为农作物生产提供基本生产资料的特殊行业，涵盖了新品种选育、生产、加工和种子销售等四大环节，以及种质资源收集、选育、试验、审定、原种亲本繁殖、生产、精选、包衣、包装、标识、检验、贮藏、销售、售后服务等若干个过程。制种产业是指生产已经培育成功的农作物良种的产业，分为人工杂交制种和非人工杂交制种两种。大体来讲，制种产业的主体是指制种企业，其通过公司 + 农户型或者自建基地型的方式进行生产。制种企业既是种子繁育的组织者，也是市场最终消费者（用种主体）的对接者。

制种企业在生产农作物良种时主要面临的风险如下：一是生产风险。种子生产属于田间作业、“露天工厂”，直接受到各种自然因素的影响，产量和质量都难以像工业品生产那样精准控制。同时受国内工业、商业、农业比较效益制约，农户制种效益难以提升，种子生产基地也很难落实和稳固。伴随工业化、全球变暖而来的气候恶化导致的种子生产风险更有逐年加重的趋势。二是经营风险。行业的过度分散、管理调控手段的缺乏和信息的不对称直接导致种子行业的产供销信息统计分析很难精确，加之现在同质化品种的泛滥，主导品种的地位不突出，企业对品种的市场供求关系越来越难以把握，稍有不慎，就很容易造成亏损。三是研发风险。种子的研发创新风险极大，除了必要的、长期的、大量的投入外，新品种的选育还存在很大的机遇性和不可预见性，实力越弱越危险，种子企业往往很难坚持。

制种企业面临着多种形态的风险，且风险具有外部性。一方面，制种企业的品种权、科技水平是否能够得到制种农户的认可，存在不确定性；另一方面，产成品种子是否能够得到制种农户的认可，也存在不确定性。由于这两个方面的不确定性，种业企业和销售难以有效衔接，为此，需要种业保险的介入。

（二）制种保险的内涵

目前我国农业保险界与种业界的专家学者对种业保险虽有研究，但主要是针对制种保险展开的探讨。制种保险是一个专门为制种产业提供风险保障的险种。早在 20 世纪 60 年代，国际上就已经有制种保险出现。发展至今，在美国、加拿大和南非等国已经形成了比较完善的制度模式。我国最早出现的制种保险是杂交水稻制种险，由中国人民保险公司（以下简称“中国人保”）在 20 世纪 80 年代推出。后又陆续推出了玉米制种保险和小麦制种保险。2018 年，水稻、玉米、小麦三大主粮农作物制种保险被正式纳入中央财政补贴范围，对保障我国主要粮食品种安全发挥了重要作用。

在国外，狭义的种业保险只涉及农作物种子保险，广义的种业保险则涉及农作物种子生产的一切物质财产、责任和人身的保险，包括农作物种子的产量质量、机械设备、建筑物、相关主体的民事责任和人身的保险。在我国，狭义的种业保险，只包含为制种环节提供风险保障的保险，广义的种业保险不仅仅包含制种保险，还包含与种业其他环节相关的人身及财产的保险，涉及种业产业的全链条以及全流程，利用保险机制对种业产业链条中一个或多个环节的风险进行转移和分散，缩减被保险人的经济损失，稳定其经济收入的一类保险又或者是保险组合。

结合目前学界比较认可的定义，本书的制种保险是为了分散制繁种环节风险、提高制种农民制种收益而开展的一种保险，保险责任一般是干旱洪涝、低温冷害、病虫害等自然灾害造成的种子产量损失或质量损失。

（三）制种保险的特征

在国家政策推动下，我国的制种保险试点范围不断扩大，已实现多地域、多品种、多产业链的拓展和覆盖，且品种、区域差异化分布特征明显。从区域分布看，制种保险试点主要在甘肃、宁夏、四川、宁波、福建、江苏、海南、湖北、北京等省（区、市）开展，试点品种涵盖水稻、玉米、小麦、蔬菜等农作物。从品种分布看，玉米种子制种保险在甘肃、宁夏、四川省（区）试点；水稻种子生产保险已经在宁波、福建、四川、江苏、海南、湖北6省市开展试点。截至目前，试点地区的水稻、玉米等制种保险均纳入地方财政补贴范围，各财政保费补贴比例在70%～90%，农户承担10%～30%。以中国人民财产保险股份有限公司[①]（PICC P&C，以下简称“中国人保财险”）为例，2011年至2022年的12年间，累计为23万户次制种农户承保制种保险约1348万亩，有力地支持了制种产业发展。

在从起步走向成熟的过程中，我国制种保险主要有两个拓展方向：一是由主粮农作物向经济农作物、从种植业向养殖业拓展。如今，我国制种保险已经涵盖蔬菜、水果、林木、水产等多个农副产品种类。二是由单纯保自然风险向全产业链保障拓展，将保障责任由种子繁育期间的自然灾害，拓展到种子的前期研发、后期运输、市场价格、售后责任等多个环节。如中国人保财险在北京针对杂交小麦制种风险，提出定制化一揽子保

① 中国人民财产保险股份有限公司（PICC P&C）是中国内地最大的财产保险公司（通常简称“中国人保财险”），其前身是1949年10月成立的中国人民保险公司，总部设在北京。中国人保财险自20世纪50年代就开办农业保险，是我国开办农业保险时间最早、历史最长的保险公司。

险方案，覆盖制种育种、专利产权、良种质量、技术服务、良种推广等多个环节，成为种子全产业链保障的重要实践。综上，制种保险积极发挥农险“主力军”的示范引领作用，服务“三农”，优化保险供给，持续加强制种保险创新，为全面推进我国种业振兴贡献保险力量。

二、相关研究文献回顾

综观国内学者的研究成果，目前学界对种业风险管理问题的研究成果主要侧重于种业保险制度、主粮农作物制种保险以及种业保险创新发展等方面。

（一）关于种业保险制度的研究

耿月明和袁国保（2003）根据种业风险分析种业保险制度建立的必要性，并且提出种业保险应该定位于产品责任保险，由保险公司对约定的事项进行赔偿，投保人应该是种企，保费来源由国家资助、企业缴纳、种子企业缴纳的所得税提取三个方面组成。方华（2012）基于湖南、江苏两省杂交水稻制种生产和实施种业保险的实地调查，认为种子生产面临挑战，需要完善种业保险的参与机制。龙文军（2014）分析了种业保险开展所面临的突出问题，提出保险金额和保费来源的明确合理性能够促进种业保险制度的完善，制种生产风险的分担机制也是种业保险制度的重要内容之一。鲍聪（2016）通过类比交通领域机动车交通事故责任强制保险制度也即交强险，分析交强险的成功经验，提出建立新型种子强制保险制度（种强险）的构思，并且该项制度应该遵循强制性原则和公益性原则。梁瑞（2022）研究发现我国种业保险制度非均衡，从我国立法与现实情况出发，提出将种业保险纳入农业保险法律法规体系完善进程中，从法律、法规和标准三个层面构建我国种业保险的法律法规体系。

（二）关于主粮农作物制种保险的研究

付云海和耿月明（2008）在确保我国粮食安全的基础上，为了加快我国杂交水稻的发展，提出应该建立种子保险制度，缓解杂交水稻推广难这一问题，种子保险制度可以将单一的企业风险转化为行业风险。廖西元（2013）、李冉（2013）、崔帅等（2014）、孙文菁（2016）和钟家富（2018）等基于多地的杂交水稻制种保险进行实地调查，提出“保险公司+制种企业”的投保运作模式，认为对于杂交水稻制种保险中的大灾风险分散机制应逐步完善。李友强（2015）在研究玉米制种保险现状时发现农户参保意识不强、产品适配度不高等问题，认为应建立制种保险长效机制，扩大制种保险的覆盖范围。吕青（2018）根据南繁殖种水稻的基本情况，提出建立种业保险巨灾防范机制以及商业的再保险机制，基于农业保险可以探索建立巨灾防范基金。宋贤勇（2022）梳理了江苏省杂交水稻制种保险体系的发展现状，提出将发芽率条款加入保险条款中，与产量和纯度结合起来，完善保险责任范围。刘爱民（2022）提出将杂交水稻制种过程中出现的特有自然灾害风险纳入保险范围。

（三）关于种业保险创新发展的研究

张国志（2017）提出在“互联网+”背景下，应加强金融工具、金融产品和金融服务方式创新，为保险投资种业开拓出更加安全有效的投资路径。在发展种子保险的同时，要更加关注保险的投资功能，让其与保障功能相结合，加速保险业、银行业、证券业、信托业等金融机构的集聚，促进种业的发展，让杠杆效应在保险资金投资种业中得以充分发挥。魏腾达（2021）在分析种业保险创新的必要性和重要性时，提出加快种业保险扩面、提标、增品，扩大保险环节，完善保费补贴政策，营造出良好的市场环境，创新种业保险产品。李嘉欣（2021）在分析种业保险发展的难题时，建议构建种业保险的仲裁系统，调整我国政府补贴机制，提高保险保额。王克（2021）研究认为，应响应国家政策，打好种业翻身仗，在新时代完善和创新我国种业保险制度，我国的种业保险应该坚持“制度引导、产业导向、链条布局、政府支持和市场运作”，将研究的重点放在“种子+气象指数”保险、种企责任保险和种子知识产权保险上，提高保险保额。刘晓明（2022）根据农业产业链认为种业保险产品可以顺应其发展趋势，在已有制种保险产品的基础上，保险公司可以研发与制种相关的各个环节的保险产品，以实现“育产销”种业各环节的全覆盖，增强保险产品的保障度和竞争力，提高产品的针对性。冯文丽（2022）研究认为，为了更好地发挥种业保险助推粮食安全战略的作用，建议保险公司应该研发全产业链一揽子综合保险，有助于种业保险更好地发展，从而促进种业发展，因为种业受气候等自然条件风险影响，可以将天气指数保险更好地运用到制种保险中，降低基差风险，开展履约保证保险，以便提升产品的创新效能，降低因为拖延付款或者不付款等违约现象出现在销售过程中导致的财产损失。

三、小结

我国从 2004 年开始试点大田农作物的种植业保险，主要包括水稻、玉米、小麦、棉花等，在发生灾害时，保险公司根据农作物的实际损失进行赔偿，金额最多不超过农作物的直接物化成本。种业与传统的种植业保险相比，因其自身的研发投入大、生产技术复杂、环节多等特点，比一般种植业保险要面临更大的经营风险。传统的种植业保险投保的面积大且范围广，经营风险容易分散，而种业保险因为其制种区域小，大多是经济不发达地区，大数法则难以发挥作用，保险公司的经营风险大且集中。加之农作物种子生产投入高于普通种植业，种子价值也高于产出的农作物，其保险金额较高；而制种保险起初因为没有财政补贴，保险条件高、范围小，保费由农户和制种企业自己承担，加之信息不对称与道德风险或逆向选择风险等问题，参与制种保险的承保人长期处于亏损状态，阻碍了制种保险的进一步发展。

总体来看，我国制种保险起步晚、发展时间短，尽管已经取得了一定的成绩，但与经济社会发展的要求相比，保障品种仍然较少，对制种上下游产业链的保障程度比较低，创新能力也有待提升。

第二节 中国农作物制种保险发展现状

一、农作物种业保险政策发展变化

（一）由主粮向经济农作物发展

强国必先强农，强农必先强种。我国种业保险发展主要集中在制种保险上，而对于研发育种、生产加工和推广等环节的风险保障较少，制种保险在保障品种方面主要集中在三大主粮农作物上。

我国种业保险中的杂交水稻制种保险是开办历史最悠久，并且是试点区域最广的险种。杂交水稻制种保险开始于20世纪80年代的湖南，由中国人保财险推出并启动杂交水稻制种保险；2010年中国人保财险在福建省开展杂交水稻制种保险试点；2011年中国人保财险在江苏省盐城的部分地区开展杂交水稻制种保险试点工作；2012年中国人保财险在四川省泸县开展杂交水稻制种保险工作，制种保险试点工作由四川省种子站统一部署，泸州市种子管理站进行业务指导，泸县农业局及种子管理站负责组织实施；2015年中国人保财险垫江支公司在重庆市开展杂交水稻制种保险工作，同年率先在重庆市出台了杂交水稻制种保险政策。

玉米制种保险在杂交水稻制种保险之后也开始了试点工作，永安财产保险股份有限公司（以下简称“永安财险”）于2006年在甘肃省高台县开始玉米制种保险的试点工作。三大主粮农作物的小麦制种保险开展是相对较晚的，2015年华农财产保险股份有限公司（以下简称“华农财险”）在河南省开始了试点工作，2019年国元农业保险股份有限公司（以下简称“国元农险”）在安徽省亳州市推出了小麦制种保险的试点工作；2021年中华联合财产保险股份有限公司（以下简称“中华联合财险”）在山东省推出小麦制种保险的试点工作。三大主粮农作物制种保险在其相应的主要制种省份得到推广并且逐步发展。

经济农作物的制种保险在主粮农作物制种保险之后也在逐步推出。

2016 年中国人保财险在四川省推出马铃薯制种保险试点工作；2017 年中原农业保险股份有限公司（以下简称“中原农险”）在河南省济源市推出了蔬菜制种保险试点工作，主要有白菜制种、甘蓝制种、洋葱制种和萝卜制种。

近年来，随着党中央、国务院关于种业发展决策部署的深入贯彻落实，我国种业迎来战略转折期和创新黄金期，种业在保障粮食安全和促进农业现代化大局中的重要地位和特殊作用日趋凸显，我国制种保险取得了极大的进步。在实现三大主粮完全成本保险和种植收入保险在主产区产粮大县全覆盖的基础上，由以主粮农作物为主，逐渐向以经济农作物为主发展，具体发展变化情况如表 5 –1 所示。

表 5 –1　我国农作物种业制种保险发展变化情况一览表

时间	地点	承保机构	品种
20 世纪 80 年代	湖南省	中国人保财险	杂交水稻制种保险
2010 年	福建省	中国人保财险	杂交水稻制种保险
2011 年	江苏省盐城	中国人保财险	杂交水稻制种保险
2012 年	四川省泸县	中国人保财险	杂交水稻制种保险
2015 年	重庆市	中国人保财险	杂交水稻制种保险
2006 年	甘肃省高台县	永安财险	玉米制种保险
2015 年	河南省	华农财险	小麦制种保险
2019 年	安徽省亳州市	国元农险	小麦制种保险
2021 年	山东省	中华联合财险	小麦制种保险
2016 年	四川省	中国人保财险	马铃薯制种保险
2017 年	河南省济源市	中原农险	蔬菜制种保险

（二）农作物种业保险政策概览

近年来，国家先后出台了一系列政策，大力支持现代种业加快发展。为了更加清晰地反映中国农作物制种保险政策的积极促进作用，本节选取 2011 年以来，党中央、国务院先后颁布的相关政策文件，予以归纳列表（详见表 5 –2），可为后续研究奠定政策基础。

表 5-2　2011 年至今中国有关种业保险发展的主要政策文件

时间	名称	内容	性质
2011 年 4 月	《关于加快推进现代农作物种业发展意见》	其中明确提出"建立政府支持、种子企业参与、商业化运作的种子生产风险分散机制，对符合条件的农作物种子生产开展保险试点"	支持性
2012 年 2 月	中央一号文件《关于加快推进农业科技创新 持续增强农产品供给保障能力的若干意见》	对符合条件的种子生产开展保险试点	支持性
2012 年 12 月	《全国现代农作物种业发展规划（2012—2020 年）》	因杂交水稻和杂交玉米在制种过程中风险较高，可以将增加其种子生产保险作为一项重大工程任务	支持性
2014 年 4 月	《关于金融服务"三农"发展的若干意见》	推广种业制种保险业务，加快建立财政支持的农业保险大灾风险分散机制，增强对重大自然灾害风险的抵御能力	支持性
2015 年 2 月	中央一号文件《关于加大改革创新力度 加快农业现代化建设的若干意见》	提出将主要粮食农作物制种保险纳入中央财政保费补贴目录中	支持性
2015 年 11 月	《种子法》	国家支持保险机构开展种子生产保险，省级以上的人民政府可以实施保险费用补贴的措施支持种业生产保险的发展	规范性
2018 年 7 月	《关于将三大粮食作物制种纳入中央财政农业保险保险费补贴目录有关事项的通知》（财金〔2018〕91 号）	将三大粮食作物制种保险纳入中央财政农业保险保险费补贴目录，与传统种植险的补贴比例相同，农户或者制种企业自费比例约为 20%，提高农户或者是制种企业的投保意愿，扩大了制种保险的覆盖区域	支持性
2019 年 2 月	中央一号文件《关于坚持农业农村优先发展做好"三农"工作的若干意见》	要按照扩面增品提标的要求，完善农业保险政策，推进稻谷、小麦、玉米完全成本保险和收入保险试点。探索对地方优势特色农产品保险实施以奖代补试点	支持性

续表

时间	名称	内容	性质
2020 年 2 月	中央一号文件《关于抓好“三农”领域重点工作 确保如期实现全面小康的意见》	推进稻谷、小麦、玉米完全成本保险和收入保险试点。抓好农业保险保费补贴政策落实，督促保险机构及时足额理赔	支持性
2020 年 7 月	《农业农村部 财政部发布 2020 年重点强农惠农政策》	在地方财政自主开展、自愿承担一定补贴比例基础上，中央财政对水稻、小麦、玉米、棉花、马铃薯、油料作物、糖料作物等以及水稻、小麦、玉米制种保险给予保费补贴支持	支持性
2021 年 2 月	中央一号文件《关于全面推进乡村振兴 加快农业农村现代化的意见》	扩大稻谷、小麦、玉米三大粮食作物完全成本保险和收入保险试点范围，支持有条件的省份降低产粮大县三大粮食作物农业保险保费县级补贴比例	支持性
2022 年 2 月	中央一号文件《关于做好 2022 年全面推进乡村振兴重点工作的意见》	探索开展糖料蔗完全成本保险和种植收入保险，实现三大粮食作物完全成本保险和种植收入保险主产省产粮大县全覆盖。积极发展农业保险和再保险	支持性
2023 年 2 月	中央一号文件《关于做好 2023 年全面推进乡村振兴重点工作的意见》	逐步扩大稻谷、小麦、玉米完全成本保险和种植收入保险实施范围，完善玉米、大豆生产者补贴，实施好大豆完全成本保险和种植收入保险试点	支持性

资料来源：根据网站公开资料整理所得。

二、农作物种业保险发展现状

（一）种业保险[①]业务规模不断扩大

种业是一个高风险的行业，主要包括生产周期风险、资金运营风险、品种结构风险和气候异常风险，因此，种业保险在初期表现为品种数量

① 种业保险是指利用保险机制对种业产业链条中一个或多个环节的风险进行转移和分散，减少被保险人经济损失，稳定其经济收入的一类保险或保险组合。

少、保费昂贵、赔偿风险大、承保市场环境不完善等特点。随着种业发展在我国粮食安全和国家安全中战略意义的日渐提升以及国家各项种业发展配套政策的出台，种业保险越来越受到国家重视，市场发展前景广阔，更多的金融保险机构相继开展种业保险业务，衍生出更多符合市场需求的种业保险品种。我国的种业保险发展质量不断提升，不仅增加了制种保险的覆盖面，也发挥出了保险的大数法则作用。保险公司承保种业保险的主动性、积极性上升，种业从业者也更愿意进行参保投保，种业保险的业务覆盖区域不断扩大，承保业务规模实现了较快发展。

以中国人保财险为例，自 2011 年开展种业保险业务以来，不断扩大种业保险的业务覆盖范围，根据种企和农户的需求不断开展新业务，有效减少了客户的损失。为了提高农户的参保意愿，推广种业保险，中国人保财险在乡镇以及村委会的帮助下，向农户宣传种业保险的优势，并给农户解释相关产品的细节，给农户讲解如何做好自然灾害的预防工作，并且对自然灾害后的损失进行核定，以便于保险公司能够尽快赔付，减少农户的财产损失，并及时恢复生产。为了推动种业保险业务的开展，中国人保财险借鉴国外经验逐步研发气象指数保险，拓宽自身的产品种类，目前该公司已经占据我国种业保险市场 50% 以上的份额。

随着政策性农业保险的快速发展，部分保险公司业务板块中的农业保险比重不断提升。2020 年底中央经济工作会议和中央农村工作会议提出立志打一场种业翻身仗，2021 年国家出台的《种业振兴行动方案》要求必须把民族种业搞上去，进一步促进具有竞争能力的保险公司对提升种业保险产品的研发，拓宽市场，增加种业保险产品种类，提高农险在保险公司的地位，以期满足种业企业和种业从业者的需求。

（二）专业农险公司开展种业保险，种业保险覆盖范围逐步扩大

2024 年中央一号文件对农业保险高度重视，提出：“扩大完全成本保险和种植收入保险政策实施范围；鼓励地方发展特色农产品保险。”值得关注的是，中央一号文件还对农险提出精准投保理赔、应赔尽赔的要求，同时，也首次提及巨灾保险，强调要“完善巨灾保险制度”。

目前我国比较成熟的涉及种业保险的公司有 5 家，分别为中原农险、安信农险、阳光农业互助保险、国元农险和安华农险，因为种业属性的特点，这些保险公司相应有较强的地域属性。①中原农险的业务主要分布在河南省以及黄河两岸的省市，2017 年，中原农险在济源市开展了蔬菜制种保险试点工作，第一年有 4145 户农户投保，投保面积为 1.5 万亩，撬动风险保障 2300 万元，最终保险理赔金额达到 135.2 万元，保障了农户的权益，降低了农户的制种风险。②安信农险成立于 2004 年，总部位于上海，业务主要分布在江浙沪地区，以专业化创新作为农业保险的发展道路，指数类保险和“互联网 + 农业保险”等方面都有所涉及。③阳光农业互助保险成立于 2005 年 1 月，是国内第一家相互制保险公司，坚持科技创新驱动，全面推进数字化转型，不断加快高质量发展步伐，为乡村振兴和构建和谐社会做出更大贡献。④国元农险成立于 2008 年，主要围绕助农和护农政策，开展了农业风险产品及服务设计，构建了长效的农业保障机制。⑤安华农险成立于 2004 年 12 月，总部设在吉林省长春市。公司是在国家重视“三农”发展、提出健全农业风险保障体系、探索建立政策性农业保险制度的大背景下，由原中国保监会批准成立的综合性经营、专业化运作的全国性农业保险公司。其业务主要分布在东北地区，第一年的农业保险保费收入 1100 万元，根据自身的优势，致力于探索新形势下农业保险的发展道路，不断开拓新产品。

（三）种质资源保护取得突破

2019 年 12 月发布的《国务院办公厅关于加强农业种质资源保护与利用的意见》（国办发〔2019〕56 号）对农业种质资源保护与利用具有里程碑意义。农业种质资源被定位成保障国家粮食安全的战略性资源。农业种质资源是我国农业科技创新和种业现代化发展的物质基础，随着社会经济的快速发展，气候条件的变化，我国目前农业种养方式的变化，地方品种消失的风险加剧，野生近缘植物资源加快减少，一旦出现灭绝，生物的多样性将会受到影响，这一损失是不可估量的。开展优质种质资源鉴定筛选，关系到种子的纯度质量，农业农村部的资料统计显示，2019 年我国的种质资源和科研机构完成种质资源基本农艺性状鉴定 20228 份，向育种单位分发种质资源 11.57 万份次，为优质高产新品种的培育和生产提供有效支撑。

“十三五”规划以来，各地有关部门积极构建农作物、农业微生物、畜禽种质资源保护体系，种质资源总量不断增加，利用效果稳定发挥。2021—2023 年，组织开展全国农作物、畜禽与水产种质资源普查。其中，要全面完成第三次全国农作物种质资源普查与收集行动，实现对全国 2323 个农业县（市、区、旗）的全覆盖，启动并完成第三次全国畜禽遗传资源普查，实现对全国所有行政村的全覆盖；启动并完成第一次全国水产养殖种质资源普查，实现对全国所有养殖场（户）主要养殖种类的全覆盖。

通过开展第三次全国农作物种质资源普查行动、畜禽遗传资源调查与材料采集，抢救性收集了一大批新资源，全国长期保存农作物种质资源超 52 万份，畜禽地方品种 560 个、遗传材料 90 多万份，农业微生物资源 10 万份，均居世界前列。

农业农村部组织开展的第三次全国农作物种质资源普查与收集行动正有序推进。国家西瓜甜瓜种质资源中期库（郑州）主要负责西瓜甜瓜资源的编目入库工作。2023 年，该库在位于新疆的哈密国家农业科技园区的试验地开展普查资源的繁殖更新与数据采集工作，种植来自全国 31 个省（区、市）汇交的西瓜甜瓜 1270 份，其中，甜瓜 950 份，西瓜 320 份。目前，中期库已完成西瓜甜瓜资源田间数据调查、性状核对工作，正在进行果实采收及标准化数据采集，为下一步顺利完成种质资源编目入库做准备。

农业农村部资料显示，在历时三年的“三普行动”中，甘肃省投入 9000 多万元，支持普查与征集工作，建设西北种质资源保存与创新利用中心、改造提升敦煌种业玉米种质资源库和甘肃省中草药种质资源库，布局建设清水县和凉州区的小麦、安定区和渭源县的马铃薯等 11 个农作物种质资源圃，在兰州大学设立“甘肃省基因编辑育种实验室”，成立“甘肃省玉米种业研究院”，聚焦资源鉴定、品种选育，初步构建了种质资源保护利用和科研创新体系。普查共征集87个县、市、区（含嘉峪关市），抢救23个重点县（市、区）各类古老、珍稀、特有、优异的农作物地方品种和野生近缘植物种质资源4581份，全部移交至国家种质资源库（圃），实现了不同区域、生态类型和农作物种类的全覆盖，做到了应收尽收。本次征集收集农作物资源数量较国家种质资源库（圃）现存甘肃省种质资源大幅增加，农作物种类增加了9个科、24个属和48种，以前未收集资源占比90%以上，新颖性十分突出。

老品种农作物种子的魅力，在于传承农耕文化，赓续中华文明。这次普查发现了一批新的农作物种质资源，鉴定了一批优异种质资源，保护了一批濒危种质资源，提升了全民对种质资源的保护意识。

安徽省合肥市长丰县在开展第三次全国农作物种质资源普查与收集行动中，全面完成了普查登记、数据采集、影像资料、建档送样等工作，共调查摸排登记了268个种质资源信息，筛选征集古老、珍稀、特有、名优农作物地方品种和野生近缘植物种质资源44份，其中38份种质资源进入国家种质资源库（圃）。

北川羌族自治县位于四川盆地西北部，全境皆山，峰峦起伏，沟壑纵横，境内插旗山的最高峰海拔4769米，最低点香水渡海拔540米，相对高差4229米。普查行动开展至今，普查队对全县进行了全覆盖的摸底调查，从重点调查点采集资源中，筛选上报北川苔子茶老茶树等古老、珍稀、特有、名优的种质资源68份，并配合四川省农科院开展系统调查采集资源115份。

江苏省第三次全国农作物种质资源普查与收集行动自开展以来，累计向国家种质资源库（圃）提交资源样本3446份，修正调查表1787份，录入核对征集表1659份和普查表180份，整理照片2万余张。

在第三次全国农作物种质资源普查与收集行动中，新疆调查队全面完成了89个县（市、区）种质资源普查与征集和27个县市的系统调查与抢救性收集任务，累计新征收集粮食、蔬菜、果树、经济农作物、牧草等农作物种质资源5579份，超额完成收集种质资源1679份，采集移交数据6万余条，分14批次向国家农作物种质资源库（圃）移交了全部种质资源。筛选出了且末香蒜、橡胶草、麦盖提土瓜、六十天玉米等近30份珍稀、特色、具有创新开发利用价值的地方品种或特色资源，其中“且末香蒜”被评为2022年度全国十大优异农作物种质资源。

（四）种业基地建设卓有成效

2022年《农业农村部办公厅关于加快推进种业基地现代化建设的指导意见》提出，深入实施种业基地提升行动，持续推进甘肃杂交玉米、四川杂交水稻、黑龙江大豆、海南南繁等国家级育制种基地建设。继续支持云南、青海等冬（夏）繁育制种基地建设。坚持有进有出、奖优罚劣，对制种大县和区域性良种繁育基地实行动态调整。鼓励各地在支持国家种业基地建设基础上，立足本地资源禀赋和区域农业发展需要，布局建设省级农作物种业基地，满足多元化生产用种需求。目前我国已经形成比较完善的种业发展体系，在甘肃、四川、海南建设有国家级的育种和制种基地，100多个区域性良种繁育基地，全国种植业每年有70%的种子来自这些基地。

（五）“育、繁、销”一体化脱节，知识产权保护不足

长期以来我国种业的育种工作主要由研究院所和大学等科研单位承担，以课题研究为导向的科研单位对种业新品种研发的紧迫性不强，对市场变化的反应较慢，对研发成果是否匹配市场需求、能否带来可观的经济效益都存疑，“育、繁、销”一体化环节难以紧密联系。在知识产权保护方面，《种子法》对种子品种的保护范围过窄，覆盖面不足，不具备较强的威慑力。

（六）种企实力逐渐增强，市场集中度逐步提升

如图5－1所示，2021年中国农作物种业市场规模为1280亿元。其中，三大主粮种子市场规模为710亿元，在农作物种子中的占比约为60%。回顾过去，农业部把2010年定为种子执法年，2011年以后我国种子市值呈现增长趋势，2012 年种子市值破 1000 亿元。2016 年供给侧结构性改革开始，国家开展“调面积、减价格和减库存”供给侧结构性改革，种子市值整体规模每年有小幅下跌，2020 年我国种子市值达到 1200 亿元，同比增长 1.01%，打破自 2016 年以来的逐年下跌局面。

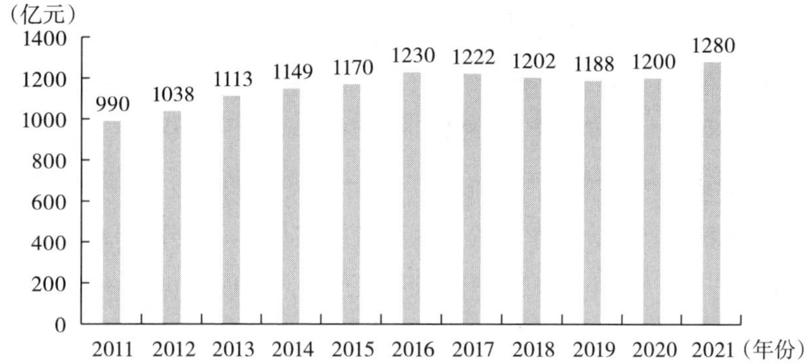

图 5－1　2011—2021 年中国农作物种子市值

资料来源：根据《中国种业发展报告》前瞻产业研究院资料整理所得。

三、农作物种业保险发展面临的问题

（一）全产业风险复杂

目前制种保险是我国种业保险实践的主要部分，然而单一的保险产品分散种业风险是有一定局限性的，与种业多环节复杂性风险不能相适配。我国种业研发以及推广周期长，知识产权保护制度不完善，会降低种企创新的积极性，在市场推广中过度追求规模而忽视质量，使得企业利润低，研发资金也相应减少，这就形成了一个闭环。种业各个环节的风险是具有关联性的，单一的风险保障不可能推动种业的整体发展，需要对种业筹资风险、种业产品质量风险、知识产权保护风险、推广风险进行针对性分析与分散。

（二）系统性风险高

繁种的区域集中性与大数法则的广泛性相悖，导致制种保险存在诸多问题，其中“参保率低、赔付率高”是主要问题。中心极限定理和大数法则两者可以使不确定的风险具有可预测性，是同时满足保险公司盈利运行和被保险人“互助共济”需求的前提。我国制种的区域集中性很难达到大数法则要求的风险单位多且风险之间独立不相关的广泛性要求。一方面由于自然条件的限制，我国制种区域主要集中在个别省份的市县级区域，即使全部投保，区域也有限。另一方面自然风险本身具有相关性，如发生大面积的洪水和旱灾时，会波及多个县、市乃至于全省，当面对自然风险时由于制种区域的集中性会出现“一损俱损”的情况。在繁种区域集中性和自然风险相关性二者的共同影响下，保险机构无法实现“以丰补歉”，难以发挥保险的区域补偿功能。另外，制种保险存在逆选择问题，这使得制种保险投保面积更小，难以达到大数定律对农业保险“最低参保率”的要求。制种区域的高度集中性会使种业保险系统性风险提升。

（三）保障对象单一

种业保险仅包含农户的生产风险，不包含种企的回收风险，风险保障对象具有单一性。目前大多数的种企会和农户签订有保底价格的订单，在繁种的过程中农户可以通过保底价格转移制种过程中的产品质量风险，还可以通过购买种业保险降低自然风险。但是对于种企来说一方面需要承担产品质量风险，即种企需要承担因为种子质量差而造成的减产责任，另一方面在面对自然风险时只能自身承担品种研发的损失，这两方面增加了种企在生产经营中的风险。保障对象的单一性难以缓解订单生产中种企的回收风险，种业保险仅分散农户生产风险而无法有效分散种企回收风险，此现状不利于我国种业的可持续发展。

（四）财政补贴积极性低

种业是高科技行业，因此会向经济发达的地区集聚，但受到自然因素的影响，繁种主要聚集黑龙江、四川、湖南等农业发达省份，这就导致种企所在地与繁种生产地两者异地的情况，因而生产区域并不是最大的受惠区域，使得种业保险财政补贴困难。种子是通过种企向全国销售实现增值的，对于种子产地来说，大多数的种企属于外地企业，对繁种生产地的经济贡献是有限的。对于繁种生产地的政府来说，不倾向给外地企业政府补贴。

由于农业发达的省份财政相对较弱，在相关财政压力下会优先保护农户的利益，大田农作物保险能够给农户提供保障，制种保险是为种企生产提供保障的，因而地方政府会偏好给予大田农作物保险补贴。我国政策性农业保险实行“自下而上”三级联动的补贴方式，地方补贴金额决定省级以上配套金额，制种保险地方保费补贴的不足额直接导致种业保险保费补贴整体减少。

（五）种业保险定损难

种业繁种过程具有专业性强，人为因素、气候因素影响大等特征，且保险责任等存在一定的不确定性和复杂性。导致保险公司和农户之间存在一定的纠纷和争议。同时，种业保险理赔需要考虑农作物种子的生长状况、天气变化、灾害情况等复杂因素，需要进行实地勘查和评估，所以理赔过程相对较慢，导致种业保险的定损成为一大难题。目前种业保险的定损大多依靠协商解决，降低了种业保险的科学性，理赔的效率和精准度有待提高。

第三节 农作物制种保险政策实施成效实证分析

当前国内制种保险的保费承交以农户、种企与政府三方协同方式为主，一般按政府财政 80%、企业 13%、农户 7% 的比例进行，政府财政 80% 补贴中中央补贴占比 50%，省级与县级补贴占比 30%，此种承保方式对降低农户收入风险、增强农户二次续保积极性以及稳定主粮农作物种子供给，推进种业振兴发挥着重要作用。2018 年，财政部、农业农村部、银保监会三部门共同印发《关于将三大粮食作物制种纳入中央财政农业保险保险费补贴目录有关事项的通知》，将水稻、玉米、小麦三大粮食作物制种纳入中央财政农业保险保险费补贴目录。此后，全国粮食主产区省份，如河南、山东、黑龙江等相继印发《粮食农作物制种保险试点实施工作方案》，明晰了制种生产的保障范围、费率水平、风险责任和财政补贴力度，对建立市场化种业生产风险分散机制，最大限度帮助农户转移、分散因参与制种生产可能带来的育种、繁育期间的自然灾害风险，以及推广销售、市场定价、售后责任等后期环节全产业链上产生的收益风险，对稳定农户收入、提高制种保险风险保障能力、促进种业健康持续高质量发展意义重大。

目前学界关于制种保险的研究，多从农作物制种保险对农户增收的影响与作用、某一农作物制种保险对分散制种环节灾害风险的作用等内容展开。为了从个体农户视角，探究农作物制种保险对加快推进种业振兴、深入贯彻落实藏粮于技战略、确保国家粮食安全的成效，本章采用渐进性双重差分模型（DID），利用全国开展制种保险政策试点较早的福建、江苏、浙江、海南4个省辖区内的12个市（县）域2006—2020年的面板数据，基于个体农户参保农作物制种保险风险防范效应的观测面，实证分析制种保险政策试点对制种产业风险保障所发挥的作用，以期全面客观反映农作物制种保险在种业振兴行动中切实抓出成效、牢牢攥住当家品种的重要作用。

一、理论分析与研究假设

由于国家种业振兴是建立在民族制种产业长效发展的基础上，因此个体农户积极持续参与制种生产是关键点。本章实证研究基于个体农户参保农作物制种保险风险防范效应的观测面，首先从理论层面分析制种保险对个体农户参与制种生产的风险防范效应并提出实证分析假说。

（一）前提描述与收益函数设定

1. 理论分析的前提描述

首先，假定参与制种生产的农户具有同质性，即在参与制种保险后可能遭遇风险的概率相同，在育种过程中遭遇不可控风险的概率为 p ，则未遭遇风险的概率为 $1-p$ 。其次，参与制种生产的农户在遭遇风险损失后的

赔付金额为 ∂K（∂为保险赔付率，$0 \leqslant \partial \leqslant 1$，$K$ 为农户的资本投入），赔付金额与资本投入相关。

2. 收益函数设定

农户可选择参保制种保险与不参保制种保险。根据舒尔茨的理性小农经济理论①，“理性”农户在农业生产中追求效益最大化，可知参与制种生产的个体农户的生产活动以追求收益最大化为目的，因此，采用 Cobb - Douglas 效用函数计算农户的收益，即：

$$U = AL^{\alpha}K^{\beta}, A > 0, L > 0, K > 0 \tag{5-1}$$

其中，A 表示当前种植技术水平，L 表示劳动力的投入，在一定时期内，两参数为一恒定值，K 表示制种农户的资本投入与土地资本，α 与 β 则分别为产出对劳动 L 和资本 K 的弹性（$0 < \alpha < 1$，$0 < \beta < 1$）；此外，为保证可持续性与真实性，U 必须严格大于 K，遭遇风险后，制种农户的损失为 γU，γ 为损失率，且 $0 < \gamma < 1$，$\gamma U > 0$。

（二）理论分析与实证假说的提出

1. 理论分析

由于风险发生具有不确定性，参与制种生产的个体农户生产经营收益的测算，可以借用经济学中关于期望收益的相关定义，即以风险发生概率为权重，用多种可能收益的加权平均值来表示制种农户的收益。用公式可表示为：预期收益（W）=未发生风险的概率（$1-p$）×未发生风险时的收益（U_1）+发生风险的概率（p）×发生风险时的收益（U_2）。

参保制种保险农户的预期净收益可表示为：

$$W_a = U(1-p) + (U - \gamma U + \partial K)p - x \tag{5-2}$$

未参保制种保险农户的预期净收益为：

$$W_b = U(1-p) + (U - \gamma U)p \tag{5-3}$$

① 黄宗智. 中国小农经济的过去和现在：舒尔茨理论的对错[J]. 中国乡村研究，2008(00)：267-287.

将式（5－1）分别代入式（5－2）、式（5－3）中，两式可改写为：

$$W_a = A(1 - \gamma p)L^{\alpha}K^{\beta} + Kp - x \quad (5-4)$$

$$W_b = A(1 - \gamma p)L^{\alpha}K^{\beta} \quad (5-5)$$

农户作为“理性人”会以上述两种情形下的预期收益值大小为依据，在参保与不参保之间进行抉择，令 W_c 为参保制种保险农户与未参保制种保险农户间的预期净收益差额，即：

$$W_c = W_a - W_b = [U(1 - p) + (U - \gamma U + \partial K)p - x] - [U(1 - p) + (U - \gamma U)p] = \partial Kp - x \quad (5-6)$$

假设参保制种保险使得制种农户更具经济效益，此时式（5－6）则有 $W_c > 0$，可以得到：

$$x < \partial Kp \quad (5-7)$$

由此，当个体农户所交保费小于 ∂Kp 时，意味着农户参与制种保险带来的收益将大于未参保时的收益，即农户将会选择参保的保费限额。就个体农户而言，参保需要衡量其成本收益，其参保阈值与参与制种生产投入资本、制种所面临的各种风险以及保险赔偿率呈正相关关系，即，投入的成本越高，对预期风险越大，其选择投保的意愿越强烈。由此可知，式（5－7）为农户参保的充分条件。

参与制种生产的个体农户在选择参保后，风险防范损失边界变化如图5－2所示，U 表示农户生产经营预期最大收益，W_a 表示制种农户投保后的预期收益，W_b 表示制种农户未投保的预期收益。可以看出，在风险发生概率 p 为0.4、生产经营损失率 Y 为0.3的情况下，制种农户投保预期收益 W_a 更加接近其能够达到的最大收益 U，明显大于未投保的预期收益 W_b，表明在不确定风险因素下，制种农户所做出的投保决策增进了其预期收益，能够帮助其规避未来不确定风险带来的经济损失，增强了其应对不确定风险的能力。

2. 实证假说的提出

结合上述分析，为进行实证检验，本章实证研究提出如下假说：

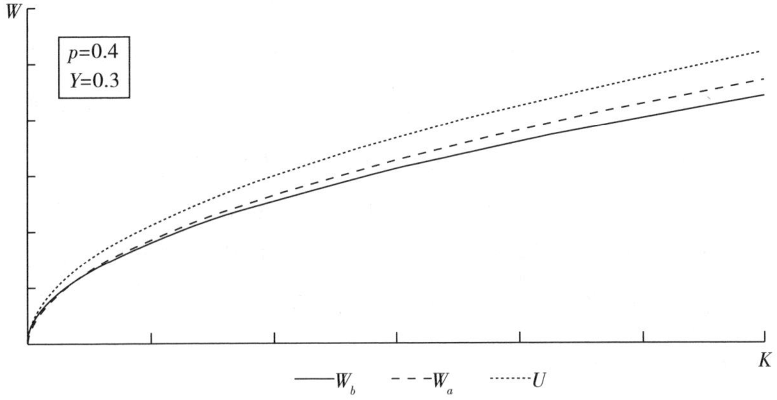

图 5-2 农户风险防范损失边界变化

假说 1：在一定条件下，较之未参保农作物制种保险的农户，参保更具生产性收益。

假说 2：参保制种保险有利于农户防范制种生产各环节由不确定性风险带来的经济损失。

二、研究方法设计

（一）研究对象选取与说明

本章实证部分重点研究农作物制种保险对制种产业发展的风险保障效应，按照设置的研究思路，当个体农户在制种生产活动中考虑参保制种保险带来的风险防范效应以及制种企业是否会考虑加大资金投入时，借助制种保险参与制种技术研发的机会，促进种业振兴。

由于制种产业保险在我国发展历史较短，加之我国大多数地区受气候、土壤、水分等条件制约不适合育种研发，故本章实证研究选取开展制种保险试点较早、数据连续可得地区作为样本区域进行实证分析，其中包括浙江省遂昌县（2010 年），福建省建宁县、泰宁县、建阳区、邵武市、宁化县、将乐县、尤溪县、沙县（2011 年），江苏省建湖县、阜宁县（2011 年），海南省三亚市（2012 年），共计 12 个市（县）域，2006—2020 年 15 年间参与制种保险试点政策的面板数据。其中，省市级的宏观数据均根据《中国统计年鉴》《中国农业年鉴》整理所得。需要说明的是，关于“农机总动力”与“化肥施用量”这两个原始指标数据，因 2014 年前福建省并未统计，因此，根据耕种面积与粮食产量进行估算；而关于参保农户的数据，由于育种基地分散，且农户选择制种这一农业生产性活动的变动因素较大，故本章实证研究选择历年参与制种保险的各省农业植物新品种权申请量中的大田农作物申请量进行取对数模糊分析，其数据来源为农业农村部科技发展中心与中国种业大数据平台。

（二）模型设定

我国农作物制种保险试点是伴随时间发展而逐步向全国各省份推广的。参考付小鹏等（2017）和马九杰等（2020）运用渐进性双重差分（DID）模型的研究方法，分析农作物制种保险对种业振兴的保障作用，以对农户生产性收益的影响程度来反映。将参保制种保险试点地区农户作为“准自然实验”对象，用未参保制种保险的地区农户做反方向估计（Counterfactual Estimation），最后在实验组与对照组、试点前与试点后进行双重差分估计，进而分析农户参保制种保险所产生的风险防范效果 ATT（Average Treatment Effect of Treated）。

为分析参保制种保险对农户收益及风险防范的影响程度，构建回归模型进行实证检验，其中，i 表示市（县）域，t 表示年份，$treat_{it}$ 表示核心解释变量，λ_i 表示各地区的固定效应，$time_t$ 表示时间固定效应，$\sum \tau_{it}$ 表示控制变量，ϵ_{it} 表示残差项，则有如下实证方程：

$$y_{it} = \rho\, treat_{it} + \lambda_i + time_t + \omega \sum \tau_{it} + \epsilon_{it} \tag{5-8}$$

其中，y_{it} 作为被解释变量，表示第 i 个地区在 t 时间的粮食总产量的对数，同时为探究制种保险可能带来的风险保障成效，将农户的农业收入作为被解释变量进行回归分析。$treat_{it}$ 作为核心解释变量，表示第 i 个地区在 t 时间是否开始制种保险政策试点，若开始则取值为 1，若未开始则取 0，系数 ρ 表示该项政策的处理效应。基于马九杰等（2020）认为工资性收入在外出务工的农户收入中占主要比重，且在研究农业保险对农户收入的影响时，认为农业保险对农户的收入有正向促进效果①，因此，本章选取农户生产性收入作为被解释变量。对于制种农户来说，制种产量与价格是决定收入的主要因素，为使模型能确切反映制种产业保险对农户收入的影响，选取农作物总产出、产业结构、创新能力、财政支持水平等变量作为控制变量。同时为减少其他政策以及基础设施的完善对农户生产性收入造成的影响，故在进行回归分析时加入了时间趋势 $time_t$ 。变量含义及描述性统计见表 5 - 3。

表 5 - 3　变量含义与描述性统计

变量	变量含义/计算方法	样本数	均值	标准差	最小值	最大值
ln（农作物总产出）	农作物产出（吨）的对数	180	11.91	0.89	10.50	13.77
ln（经营性收入）	农户经营性收入（元）的对数	180	9.22	0.49	8.22	10.06
ln（农机总动力）	农机总动力（万千瓦）的对数	180	12.12	0.73	9.68	13.73
treat	保险试点，开始 1，未开始 0	180	0.67	0.47	0	1
产业结构	第一产业产值/总产值	180	0.16	0.05	0.06	0.28
ln（一产产值）	第一产业产值（亿元）的对数	180	3.10	0.62	1.65	4.37
经济发展程度	人均生产总值（万元）	180	4.77	2.63	0.83	13.45
创新能力	新品种申请量的对数	180	3.96	1.27	0	6.05
财政支持水平	财政农林业支出/财政总支出	180	0.16	0.05	0.06	0.28
ln（粮食顷产）	粮食每顷产量的对数	180	5.83	0.84	4.07	7.59
城镇化率	城镇化水平	180	47.56	11.56	22.8	79.6

三、结果与分析

（一）基准实证结果

现代制种体系一般是制种公司提供技术，交由选定地区和农户在自家田地里制种然后收购杂交种子。因此，为客观评估农作物制种保险对制种生产的风险保障成效，基于数据的可得性，本章实证研究以参保个体农户为指标观测对象，分析农作物制种保险对个体农户参与制种生产的风险防

① 马九杰，崔恒瑜，吴本健．政策性农业保险推广对农民收入的增进效应与作用路径解析：对渐进性试点的准自然实验研究[J]．保险研究，2020(2)：3 - 18.

范作用，即对农户收益的影响，或持续参与制种生产的意愿和积极性或续保的可能性产生的影响，以此反映制种企业和农户参与制种生产受灾后，制种保险对制种产业所能发挥的风险保障作用。

根据本章实证研究数理推导可知，参保农作物制种保险的农户会因风险保障机制提升收益水平，而使其参与制种生产的积极性提高。为验证以上假设是否成立，借助软件Stata14.0对数据进行实证分析。首先对制种保险政策试点与农户生产性收入的对数进行回归，为使结果稳健，控制变量加入时间趋势与地区固定效应，实证结果如表5-4中回归（1）所示，其中*treat*的系数为0.1186且显著，表明制种保险对农户收入具有正向促进作用；当加入所有控制变量后，实证结果如表5-4中回归（2）所示，*treat*的系数为0.0786且显著，验证了实证分析假说1和假说2，即参保制种保险提升了农户的收益，帮助农户规避了制种环节不确定性风险可能带来的损失。

表5-4　制种保险政策试点实施的影响

项目	Ln（经营性收入）(1)	Ln（经营性收入）(2)
treat	0.1186*** (0.0096)	0.0786*** (0.013)
Ln（创新能力）		0.0487** (0.0186)
Ln（粮食顷产量）		0.0377 (0.092)
Ln（农机总动力）		0.0023 (0.0121)
产业结构		0.0935 (0.3928)
Ln（农林牧渔产值）		0.2014*** (0.0417)
Ln（经济发展程度）		-0.0033** (0.0012)
Ln（农作物总产出）		-0.1393 (0.0992)
财政支持水平		-0.1772** (0.0817)
城镇化率		-0.012 (0.0024)
时间趋势效应	已控制	已控制
地区固定效应	已控制	已控制
Constant	-189.6001	-180.9356
Observations	180	180
R-squared	0.9577	0.8739

注：**、***分别表示5%、1%的显著性水平；括号内数值为标准差。

根据回归结果，制种保险试点与农户生产性收入的对数存在显著的正向关系。此外，对于制种企业而言，较高的保障金额对资金投入较多的先进制种技术与研发创新能力具有正向作用，而这又表示制种企业育种创新能力与农户的生产性收入也存在正向关系。

一方面，杂交育种由于产量低、时间长、风险性与成本高等特点对育种机构自身资本要求较高，在一定程度上限制了育种创新能力；另一方面，虽然国内制种企业近年来发展速度有所加快，但整体仍处于“小、散、弱”的状态，市场集中度低，限制了制种企业核心技术研发能力。农作物制种保险政策试点的实施，弥补了国内制种企业研发投入的不足，有利于提升种企育种创新能力，促进种业振兴。因此，农作物制种保险不仅确保了参保农户的收益，理论上也提升了产业的育种创新能力，对制种产业的风险保障呈现双重作用。参保制种保险的政策虚拟变量在1%的水平上显著，表明农户参保制种保险能显著提升生产性收入，制种保险发挥了预期效用。综上，一方面，个体农户参保制种保险不仅规避了灾害风险，还提升了农户收益；另一方面，从种企与育种机构角度看，制种保险激发了其育种创新活力，利于推进国家种业振兴。

（二）平行趋势检验及动态效果

为使渐进性双重差分法的结果更科学、可靠，需进行平行趋势假设，对处理组与对照组进行比较，利用平行趋势反映农作物制种保险政策试点的动态效果。对此，本章实证研究采用 Liu 和 Qiu（2016）[①] 的研究方法，并设立如下实证方程：

$$y_{it} = \beta_k \sum_{k \geq -5}^{10} D_{it}^{k} + \mu_i + time_i + \omega \sum x_{it} + \epsilon_i \text{ , } k \neq 0 \qquad (5-9)$$

其中，y_{it} 表示被解释变量农户生产性收入，i 表示不同的市，t 表示时间，k 表示制种保险实施后（或前）的年份，D_{it}^{k} 表示制种保险试点开展后

① LIU Q，QIU L D. Intermediate input imports and innovations：Evidence from Chinese firms' patent filings[J]. Journal of International Economics，2016(103)：166－183.

（前）的虚拟变量。农作物制种保险政策试点对个体农户生产性收入风险防范的影响如图 5－3 所示，为了利用样本的变异度，将 $t\leqslant -5$ 的数据纳入 $t=5$ 中，X 轴表示农作物制种保险政策试点实施的年份，Y 轴表示农户收入变化率，小圆圈代表农作物制种保险政策试点年份风险防范影响效应的估计值，小圆圈上下的虚线表示在 90% 的置信区间。可以看出，农作物制种保险政策试点对农户收入具有正向效应；且在农作物制种保险政策试点实施后农户收入出现了显著上升，故样本通过了渐进性双重差分法估计所需的平行趋势检验。

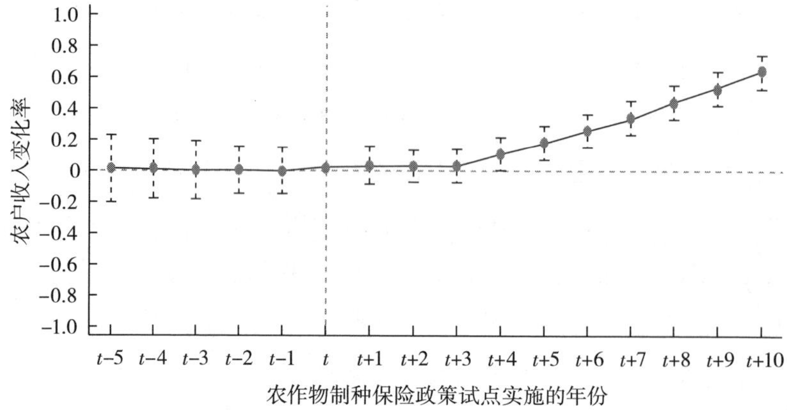

图 5－3　农作物制种保险政策试点对个体农户生产性收入风险防范的影响

（三）安慰剂检验

参考吕越等（2019）的安慰剂检验设定，假定农作物制种保险政策试点的实施年份在实际实施保险试点的年份前 2 年的某个时点，样本区间选择 2006—2020 年以考察农作物制种保险政策试点是否仍会因风险防范作用的发生，对农户生产性收入产生显著影响。若检验结果不显著则表示农户生产性收入的提升并非农作物制种保险政策试点带来的结果，可能是现存的某些其他政策作用的结果，若实证结果显著，则表示农作物制种保险政策的试点有助于提升农户的生产性收入。

此外，选出福建省的 8 个市（县）单独分析农作物制种保险政策试点对农户生产性收入的影响并做安慰剂检验（2），单独选取一个省份的 8 个地市进行实证分析剔除了一些不可观测的因素，对于农作物制种保险政策试点时间与地区对农户生产性收入的影响本应该不存在巨大差异的，若结果显示存在正向关系且稳健，则表示研究结论准确。

如表5-5所示，可以看出安慰剂检验（1）：“假定农作物制种保险政策提前两年实施（反事实）”的结果显示，农户生产性收入与农作物制种保险政策存在负向关系且结果并不稳健，因此排除了在制种保险政策实施的年份里（2010年、2011年、2012年）可能存在其他促进农户收益增加的影响因素。安慰剂检验（2）：“选取福建省的8个市（县）”的结果显示，农户生产性收入与农作物制种保险政策存在正向相关关系且显著，反映农作物制种保险政策对农户生产性收入依旧存在提升效应。通过两种安慰剂检验可知上述实证结果的稳健性，并验证了较之未参保农户，参保更具生产收益与参保有助于风险规避的理论假说（即研究假说1和假说2）。

表5-5 安慰剂检验

项目	检验（1）	检验（2）
treat	-0.0147（0.0108）	0.2391***（0.0487）
创新能力	-0.0048（0.0090）	0.2237***（0.0196）
粮食顷产量	0.2660**（0.0831）	-0.0507（0.0388）
农机总动力	-0.1106**（0.0587）	-0.0172（0.011）
产业结构	-0.3820（0.3272）	-0.4586**（0.1395）
农林牧渔产值	0.1442**（0.0396）	0.1694***（0.0124）
经济发展程度	-0.0069（0.0497）	0.0012（0.0031）
农作物总产出	-0.1688*（0.087）	-0.0676***（0.0148）
财政支持水平	-0.5332**（0.1522）	0.0863（0.1269）
城镇化率	0.0005（0.0008）	0.0039***（0.0007）
时间趋势效应	已控制	已控制
地区固定效应	已控制	
常数项	-237.7178	8.9767
样本数	120	120
R-squared	0.7339	0.9688

注：*、**、***分别表示10%、5%、1%的显著性水平；括号内数值为标准差。

四、结论

为了探究农作物制种保险政策试点实施成效，本章实证分析选取基于个体农户观测面的农作物制种保险政策试点对个体农户收益的影响，利用2006—2020年全国开展杂交水稻制种保险试点较早的福建、江苏、浙江、海南省等辖区内12个市（县）域的面板数据，运用渐进性双重差分法分析制种保险政策试点对个体农户收益的影响及对制种产业发展的风险保障作用，研究发现制种保险政策试点能够保障农户收益，即对制种产业起到了风险防范保障作用且成效显著，对推进种业振兴具有积极作用。

整体而言，农作物制种保险政策试点的开展有助于种粮农户增产增收，保障农户收益，激励农户继续参保制种保险，提高农户持续参与制种生产的积极性和意愿，实现种农由小农户向制种大户转变，利于制种企业和农户间建立稳固的长期合作关系。综观上述研究，得出以下结论：第一，基于实证数据来自福建省、江苏省、浙江省、海南省等南方沿海地区水稻生产区，其农业生产受台风等气象灾害影响频繁，因此，对此类依赖自然气候条件进行农业生产的地域，制种风险保障的需求更大，农作物制种保险政策试点更为明显地保障了农户收入，对于稳定区域的制种产业发展意义深远。第二，制种保险能提升参保农户的未来参保意愿，激励农户进行二次投保，其对农户收益呈逐年递增效应，利于具有经验的种农持续长期参与制种生产，益于种业振兴。

第四节　政策建议

制种保险作为一种有效防范风险的金融机制，为了更好地发挥制种保险乃至种业保险的保障功能，应不断创新发展模式、提升制种保险服务能力。基于现有制种保险对自然风险以外的其他环节风险保障程度较低的问题，针对当今种企发展面临的困境与遭遇的痛点，需高度重视研发创新、推广销售等上下环节，完善种子研发费用损失保险、知识产权保险、种企责任保险等保障产品，让真正从事育种研究、具有实质性创新实力的企业能够得到更全面的保障。

基于上述分析研究，本节提出如下政策建议，以供决策参考。

一、提升服务能力、创新运作模式

种业振兴离不开制种保险，而制种保险又涉及种企、农户和政府等主体之间复杂的相互关系。因此，首先，需加大政策性制种保险保费补贴投入，鼓励地方发展特色农作物种子产品保险，完善巨灾保险制度；推进制种保险精准投保理赔，做到应赔尽赔，切实发挥制种保险稳产增收的政策效应。

其次，未来农作物制种保险可采取“政企保协同”的运作模式，政府发挥引导作用，保险公司市场运作提供保险服务，种企作为桥梁和被保险对象，通过自身稳定的收益和保险保障实现种企和农户之间的利益协同，解决金融机构对种业放贷的后顾之忧，进而确保种业振兴路上种企、农户和政府等主体各尽其责，引导更多资金流向种子行业。

二、建立制种保险数字信息管理机制

基于前述国内目前农作物制种保险的承保方式，即制种保险的保险费补贴政策参照种植业保险保费补贴政策执行，中央财政和农作物生产所在的地方财政分级补贴。但我国育种基地高度集中，多在经济欠发达的地区，当地财政实力有限，很多时候无力也不愿对在当地制种但用种遍布全国的制种保险提供保费补贴。因此，建议推进制种保险数字化信息管理机制，优化财政支持政策，由制种品种财政补贴转变为以种企为对象的清单式财政补贴，助推种业振兴。

三、不断完善制种保险产业链条化服务

种企是种业发展的生力军，是种业振兴的主体，但目前中国仅有制种繁育环节的制种保险，还不能满足种业振兴的需求，种企在研发育种、技

术创新、推广销售等环节面临着知识产权保护不力、丢失、诉讼等风险，缺乏保险保障。为此，建议金融服务主体（如保险公司）围绕种企扩大制种保险在制种生产全产业链上各环节的风险特点，创设保险产品，以有效解决种业产业链上、中、下游不同的资产占比带来的理赔困难问题，可以重点创设种业上游主体种企知识产权保险和种企责任保险，进而为种企发展壮大、种业振兴提供动力支持。

四、建立职业制种农民评定机制和奖励制度

（1）制定职业制种农民评定机制。由县级以上农业部门组织制定职业制种农民评定办法，成立专门评定机构，对农民进行系统性的粮食种植专业技能培训与考核，对符合条件者颁发职业制种农民证书，并给予其相应支持和补贴。

（2）建立职业制种农民奖励制度。将强农惠农富农政策向职业制种农民倾斜，由农业农村部建立职业制种农民档案，实行跟踪管理、全程服务，以此提高农民的制种效益和制种积极性。

（3）坚持普惠制和特惠制相结合。在现有制种补贴普惠性政策的基础上，建议国家在新增补贴时，向职业农民、制种大户、家庭农场等倾斜。

第六章　农作物种业数字化发展路径初探

近年来，以大数据、人工智能为代表的新一代数字技术蓬勃发展，通过与实体经济深度融合，推动全球产业形态迅速发生革命性变化。基于此背景，我国在政治、经济、科研体制等方面不断改革创新，带动数字技术在中国种业创新上的应用逐步深化，其育种逻辑和育种模式不断重构。种业之争本是科技之争。生物育种是现代种业发展的驱动力，当前，分子标记辅助选择、转基因、基因编辑、合成生物学以及智慧育种等生物育种技术已成为全球各国抢占科技制高点和争抢种业国际竞争力的战略重点，加大关键核心技术攻关力度，加快种业信息技术应用发展迫在眉睫。2022 年 8 月，农业农村部发文指出，将强化种质资源收集保护和精准鉴定，加快推进基因编辑、信息技术、人工智能等新技术手段在育种方面的应用，推动我国从“经验育种”向“精准育种”“智能育种”转变①。

第一节　基本概述

中国作为世界第二大种子需求国，种业发展正处于一个重要的历史机遇期与挑战期。2023 年中央一号文件再次提出：全面实施生物育种重大项目，加快培育高产高油大豆、短生育期油菜、耐盐碱作物等新品种。加快玉米、大豆生物育种产业化步伐，有序扩大试点范围，规范种植管理。如

① 中华人民共和国农业农村部关于政协第十三届全国委员会第五次会议第 01667 号(种业水利类 135 号)提案答复的函[EB/OL].(2022 - 08 - 31)[2024 - 03 - 01]. http://www.moa.gov.cn/govpublic/nybzzj1/202209/t20220928_6412095.htm.

此的规划布局，预示着我国种业将迎来一场以数字化为驱动力的革命。

一、种业数字化的内涵与特征

（一）种业数字化的内涵

种业数字化是指大数据、人工智能、物联网和智能装备等在种业全产业链的应用，以实现育种科研、制种繁种、生产加工、营销服务和监督管理服务的多场景信息化、品种创新数字化、生产经营智能化和产业体系生态化。种业数字化涉及多个环节，包括育种科研、生产加工、营销服务和监督管理等，旨在提高种业生产的效率和质量，推动种业现代化发展。

农作物种业既是涵盖研究、生产、销售的产业，也是高技术、高投入的产业。农作物种业的数字化自然而然需要全链条的数字化，在育种研究中依托数字化技术挑选所需性状，以高效利用种质资源；生产和销售环节则在大数据、数字化等技术的加持下实现规律化、规模化发展；同时建立产量预测模型与市场预测模型，动态监控并调整农作物种业市场以确保其平稳发展。

（二）种业数字化的特征

种子在种业发展中是核心，现代种业发展离不开数字信息的传递与传播。放眼全球，育种技术已经迈进了以“生物技术 + 信息技术 + 人工智能 + 大数据技术”为基础的种业 4.0 时代，即进入一个以数字化为基础的创新时代。对比中国种业发展阶段，需聚集现代信息技术在育种、生产、经营和服务全产业链的“生态融合”和“基因重组”，迈向种业数字化道路。具体而言，种业数字化的特征表现如下。

1. 数据化和信息化

基于海量基因型、表型和环境组学数据，利用算法、模型形成的育种知识库，支持种业数字化升级，加强科技创新，完善商业化育种体系，是提升我国种业竞争力和保障粮食安全的关键举措。数字化智慧育种，一方面需要海量的生物信息数据；另一方面需要大数据、人工智能及云计算等高科技，实现数据的安全存储、高效采集和分析，以及建立精准的预测模型。

2. 自动化与智能化

如果把育种看作一个复杂的数字选择游戏，数字化智慧育种则是种业发展的根本出路。传统育种主要依靠育种人员的经验选种，育种家先把材料（种子）种到大田里，人工记录不同时间段的各类信息数据，然后进行统计学分析并筛选，这犹如大海捞针，通常需要 8～10 年的培育周期，后期还要排除很多意外因素。而数字化智慧育种利用大数据和人工智能等技术，模拟作物生长气候、土壤以及生长周期等，综合各类数据实现基因型—表型精准解析，进行数字化智慧育种决策，提升育种成功率，缩短育种周期和时间。

3. 便捷化与数字化

基于先进的分子育种技术和生产设备，通过物联网，实现精准种子培育，同时远程设备操控可以降低制种成本，使制种管理更为便捷。通过开发手机应用软件，让农民根据当地的种植条件选择种子和进行管理；在预测模型中，针对特定的环境需求和环境胁迫，构建作物生理育种概念模型，利用表型数据达到育种的目的。利用遥感监测制种基地作物长势、缺素、病虫害、杂草控制、去雄等情况，全面掌握制种基地情况。还可针对作物常发病虫草害，定向培育，制定合理的制种方案，提高抗性。

二、种业数字化的演进趋势

自 2015 年以来，全球种业市场以史无前例的速度向“一体化”市场迈进，种业巨头在占据欧美发达国家市场之后，继续拓展市场规模，在亚洲、非洲等发展中国家展开激烈角逐。随着科研推动力的不断增强，在大数据和云计算等技术的加持下，种业的竞争焦点已经明显转移到技术创新上。在这一过程中，“数字化＋生物技术”的融合成为抢占种业制高点的关键和第四次种业科技革命的核心，获得种业市场竞争主动权、掌握核心育种繁种技术尤为重要。

（1）以拜耳、科迪华为代表的国际种业巨头，利用人工智能、机器学习等技术，结合海量基因组、表型和环境数据，进行种子的选择、优化，已纷纷构建起成熟的数字化育种体系。也就是说，上述种业巨头集生物技术、数字技术和智能化于一体的良种“定制”和基因修饰技术，已将“经验育种”转变为“精确育种”。2022 年先正达、拜耳、巴斯夫、科迪华、富美实等世界五大农化巨头，利用现代农业技术服务平台，在努力推广创新的可持续农业技术路上已经走得很远。2022 年先正达植保公司推出数字化技术解决方案，通过卫星成像技术帮助农户监测和管理危害农作物的有害生物。另外，还上市了如 TYMIIUM ©的技术创新产品，它能保护目标作物以减轻来自线虫和植物病害的危害。先正达植保公司在种子保健领域也拓展产品线，使农民能应用生物产品进行种子处理。例如，ATUVA ©是一种微生物菌剂，能促进大豆植株吸收氮肥，从而减少氮肥用量。

（2）数字技术在环境动态监测和定制化种植方案等田间智能管理方面的广泛应用，显著降低了繁种成本，并提升了繁种质量。全球种业三大巨头：拜耳、科迪华和先正达，正积极投身于数字种业平台建设，以实现从种子研发到农田管理等种业生产全链条的数字化转型。三大巨头通过集成先进的数据分析技术、遥感技术、精准定位以及人工智能技术，致力于提高作物产量、优化资源配置并降低对环境的影响，同时依靠创新产品，提供技术服务，通过购并优质资产扩大产品线来驱动业务持续发展。如科迪华在 2022 年市场表现优异，凭借产品线优势，聚焦不同地理区域产品差异化战略，取得出色的业绩。

（3）云计算、物联网、区块链、大数据等新兴技术对种业产业链的渗透，将从根本上改变种业的生产和运营模式。表现为：第一，在品种选育数字化领域。加大动植物表型信息获取技术装备、智能育种辅助平台等智能育种装备领域的支持力度，推动“经验育种”向“精确育种”转变，并逐步实现定制设计育种，帮助企业最大限度地提高育种能力。第二，在种子生产数字化领域。近年来，部分高科技公司在种业机器人、无人机、遥感卫星、物联网数据采集、智能环境感知等智能装备和数据处理平台技术领域进行尝试并取得成功。如通过无人机的摄像、雷达系统及算法设备，可以自动识别长势不好的农田，自动生成诊断方案，规划无人机进行针对性施肥。通过无人机精准施肥，每千亩农田可以节省化肥10%，增加产量10%。第三，在资源管理数字化领域。加大种质资源开发鉴定力度，充分发掘我国丰富的作物品种优势，引进世界种质资源，加强对种业科技信息服务平台、种业大数据平台、种质资源基因及代表性种质的表型数据库等数据平台的资金支持，为育种繁种提供支撑。

三、种业数字化的研究现状

20世纪初，生物统计学的基本原理开始应用于作物育种，标志着作物数字育种技术的诞生。随着计算机技术的出现，现代数字育种技术开始快速发展。进入21世纪，随着自动化采样和数据获取技术的突破，从基因表达数据到宏观性状数据都实现了质的飞跃。育种数据的存储、分析、利用成为现代数字育种技术的关键。伴随生物统计学、数据库技术、系统模拟技术和计算生物学等单学科的发展，通过将这些理论和技术有机整合，极大地推动了现代作物数字育种技术的进步。随着当代育种技术加快进步，特别是生物技术的广泛应用，在作物育种中产生了信息爆炸，数据不再是单一的田间性状调查结果，还有气候、土壤等动态环境数据，分子标记等基因型数据，基因表达和代谢物动态数据，生产管理数据。这些数据类型复杂多变，组成一个复杂的大数据集，为确保这些数据（如作物育种的系谱数据）不断积累和丰富，需要使用先进的数据库管理系统进行管理维护，清晰地建立各种数据之间的相互关系，便于对这些数据进行交叉分析，从中找出规律，提取有用的知识，为后代的选择和新品种的定位提供可靠的依据。同时，还要确保数据的完整性和持久一致性。

综观国外种业数字化的发展，美国、以色列、欧盟等发达国家或地区在21世纪初已初步实现了大数据、人工智能、云计算、物联网等互联网技术与种业发展的融合，在育种技术研发、繁种制种、商业化育种以及种业产业链发展等方面实现了较大的技术创新和突破，研发了一系列智能育种设备及试验设计和种业管理软件与平台，建立了作物智能设计育种技术体系。

相较于国外的种业数字化研究，近年来我国政府、研究机构和种业企业也正在逐渐加大数字技术与育种、繁种制种、产业化等多方面的融合力度，并取得了一系列的技术创新与突破。在作物育种技术研发方面，通过自主研发的软件或模型，采用人工智能技术和深度学习算法，对表型组、基因组、转录组、代谢组等不同组学的数据开展了自动提取、整合与关联分析，作物智能设计育种取得了显著进展。

2020 年，华中农业大学开发了玉米属多组学综合数据库，收录了 4 个玉米基因组和 1 个大刍草基因组，包括基因组学模块、变异模块、遗传学模块、群体模块、表型遗传学模块等多重组学数据资源，内嵌了数据检索、分析和可视化工具，可直观地对多重组学数据进行检索和智能分析；中国农业大学农学院于 2021 年研发了基因组优化设计模型 GOVS，结合基因组选择以及双单倍体诱导技术可以指导育种家利用最少的遗传材料、最短的育种周期，最大限度地聚合优势等位基因，加速推动我国玉米智能设计育种技术体系的建立；2022 年，浙江大学依托“设计育种会聚研究计划”建成了国内领先作物基因组大数据育种分析平台，平台数据库收集了国内外近 6000 份常见水稻品种的基因组重测序数据及变异信息、3000 份水稻品种的 46 类表型数据，并提供了重要基因组资源在线分析模块；北京市农林科学院信息技术研究中心、谷丰光电等科研机构与企业研发的作物表型高通量获取平台、作物籽粒及果穗自动化考种系统等技术产品与装备，实现了作物表型数据的自动化、高通量、连续获取和基于多传感器的作物表型指标智能解析；在繁种制种技术研发方面，部分科研机构或公司设计和研发了应用于田间试验、制种生产和种子加工等方面的数字化和自动化的系统和装备，如国家种业智能装备工程技术研究中心基于北斗研发的农机自动导航与作业精准测控关键技术，突破了农机作业复杂工况自适应的自动导航技术瓶颈，建立了全程机械化作业智能监测技术体系。

目前，中国种业科学院携手阿里巴巴集团，共同推动“智慧育种”公共服务平台的发展，而隆平高科则在2021年与华为云携手，共同打造了以大数据为基础的隆平高科智能平台，推动智慧育种技术不断取得新进展。同时，我国现代种业正通过构建创新的数字化、智能化种业生态平台，实现种业全周期的信息化管理和全链条的数字化发展，这将为中国种业“育、繁、推”一体化建设提供有力支撑。

第二节　农作物种业数字化发展概述

中国数字种业起步相对较晚，国家层面在2012年中央一号文件中首次提出全面推进农村种业信息化，2015年首次将种业现代化作为中央一号文件的首要议题，2018年将数字种业与乡村振兴更加紧密衔接。近年来，中国政府先后印发出台了《数字种业农村发展规划（2019—2025年）》《“十四五”全国种业农村信息化发展规划》《数字乡村发展行动计划（2022—2025年）》等一系列政策文件，用于支持引导数字种业发展。

世界各国纷纷加大力度开发和应用数字化、信息化技术，旨在推动产业的数字化转型，以此扩大和巩固数字经济的体量。根据中国信息通信研究院发布的数据，2022年中国数字经济的规模已达到50.2万亿元，占国内生产总值的41.5%，在全球排名第二。然而，产业间的数字化进程并不均衡，工业和服务业在数字化转型方面走在前列，而种业，尤其是农作物种业的数字化步伐则相对缓慢。数字化不仅能够提高种业的研发效率，还能促进种质资源的优化配置，提升农作物的产量和质量。在党中央、国务院决策部署下，在种业科研工作者不断探索中，数智赋能我国种业跨越式发展已初见成效。

2016年，农业农村部启动中国种业大数据平台整合建设，持续完善种业产业链相关数据信息，加快业务数据融合融通，涵盖线上行政审批、业务办理、监督管理、信息查询等功能。2021年以来，农业农村部会同有关部门落实中央种业振兴行动部署安排，加快推动种业科技创新。强化种质资源收集保护和精准鉴定，加快推进基因编辑、信息技术、人工智能等新技术手段在育种方面的应用，推动从“经验育种”向“精准育种”“智能育种”转变。2022 年 4 月，农业农村部依托中国种业大数据平台发布了全国农作物品种 DNA 分子指纹库，集成了玉米、水稻、小麦、向日葵等 1.6 万个农作物品种的 SSR、SNP 指纹数据信息，具备查询、比对、鉴定、分析等四大功能，为市场打假、品种管理和育种创新提供有力支撑。完善国家种业科技成果产权展示交易平台，推动授权品种、育种专利和育种材料等科技成果展示推介、转化交易，加快促进种业科技成果转化，增强我国种业科技创新活力。

未来，我国农业农村部将按照种业振兴市场净化行动有关要求，推动信息化、智能化新技术手段的应用，加快建立以“一品种、一名称、一标样、一指纹”为主要内容的品种身份证制度，实现全程可追溯管理，为实施种业全链条全流程监管和共享服务提供技术支撑，加快提升种业数字化管理能力和水平。

一、农作物种业数字化发展现状

（一）农作物种业数字化的发展表现

我国的种业发展经历了从传统种业（简单工具的使用）到规模化杂交育种，再发展至分子育种，最后到目前的智能化育种阶段。“育种 4.0”这一概念于 2018 年由美国康奈尔大学玉米遗传育种学家、美国科学院院士 Buckler 教授提出，“育种 4.0”可定义为：是繁育科学、信息科学等多学科的交叉与协同创新，通过依靠农作物种业庞大的资源库和环境、气候等自然因素构建出育种创新数字化平台，建立预测模型，实现育种自动化。

当前，我国农作物种业数字化发展具体表现如下：

（1）信息技术在育种环节中的应用不断加强。通过大数据、人工智能等技术对种质资源进行鉴定评价，对育种过程进行智能化管理，可以大大提高育种效率。例如，智能温室可以实现精准化种植、环境调控、智能化管理，为现代种业提供有力的技术支撑。

（2）种子生产加工环节的数字化程度逐渐提高。传统的种子生产加工方式已经逐渐被现代化的生产线所取代，加工设备也逐渐向智能化、自动化方向发展。同时，物联网技术的应用也使得种子生产加工过程更加可控、可追溯。

（3）营销服务环节的数字化趋势明显。随着电子商务平台的兴起，越来越多的种子企业开始通过线上渠道销售种子产品，同时也利用大数据分析市场需求，制定营销策略。

（4）监督管理环节的数字化也在逐步推进。通过建立种子质量追溯体系，实现种子来源可查、去向可追、责任可究，加大了种子质量监管的力度。

（二）农作物种业数字化的发展意义

（1）有效提高生产效率。数字化技术可以精准控制种子的生产过程，实现自动化和智能化的生产，从而提高生产效率。数字化技术可以对种子质量进行精准检测和评估，及时发现并处理不合格的种子，从而提高种子质量。

（2）优化营销服务。数字化技术可以实现精准营销和个性化服务，提高销售效率并满足客户需求。

（3）加强监督管理。数字化技术可以实现种子来源可查、去向可追、责任可究，加大了种子质量监管的力度，保证了市场的公平竞争；数字化技术的应用可以推动农作物种业的转型升级，实现生产规模化、标准化、智能化，促进种业现代化发展。

综上，农作物种业数字化发展在提高种业生产效率、促进种业现代化发展、保障国家粮食安全等方面都具有重要的意义。

（三）农作物种业数字化的发展困境

虽然农作物种业数字化发展取得了一定进步，但各环节之间的数字化程度不均衡，数据共享不够充分，数字化技术应用的标准和规范不够完善。其发展面临的困境主要表现如下。

（1）技术门槛。许多农民缺乏数字化技术的知识和技能，无法有效地使用数字化种植管理系统，这导致了技术门槛的存在。成本问题：数字化种植管理系统的购买和维护成本较高，对于一些小农户来说可能难以承担，这限制了数字化技术的普及和应用。数据隐私和安全：数字化种植管理系统需要收集大量的种业生产数据，但数据的隐私和安全问题仍然是一个挑战，农民可能对数据的使用和保护存在顾虑。

（2）市场推广。一些数字化种业技术尚未得到广泛的市场认可和推广，农民对于这些新技术的接受度有限，市场推广面临一定的困难。基础设施和网络覆盖：一些农村地区的基础设施和网络覆盖仍然不完善，这限制了数字化技术在种业生产中的应用。政策支持：缺乏相关政策的支持和激励措施，可能影响数字化种业技术的推广和应用。

这些困境需要政府、企业和农民共同努力，通过技术培训、降低成本、加强数据安全保护、完善基础设施建设等措施，促进农作物种业数字化发展；需要进一步加强数字化技术在农作物种业全产业链的应用，推动数字化技术的标准化和规范化，促进数据共享和互操作性，实现种业的高质量发展。

二、农作物种业数字化应用表现

数字化赋能种业将成为我国粮食安全战略的重要支撑，为实现种业现代化和提高粮食生产效率发挥关键作用。当前，数字化育种技术的应用范围非常广泛，包括作物、动物、微生物等多种生物的育种。具体到农作物领域，概括来说体现在作物育种数字化应用、繁种制种数字化应用、种业数字化推广与应用、种业监管与服务数字化等领域。

农作物种业数字化应用主要是指数字化育种技术。所谓数字化育种技术，它是将现代信息技术和生物技术相结合的一种新型育种技术。它通过对基因组学、生物信息学、计算机科学等多学科的交叉应用，实现快速、准确地鉴定和选择优良性状，提高育种效率和品质。数字化育种技术的核心是数字化技术，它可以将各种生物信息进行数字化处理和存储，并通过计算机软件进行分析和模拟，实现精准育种：

数字化育种技术具有以下优势：第一，高通量、高效率。数字化育种技术可以同时处理大量数据，快速筛选和鉴定优良性状，提高了育种效率和准确性。数字化育种技术可以利用各种生物信息进行模拟和分析，预测不同环境下的表型表现，为育种提供更加精准的预测和决策。第二，可追溯性。数字化育种技术可以对整个育种过程进行记录和追溯，保证育种过程的可重复性和可验证性，提高了育种的可靠性。第三，资源共享性。数字化育种技术可以实现全球范围内的数据共享和交流，促进不同国家和地区之间的合作和交流，加速了育种技术的发展和应用。

（一）数字化技术在玉米育种工作中的应用研究

玉米生长发育和产量形成是一个复杂的过程，育种目标性状也必然是多个因素的综合作用结果，由于玉米育种面对的是数千份自交系、杂交组合、品比试验材料，若仅靠人力不仅效率低下，同时会不可避免地出现差错，采用数字化对数据资料进行智能化管理，在利用材料时可直观选择材料并使选取的材料互相匹配，有效提升育种效率，降低成本。根据薛建兵、张冬梅等（2018）的研究方法，利用计算机 Excel 电子表格，将玉米材料的植物性状、产量性状、抗病性状等 50 个遗传性状，根据统一的编码规则，进行统一量化，实现了遗传性状由文字描述到数字描述的转化，建立玉米资源材料数据库可对玉米育种材料进行计算机自动化管理，从而使田间调查记载简便化，资料整理自动化，这是一种简单的育种数字化，仅仅利用自己获取的数据和简单的软件优化育种。种业智能化是全产业链的智能化，大数据与互联网将不同的品种、农作物育种整合在一起，把选出的优良组合及亲本放在一起进行比较，通过对比可以发掘出不同的遗传规律，总结出育种经验。

（二）数字化技术在马铃薯育种上的研发与应用

马铃薯作为全球范围内广泛消费的食品，在英国、俄罗斯等国家尤为重要。这些地区受土壤和气候条件的限制，其他农作物的产量可能较低或心的研发创新体系、以全程质量控制为核心的生产加工体系、以全方位终端服务为核心的市场营销体系，以及一个支持与服务型总部。该体系的构建，旨在提升公司的整体竞争力和市场响应速度。

垦丰种业正在加快推动商业化和信息化育种的步伐，这一举措的必要性主要体现在以下三个方面：①随着公司育种规模的不断扩大，育种站和试验站点数量的增加，以及育种材料、配对组合和田间小区数量的急剧增长，数据采集量也随之大幅增加。这种情况下，迫切需要提高育种工作的效率，以便更快地进行品种筛选和优化。②在田间性状数据采集过程中，不同团队、不同场景、不同人员之间的记录方式存在较大差异，导致数据采集标准和记录形式不统一，这不利于数据在团队内部及团队之间的共享和利用。③在传统的育种过程中，各课题组独立负责自己的材料（种子），导致数据记录不全面、不准确、不规范，有时还会出现数据丢失的情况，给公司造成了不可逆转的损失。

为了解决这些问题，垦丰种业迫切需要建立一个统一的平台，以实现材料数据的集中管理和保存，确保数据与实物一一对应。这个平台将采用标准化的数据采集和记录方法，以确保数据的准确性和一致性，并促进数据的共享和应用。通过这种方式，可以大大提高育种的效率和成功率，同时减少资源浪费和潜在的经济损失。

针对玉米、常规稻、杂交稻、大豆四类作物的商业化育种技术体系和管理模式的特点，垦丰种业采用金种子育种平台赋能商业化育种技术体系的升级。平台实现了对育种材料、亲本组配、品种选育、品种测试、系谱追溯、田间性状采集、多年多点数据分析等常规育种的全流程管理。性状采集信息化、田间操作标准化、数据分析自动化，使得垦丰种业在育种流程上实现了科学管理、专业分工、流水化作业，助力垦丰种业整个育种工作由传统育种向商业育种、由“经验育种”向“精确育种”转变。2019年4月，垦丰种业金种子育种平台正式上线，完成了2年4个育种季的育种操作，并受到了育种者和管理者的一致好评。

垦丰种业金种子育种平台成功推出以来，实现了育种研发的数字化升级，取得了以下五个方面的成效：第一，基于 RFID 的田间性状数据移动采集、实时传输、自动汇总，提高了采集的规范性和准确性，降低了试验误差。第二，育种软件与小区精量播种机、收获机、考种设备实现数据在线互通，各育种环节业务数据高效无缝对接。第三，制定并落地实施了统一的作物育种性状数据采集等企业标准，为企业育种大数据资源建设提供了基础保障。第四，标准化的试验设计和数据分析方法，提升了数据利用效率。第五，育种全程信息化管控，有利于企业全面掌握公司研发能力、研发规模和研发进度，为团队绩效考核和育种技术路线调整提供数据支撑，做到精准施策，大幅提升了公司管理效率。

（二）数字技术为博州种业发展插上腾飞的翅膀

博州位于新疆西北边缘，2018 年农作物总播种面积 272.16 万亩，在《自治区种业振兴行动实施方案》的指导下，加快推进主要农作物制种基地建设。2022 年完成棉花、玉米、小麦主要农作物制种面积 11.38 万亩，提升了良种供给水平。根据博州农业农村局的报告可知，博乐市在 2021 年建成棉花“五化”（操作标准化、基地规模化、全程机械化、生产集约化、管理信息化）制种示范基地 2000 亩，并建成数字化种业系统框架，即“一张网、一张图、一平台、N 应用”的架构体系，为推动“四个百万亩”示范基地信息化进程，加快新疆棉花制种提质升级起到重要的促进作用。在育种方面，博州建成棉花制种大数据，从多维度、全方位展示示范基地棉花制种的标准化、信息化、现代化发展成就，推动博州棉花制种信息化建设转型升级。通过数字化信息技术实现了棉花制种生产过程中制种户、农服人员、管理者及政府等多方互动和协作，农户和管理人员在不进入棉田的情况下依靠田内检测设备就可以在手机 App 进行数据分析，并根据不同的情况进行远程操作，以确保育种过程安全可持续，为博州提升制种、繁种水平和增强供种保障能力，发挥出巨大作用。同时建成小麦、玉米、棉花、特色经济作物制种基地认定、入库、上图、建册、上报平台体系。

在博州的部分育种基地已实现数字化技术应用，特别是在棉花育种数字化中，从土壤到作物，从播种到收获，实现育种基地从环境数据采集、企业信息采集、种植品种定位、品牌建设、种子流通和质量追溯环节的信息采集和管理，实现种子生产的智能化管理和质量安全监控，有效保障了种子的安全，同时可以有效提升种子质量。此外，针对2000亩育种示范基地，博州种业发展中心抓好田间管理和技术服务，各级种子、植保、土肥等领域的专业技术人员，深入制种基地推广良种良法配套高产栽培、水肥一体化、病虫害防治等组装配套综合技术，为制种示范基地生产提供强有力的技术支持，保障良繁品种增产、提质。

落实制种技术标准，严格按照《棉花良种生产技术操作规程》要求，组织州、市县种业部门和制种企业共同加强标准化良种生产的产前、产中、产后等各环节质量检验，严把去杂去劣关口，确保良种田纯度，提高制种繁种质量。育种示范基地采取统一品种、统一耕作方式、统一播种、统一滴水施肥、统一田间管理、统一病虫害防治的“六统一”标准化生产管理方式，聚集打造新疆现代种业“四个百万亩”制种基地示范点，引领、带动博州地区乃至全疆“四个百万亩”制种基地建设，为全疆种业提供可复制、可推广的经验。

（三）山东鲁农种业股份有限公司种业数字化建设案例

山东鲁农种业股份有限公司（以下简称“鲁农种业”），作为农作物种业产业化的省级重点企业，同样深知数字赋能对种业发展的重要性。为了推动种业数字化进程，公司积极整合资源，大力开展数字大田建设。在2021年，公司投入500万元，新建了1000平方米的种业数据资源服务大厅，并配备了先进的数据收集、存储和分析工具，构建了数字大田云服务管理支撑平台的基础框架。此外，公司还开发了农机作业和无人机飞防数据管理平台，进一步提升了大田作业的数字化水平。

为了更有效地收集大田数据，公司购置了40架大疆无人机，并配套安装了大田数据收集设备。通过飞机航拍和卫星遥感技术，公司建立了大田数据收集机制，实现了种业数据的综合统计和系统对接，为后续的数据分析提供了有力支持。目前，鲁农种业已经完成了20万亩的种业地理信息数据测绘工作。未来，借助VR/AR信息云处理技术，这些数据将整合成高青县粮食大田地理信息“一张图”，为种业决策提供更为精准的数据依据。

鲁农种业始终坚持典型引路的原则，以点带面推动数字技术在种业生产中的应用。公司通过流转土地、建设数字大田示范基地等方式，提高了粮食生产的现代化水平，推动了高青县粮食产业实现精细化、数字化、智能化转型。目前，公司已累计流转土地2000余亩，规划建设了2处数字大田示范基地。除了在育种数字化方面进行重点投入外，公司还积极拓展数字化管理服务。依托种业社会化服务试点项目和秸秆综合利用项目，公司实施了深耕深松作业、种业病虫害无人机防治作业和全程社会化服务，并将这些服务纳入数据管理服务平台。这不仅提高了大田作业的质量和服务的准确性、高效性，也为公司的数字化转型提供了有力支撑。鲁农种业继续坚定不移地以数字赋能为核心，围绕粮食产业进行深度探索和创新。通过适当重组产业组织、重构产业生态，公司将重点发展育种自主创新、资源整合和共享等项目，并着力培育一批育种示范基地，推动育种数字化建设的进程。同时，公司将继续关注互联网、智能设备等关键技术装备的创新，加强智能灌溉、精准施肥、病虫害防治、作物长势监测等数字种业技术的应用与推广。

二、数字孪生智慧种业应用案例

北京智汇云舟科技有限公司（以下简称“智汇云舟”）成立于2012年，专注于创新性的“视频孪生（实时实景数字孪生）”技术研发与应用。公司依托自研三维地理信息引擎（3DGIS），融合建筑信息模型（BIM）、视频监控（Video）、人工智能（AI）及物联网（IOT）等多种技术，并在此基础上推出了“云舟披萨”低代码PaaS开发平台、实景孪生虚实融合一体机、行业解决方案等多个系列的产品。

凭借领先的技术基础，智汇云舟持续助力种业行业数字化转型，以及推动产业协作的数字化升级。公司先后参与了许多重点项目建设，应用领域涉及智慧城市、智慧园区、数字乡村、工业制造、轨道交通、军工、雪亮工程（平安城市）、司法监管、应急指挥、机场、学校、医院、水利、电力等全行业场景。数字孪生系统在种业产业发展中应用成效显著。

（一）从数字育种向智慧栽培拓展

现代基因测序技术的发展和普及大幅提升了农作物育种的规模化水平。然而，现有植物表型数据采集设备主要还是通过硬盘读写的传统方式进行传输，普遍存在读写速度慢、采集效率低和难以在线查看与解析等问题。面向育种的种业数字孪生系统有望通过对植株点云、光谱、图像数据和植物高通量表型平台作业信息的全面深度感知、实时传输交换、快速计算处理和高级建模分析，实现对植物表型性状的实时解析和对表型平台的智能控制，为植物表型精准鉴定和种质资源的高效评价提供及时、准确、稳定的技术支持。另外，基于机器视觉和光谱的病虫害鉴别技术与知识模型相结合，有效促进了精准施药技术在大田种业生产中的落地应用。

（二）基于数字孪生系统的环境智能控制

种业数字孪生系统可促进种业生产系统安全、健康、可持续发展，并有望率先在高度工业化的植物工厂中实现应用。植物工厂是通过全过程、自动化、高精度控制设施内环境要素，实现作物周年连续生产的高效种业系统，其环境控制系统为作物实现连续生产和品质调控提供重要保障。当前植物工厂存在运行成本高和能源消耗大的问题，而且环境控制系统中多以传统经验知识（植物各阶段生长发育所需最适宜温度、湿度和光照等）为决策依据，并未考虑作物与环境间的相互反馈。作物数字孪生系统采用信息物理融合的思想，首先基于物联网技术完成植物工厂生产系统的数字化镜像；其次基于数字植物系统完成多源异构数据的智能化分析，进一步基于孪生数据完成应对未来情景的智能化决策；最后基于植物工厂机器人完成决策的自动化执行。

（三）基于数字孪生的农技教育培训

信息化时代的网络学习或远程教育打破了工业时代知识获取的时空界限，但却难以实现学习场景在虚实空间的交互反馈，且存在诸如推送知识精度不高、与学习者的匹配度不足等问题。种业数字孪生系统结合 AR/VR 技术为教、学两端都带来了方式方法的创新。在种业科教方面，学生在作物数字孪生系统上进行田间观测和栽培试验时具备多种情景下模拟的可行性，而且更能体验真实的立体呈现感和沉浸感。在农技推广方面，农户可以在真实的农作场景中接受远程农技培训，并且了解未来不同情境下农技措施对作物生产状况的影响，在提高农户学习接受先进农技知识积极性的同时帮助农户有效规避风险。

（四）农产品宣传展示

积极发展品牌种业是做强现代种业的重要途径，随着互联网和移动消费的日益繁荣，种业品牌宣传推广正在成为农产品加工业提升行动的重要抓手。面向农产品生产和加工过程构建种业数字孪生系统，并借助 5G 技术实现生产数据信息化汇总、网络化传输、数字化处理、可视化展示与智慧化管控，为消费者全面细致地揭示农产品的“来龙去脉”，并大幅提升种业品牌数字营销综合解决方案的科技感与互动性。

第四节　农作物种业数字化发展路径探索

一、农作物种业数字化发展趋势

（一）育种繁种更加数字化、智能化

未来育种专家能够充分利用多组学、大数据、育种软件、超级计算机等工具，对作物综合基因型、表现型和环境等因素建立模型，快速找到合适的基因搭配，使需要去田间实际验证的组合数量被大幅度压缩。育种智能装备的推广和应用以及现代化数控智能育苗温室的广泛建设，将使未来种苗的培育过程更加高效化、自动化、智能化，通过配备环境监控设备、物联网监控设备、精准喷灌系统、穴盘育苗精量播种机械、水帘风机强制降温系统等现代化智能设施设备，实现育种温室温度、湿度、光照等的实

时监控和调节，可以使育苗时间缩短、集约化程度提高、抗风险能力增强，而且有利于种苗高产、优质、抗病。同时，工厂化智能育苗管控平台、育种数字化软件以及移动终端等的应用，将有效创新数字化育种服务模式，向科研人员、育种企业提供实时精准服务。

（二）种业推广和服务更加多样化、精准化

首先，种业科技成果转化将更加顺畅，以种业重大科技需求为导向，对标发达国家种业“4.0 时代”技术前沿，持续开展种业科技创新，将形成和种业产业链相匹配的由种质资源、基础理论、关键技术、品种创制、种子质量控制、成果转化与产业化各环节构成的种业科技创新链条，为全国种业科技自立自强和种业高质量发展提供支持。其次，种业服务模式将不断创新，通过结合“线上 + 线下”、人工智能、VR/AR 等技术，利用网上展厅、VR 实景展示、云展直播等方式，展示推介种业发展成果。同时，种业平台服务将更加精准和多元。种业服务平台面向相关产业链主体，可有针对性地开展种业金融服务、种业科技服务、种业信息服务、种业经营服务、种业装备服务以及种业人才支撑服务等多元化的服务。

（三）种业大数据采集、利用和挖掘更加深入

种业大数据采集、利用和挖掘更加深入，未来通过大数据的深度应用，“种业数据 + 互联网 + 遥感 + 人工智能”的种业发展架构将建立，实现对种业全产业链产生的海量数据信息的高效采集、整理、分析、转换和呈现，驱动种业生产与管理数字化转型提高种业产业整体效率。在育种数据采集方面，通过高通量作物表型采集平台、智能考种分析仪器、大数据育种分析平台、智能检测辅助仪器设备等育种智能装备对作物基因、表型、环境等数据进行智能获取，深入开展多重组学大数据关联解析，实现育种决策智能化、智慧化。在种业监管服务大数据方面，将实现国家与省级之间、多个行政部门之间信息的互联互通、共享与查询，实现种子基地监管、种业市场监管、种子质量追溯、种业社会化服务、种子检测认证等

方面的数据共享与流通，种业全链条、全流程数字化监管与服务水平稳步提升。

二、农作物种业数字化发展路径

确保种业安全是保障粮食安全的基础，增强种业竞争力是保障种业安全的关键。党的十八大以来，我国种业尽管取得了明显进步，但与发达国家相比还有很大差距，部分品种单产水平不高，核心技术原创不足、商业化育种体系不健全等制约种子发展的“卡脖子”问题依然突出。习近平总书记指出“数字经济是全球未来的发展方向”①，种业要发展，就要插上科技的翅膀。保障国家粮食安全，关键在于落实藏粮于地、藏粮于技战略，而落实藏粮于技战略的底层逻辑就在于通过对传统种业的数字化赋能，不断增强中国种业发展的内驱力，进而提升竞争力。

（一）全力服务农作物种业数字化关键领域

面对种业数字化研发与应用的新态势与新方向，我国应从学科基础建设角度入手，重点加强生命科学与信息科学等多学科交叉融合专业设置，加大对数字科技与生物分子育种、常规育种交叉融合研究的科研项目与经费投入；重点鼓励开展基于人工智能、大数据技术的农作物优质种质资源基因组解析和重要基因挖掘等关键技术研究，基于基因组、代谢组、环境组、表型组等多重组学大数据资源，研发精准化、高效化、定制化的智能育种方法与模型；深入完成种质资源全面普查、系统调查与抢救性收集工作，开展全国及区域品种种质资源保护与利用，推动建设数字化、智能化的种质资源精准鉴定平台，拓展全国种业大数据平台监管与服务功能，全面推广基于大数据的商业化育种软件，构建种业成果转化与对接的数字化综合服务平台，加快建立种业数字化营销体系，以数字化赋能种业发展的“育、繁、推、管、服”的全产业链高质高效发展。

---

① 习近平．携手构建亚太命运共同体[N]．人民日报，2020－11－21(002)．

（二）政策性投资应聚焦种业数字化薄弱环节

加大对种业基础研究的支持力度，对种质资源收集与保护、精准鉴定等进行长期稳定资金投入。强化基础设施建设，大力支持相关仪器设备自主研发，加大对精准鉴定技术创新的投入，发挥信息技术、大数据技术等交叉学科在种业基础研究中的优势作用。

（三）不断完善行业标准和技术规范

在育种技术创新与产业化应用方面，完善基因编辑等分子育种技术相关监管政策和法律法规，明确不同育种技术使用范围和标准，制定其在产业化应用中的行业规范。借助数字化技术，通过企业网站和品种知识产权认证系统，依法开展种子生产经营许可和备案管理，严格执行种子生产和检验规程，落实种子标签真实性原则，实现对植物新品种的保护。

‖ 下　振兴策略篇 ‖

第七章　基于种业安全的农作物种业振兴策略选择

自新中国成立至21世纪第二个10年，中国种业，特别是农作物种业所面临的形势依然是严峻的。随着全球化进程加快、生物技术发展和近年来的新冠疫情、极端天气叠加大国博弈、地缘政治冲突等，使得外部不稳定性、不确定性、不安全性因素明显增多，如何更好地保障粮食安全、建设现代农业，依然是摆在我们面前的一项重大课题。因此，《种业振兴行动方案》强调农业现代化，种子是基础，必须“把民族种业搞上去，把种源安全提升到关系国家安全的战略高度”。

第一节　基本概述

种业作为一个产业兴起，源于1907年世界第一个杂交玉米品种在美国的诞生，迄今已有110多年的发展历史。伴随科学研究进展和工业化进程，特别是植物杂交优势、转基因技术等的发现、发明和运用，以美国为首的发达国家，在世界范围内日渐建立起规模巨大的种子产业体系。

一、种子产业格局的内涵与特征

（一）种子产业格局的内涵

所谓产业格局，是指某个行业或领域内各个竞争主体之间的关系以及相互之间的竞争结构；可以理解为产业布局、产业规划、产业结构。产业格局是行业发展的必然结果，是产业内规律在产业内不同主体间的集中反映。种子产业格局则是指种子产业领域内各个种业企业之间的竞争序列的表现。

综观全球种业企业市场，呈现中、德、美三足鼎立局面，TOP20 种业集团形成了“两超、四强、差异化发展”的新格局。“两超”指的是拜耳、科迪华，两者销售额占据全球市场的 40%，且在转基因作物与现代生物技术领域拥有绝对优势；“四强”囊括了先正达、巴斯夫、利马格兰和科沃施，四家公司的销售总额在 TOP20 占据了 26%；“差异化发展”是指剩余的 14 家企业，市场份额较小，仅占全球市场的 14%，但这些企业均拥有特色的种子业务，如丹农的牧草、草坪草种子业务，坂田和瑞克斯旺的蔬菜种子业务，泷井的花卉种子业务，隆平高科的水稻种子业务等。如此典型的种子产业领域内各个种业企业之间的竞争序列，使得当今全球种业市场种子产业格局强弱分明、竞争加剧，且全球种业行业规模呈扩大趋势，高度集中化垄断格局初步形成。

（二）种子产业格局的基本特征

随着经济不断发展，世界种业市场正发生深刻的变革，国际种业巨头的全球化布局呈现快速扩张趋势，短期内通过资本并购迅速提升市场占有率，长期则在于加大研发投入，建立起高技术壁垒，提升生产效率，全球种业行业规模呈扩大趋势，高度集中化垄断格局初步形成，种业产业链一体化态势明显且呈现出与其他产业密切相关的特点。就我国种业领域而言，农作物种业企业的优势群体已经基本形成，行业集中度稳步提高，并购整合将是种子产业的发展趋势。

具体而言，从全国范围看，我国种业企业“多、小、散”的产业格局已有改善，总资产超 1 亿元的企业有近 500 家。随着中化、中信等资本实力雄厚的央企进入种业，头部企业快速发展壮大并确立了领军地位。截至 2021 年底，我国境内上市种业企业数量 10 家，总市值 1510 亿元。前十名农作物种子企业种子销售总额由 2012 年的 106 亿元增加至 2021 年的 134 亿元（不包括先正达），头部企业的核心地位更加稳固。

从市场份额看，行业集中度稳步提高，前20%的企业种子销售额之和占农作物总销售额的80%以上。前5%的杂交水稻、杂交玉米种子企业，控制着种业市场创新技术。近10年来，我国种子企业的研发投入基本达到国际平均水平，年研发投入超1000万元的种子企业有100多家。研发投入占比的提高，意味着种业竞争已进入创新竞争、科研投入竞争的白热化阶段。

从全球种业市场育种创新发展趋势来看，技术进步是提升农业生产效率的主要因素，而并购整合则是推动种业企业研发能力提高的重要驱动因素。在主要种业企业的知识产权保护下，中小种业企业难以突破大型种业企业形成的技术封锁。由于选种育种存在时间长、多轮育种时间不确定等问题，种业企业的研发本身具有投入高、耗时长、成果出产率不高等特点，中小型种业企业缺乏资金和技术，难以形成较强的研发实力，因此并购整合以迅速提升规模，增强研发实力成为未来种业企业的发展趋势。

二、相关研究文献回顾

（一）种子产业发展研究概述

种业是由种子产业和相配套的社会服务、政府管理、公共支持、行业自律等构成的有机整体，是关系一个国家农业发达与否和科技水平高低的一种产业体系。从世界范围看，真正意义上种业的形成，应以1742年全球第一家种子公司（法国威马，Vilmorin）出现并开始从事商品种子经营活动为标志，经过110余年的发展，到19世纪农作物种子才正式成为一项产业。

20世纪初至今，以发达国家为代表的全球种业发展经历了近代种业孕育阶段（1900—1930年）、近代种业发展阶段（1931—1970年）、现代种业发展阶段（1971—1990年）、科技种业发展阶段（1991年至今）（Morris，1998；黄钢，2006；彭玮，2015）。1997年后，全球种业经历了三次兼并重组浪潮，集团寡头垄断特征加剧，呈现产业链一体化和与其他产业密切相关的全球化特点（任静等，2019）。由第一章的内容可知，我国种业发展起步较晚，新中国成立后才得以初步建立。其发展经历了种业群众化发展阶段（1949—1977年）、种业专业化发展阶段（1978—1995年）、种业产业化发展阶段（1996—2010年）和种业现代化发展阶段（2011年至今）（孔祥智等，2021）。

（二）全球种子产业格局的研究现状

全球现代种业始于18世纪40年代。此后历经百年发展，到19世纪50年代，西方发达国家已开始重视种子工作，1939年美国第一部《联邦种子法》正式颁布，以此为起点，西方国家日渐建立起规范的种子管理体制，现代种业得以蓬勃发展，产生了一批具有跨国竞争能力的大型种业公司。此后，伴随科学研究进步和工业化进程加快，特别是杂交优势的发明和利用，全球种业发展迅速，格局不断演进。

自20世纪90年代以来，随着农业科学研究进展和工业化进程，特别是植物杂种优势、转基因技术等的发现、发明和运用（刘定富，2017），以美国为首的种业强国，形成了高度发达和具有跨国竞争能力的规模庞大的种子产业（张永强，2011）。为了保持其全球领先地位，通过种业实施农业产业化体系和粮食政治，影响世界粮食安全（威廉·恩道尔，2016），并攫取种业产业链的超额利润，是全球种业格局演进的动因（Brookes et al. ,2006；詹琳等，2020；崔潇濛，2021）。伴随发达国家现代生物育种技术的飞速发展，全球种业巨头持续扩大科技领先优势，不断稳固垄断性产业地位（王振忠，2017），加速控制发展中国家种子源头，企图全面垄断农资市场。当前，种业是推动世界各国农业跨越式发展的重要引擎（郑怀国等，2021），以中国为代表，包含一些弱小的发展中国家，存在部分种子过度依赖国外，面临种业控制力弱、种源“卡脖子”乃至“断种”风险，威胁种业安全并危及粮食和食品安全，以美国为首的发达国家正试图利用种业控制发展中国家经济社会安全（黎茵，2021）。纵观全球种业演进历程，无不昭示着全球种子市场、技术、资本、人才等要素进一步向全球种业巨头集中的趋势（张丽霞，2020）。

近年来，全球种业市场被种业巨头把控，日渐形成了科技、平台、制度、资源全方位综合竞争格局，全球极具竞争力的种业集团在国际经营中垄断市场，在市场定价机制中处于绝对优势地位（艾格农业，2018），在农作物品种体系中处于植物新品种知识产权系谱的顶端（柳苏芸等，2021），对中国农业发展和种业安全构成严重威胁。当前，全球种业正经历着以“生物技术 + 信息化”为特征的第四次科技革命，中国是小农大国、人多地少，农业资源要素“硬约束”趋紧，未来我国粮食供求的“紧平衡”状态至少会延续到2050年（周立，2021）。

三、中国农作物种子产业格局的发展现状

当前我国种子产业发展格局呈现三大特征：①种源依赖进口，且主要粮食种子进口趋势扩大；②种业企业整体竞争力有待提升；③市面种子品种多，新品种种子数量井喷，但同质化严重。

（一）主要粮食种子进口趋势扩大

以中国农作物种子产业中的粮食种子为例，如图7－1所示，2021年中国粮食种子出口331万吨，进口16454万吨。2015—2021年，我国连续7年保持粮食产量在1.3万亿斤以上，但粮食种子出口量却远远小于进口量。具体来看，在主要粮食种子进出口情况中，大豆种子出口量逐年减少，直至2020年出口量为零，同时，进口量逐年增加，2020年进口量最高；水稻种子出口量逐年增加，进口量基本稳定在250万～500万吨，进出口程度大致相当；小麦种子出口量为零，进口量有小幅度增加趋势，出口量小于进口量；玉米种子在2017年和2019年少量出口，同时，进口量逐年增加，进口量远大于出口量。

（二）种业企业整体竞争力有待提升

如表7－1所示，Kynetec数据显示，2020年全球前五大排名的种业企业分别是拜耳、科迪华、先正达、巴斯夫和利马格兰，市场份额合计占比达53.1%。这些企业分别来自德国、美国、中国和法国，其中，德国企业有2家；拜耳和科迪华以绝对优势领先，市场份额分别达23.2%和16.5%，先正达（中国）占比仅为6.7%，低于全球种业企业排名前五平均10%的占比水

平。表明当前我国种业企业与国际种业巨头抢夺市场份额的能力有待提升。

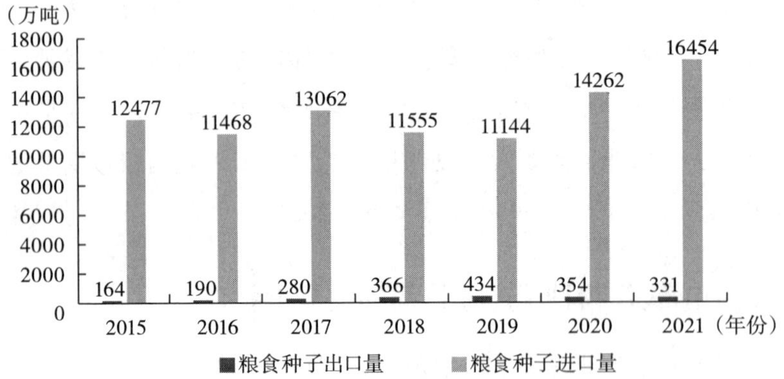

图 7-1　2015—2021 年中国粮食种子进出口情况

资料来源：根据网站公开资料整理所得。

表 7-1　2020 年全球 TOP5 种业企业的市场份额

跨国种业企业名称（国别）	市场份额/%
拜耳（德国）	23.2
科迪华（美国）	16.5
先正达（中国）	6.7
巴斯夫（德国）	3.5
利马格兰（法国）	3.2
其他	46.9

由第四章已有研究可知，从种子企业数量来看，我国种业企业数量较多。2012—2016 年，由于一系列种业监管政策出台，种子行业门槛提高，种企数量由 6003 家下降至 4516 家；2016 年之后，随着我国种业振兴相关政策的陆续出台，我国种企的数量从 2017 年开始反弹，呈现上升态势，2021 年种业企业数量达到 7668 家。从种子企业规模来看，我国种子企业的整体规模较小，2021 年规模 3000 万元以下的企业占比约为 77.91%，1 亿元以上的企业仅占 5.86%。

如表 7-2 所示，从种子企业整体竞争格局来看，近年来国内企业同质化竞争激烈，行业集中度有所下降。2012—2020 年我国种子企业市场规模为 CR5、CR10、CR50 的企业数量均呈现下降态势。原因在于同一种类农作物种子不同品牌之间的可替代性相对较强，为争夺市场资源，各大种子企业都在全力拓展销售网络，种子企业之间的竞争日趋激烈。

表 7-2　2012—2020 年中国种业企业分布格局变化情况　（%）

年份	市场规模前 5	市场规模前 6~10	市场规模前 11~50	其他企业
2012	10.20	5.40	16.80	67.60
2013	11.50	4.80	16.50	67.20
2014	10.20	4.30	15.50	70.00
2015	8.90	4.30	15.00	71.80
2016	9.90	4.20	15.30	70.60
2017	9.50	4.60	15.60	70.30
2018	11.00	4.80	14.70	69.50
2019	9.60	4.30	13.50	72.60
2020	9.86	5.39	15.32	69.43

（三）农作物种子新审定优质品种数量不足

2017 年以来我国农作物种子新品种审定数量快速上升，截至 2021 年底，全国共审定主要农作物品种 48287 个，其中 2021 年通过国家审定的主要农作物品种 1875 个；以水稻作物为例，2021 年我国水稻品种国审通过数量为 677 个，其中常规稻通过数量为 86 个、杂交稻通过数量为 591 个。尽管我国新审定农作物品种连年增多，处于世界先进行列，但是这些新品种的质量并不高，且有很多属于修饰性、模仿性的品种，存在比较突出的同质化问题；同时，新品种名称相似度极高，有的甚至借用前人的创新成果直接申请新品种，造成自主知识产权侵权现象严重，不仅降低了种业的核心竞争力，还使得优质品种数量不足。

第二节　中国种子产业安全形势分析

2010 年 11 月 18 日，全国种子管理会议提出，今后我国种业发展的总体目标是确保品种种植安全、种子质量安全、供种数量安全、种子产业安全。种源安全关乎粮食安全，确保农业用种安全，成为维护我国种业安全乃至粮食安全的关键科学问题和总体国家安全问题之一。

为了有效建立安全的和维持稳定的中国种子产业格局，促进种业发展，我国政府先后出台了《关于加快推进现代农作物种业发展的意见》（2011 年）、《全国现代农作物种业发展规划（2012—2020 年）》（2012 年）、《关于深化种业体制改革提高创新能力的意见》（2013 年）等促进种业发展的政策文件，并于 2021 年对《中华人民共和国种子法》进行了修订。

一、种子产业安全的内涵与特征

（一）种子产业安全的内涵

产业安全的概念来源于国际贸易领域。所谓产业安全，是指一国在对外开放的条件下，在国际竞争的发展进程中，具有保持民族产业持续生存和发展的能力，始终保持着本国资本对本国产业主体的控制。产业安全的核心是产业具有的国际竞争力，产业安全的保障是国家对产业的控制力。

种业安全并非一个静止的、独立的范畴，其内涵随着时代发展逐步拓展和深化，其本质是种业竞争力问题。种子作为农业生产最基本、最主要的生产资料，特殊且不可替代，是各项农业技术和农业生产资料发挥作用的载体。由此，本章研究的种业安全的内涵是指，在种子生产、保管、运输和使用等环节中，确保种子的品质、数量、种类、来源、适应性以及传播的卫生安全等方面都可以得到有效保障，从而保障农业生产的安全、稳定和可持续发展。这是一个涉及农业、环境和社会等多方面的问题，具有重要的意义。

（二）种子产业安全的特征

具体到种子安全包括数量安全、质量安全、市场安全和行业安全。制种处于产业链的最前端，包含种子的研发、培育和采摘，中游为种子产品，下游为种子的种植环节。从种业内部产业链来看，包括育种—制种—

销售三大环节：其中育种是种子产业链的核心；制种为中游环节，是种子从研发到产成品的过程，销售则主要通过经销商和零售商完成。因此，数量安全：包括上游的品种数量及中游的产量两个方面，要求种子的供应满足我国人民日益增长的粮食需要。质量安全：主要在中游的育种方面，包括品种质量和播种质量两个方面，要求种子纯度高、饱满完整、健全无病虫、活力强。市场安全：要求种子在上游研发的新品种需经过国家安全审定，下游的种子推广区域合理、信息真实。行业安全：主要在下游的销售方面，要求主体之间竞争有序、主管部门监管有力，行业能够健康、稳定发展。

二、中国种子产业安全的研究现状

国内对种业安全的关注与讨论是在2001年加入世贸组织（WTO）后，外资进入中国种业的范围和影响日益加大（于战平，2017），WTO农业贸易规则对中国种业安全构成威胁。学者们除对种业安全成因（方芳，1997；于倩等，2006）、影响因素、调节策略（何维达，2003，2006；宋亚辉，2005）以及衡量标准及评价（李红，2006；何维达等，2007；李孟刚，2010）进行讨论，还重点关注了种业安全的属性和作用。种子产业具有主权属性。发达国家企图通过种业战略，控制发展中国家的生命线，进而影响其政治经济（耿月明，2010）。以中国为代表，随着以“ABCD”四大公司（ADM、邦吉、嘉吉、路易达孚）为主的外资种业不断深入，我国“种子主权”面临严峻挑战（新华社，2014）。由于国际种业发展代际差异日益加大，国内种业制度和环境缺陷不断暴露，在我国种业竞争力不强的情况下，跨国种业公司大量涌入，强力挤压国内种企的生存空间，严重威胁我国种质资源和种业安全，甚至会造成种业瘫痪（赵刚等，2009；顾列铭，2010；胡军华，2010）。此外，我国作物品种在技术选育突破和知识产权保护等方面存在不足，跨国种业渗透控制态势加剧，可能会导致我国丧失种业主权（陈健鹏，2013；陆福兴，2016），使国内种业安全处于全线失守、全军覆没的险境（陈龙江，2021）。

三、中国种子产业安全的基本现状

（一）种业源头安全风险：种质资源保护不够

1. 种质资源流失严重

我国作为世界第三的种质资源大国，生物物种资源种类多、分布广，但如今许多传统种质资源流至国外，经他国改造后抢先注册申请知识产权，圈占我国种质资源。

2. 种质资源保护不彻底

第三次全国农作物种质资源普查与收集行动发现，主要粮食作物地方品种的数目丧失比例高达71.8%；第二次畜禽遗传资源调查，15个地方畜禽品种资源已经灭绝，19个品种濒临灭绝。本土生物物种的不断消失对我国农业物种多样化损失巨大，本土生物物种资源存在逐渐消失乃至灭绝的风险。

3. 外来物种入侵严重

《2022中国生态环境状况公报》显示，我国已发现660多种外来入侵物种，其数量正逐年上升。外来入侵物种严重破坏生态系统，危害物种安全。

（二）种业繁育安全风险：育种能力不强

1. 育种研发投入主体实力不强

尽管近年来国家公共科研投入不断增加，但我国目前的科研、生产"两张皮"现象明显。整体市场集中度偏低，企业规模小，国际竞争力弱。以2021年为例，全球前五大种企市场份额占比达52%，其中拜耳和科迪华以绝对的优势领先，市场份额分别高达20%和17%；截至2021年7月，我国种子相关企业数量超万家，但注册资本在100万～500万元的企业居多。

2. 育种高尖端技术被垄断

我国种业前沿研发水平较发达国家仍有很大差距，如分子育种技术90%掌握在以美国为首的科技强国中。分子育种技术极容易被"卡脖子"，存在受制于人的安全风险。

3. 育种数量多、品质参差不齐

经历多年改良，我国良种繁育能力不断提升。目前中国在专利申请数量方面已经超越美国和其他创新型国家，近年来在专利许可方面也处于领先地位。但在全球高价值的8379件生物育种核心专利中，我国仅占461件，育种“重数量、轻质量”的现状并没有得到根本改变。

（三）种业推广安全风险：扶持政策不精准

1. 扶持主体资金用途不精准

虽然近年来国家高度重视种业安全，加大国有科研经费投入，但经费利用效率较低。种子研发经费80%以上投入在农业科技应用技术研究上，仅不足20%的经费真正投入在育种过程中，且重复科研较多，效率不高，研发种子同质化严重。

2. 扶持目标落实不精准

放宽种业科研项目经费使用自主权，目的是提高科技人员种业研发成果转化收益，但实际执行中，未具体规定经费用途，极易导致经费滥用。

3. 政策实施细节不精准

侵权赔偿等制度不完善，导致农作物侵权行为违法成本低，无证经营、制假售假情况频发，假冒伪劣种子流向市场，严重侵害了种业市场环境。

（四）种业舆论安全风险：公众认知存在偏差

1. 公众参与种业发展程度较低

多数公众“只关心结果，不关心过程”，多关注于“食”而非“食”之源头，导致对种业发展、生物多样性的关注度较低。

2. 公众对种业安全保护的意识弱

目前我国种业保护机制建设起步较晚，体制建设不完善，公众对种业知识产权保护、种质资源保护重视不够。

3. 公众对转基因技术认知存在误区

一些发达国家已将生物育种作为种业发展的新战略，但我国公众对转基因育种的认知有误区，转基因育种的相关知识宣传普及程度低，公众思想难以转变，极大地制约了生物育种发展。

第三节　中国农作物种业振兴策略选择

一、保障种业安全与推进种业振兴的重要意义

种业是保障国家粮食安全的重要命脉，尤其是当前环境异常变化、自然灾害频发、新冠疫情影响，容易引发经济社会发展的不确定性和风险，更加需要保障国家粮食安全，守好风险底线。

（一）保障种业安全的重要意义

第一，保障种子安全是保证粮食安全的基础，种子安全了才可能粮食安全。在目前我国粮食安全还面临不确定性因素考验的情况下，保证种子安全才可能一定程度上保证我国的粮食安全，保证我国粮食产能。作为一种特殊商品，种子通过粮食生产的效益放大作用影响农业生产和粮食安全，被称为“国家粮食安全的命脉”。

第二，保障种子安全就是保护农业、保护国家安全。在现阶段，没有种子，农业就是无源之水、无本之木，农业技术改良、农业增效、农民增收、农业稳定等都无从谈起。美国前国务卿基辛格曾经说过，谁控制了石油，就控制了所有国家；谁控制了粮食，就控制了人类。

第三，种子安全是隐形的高科技竞争。近年来，伴随生物育种技术发展而引发的育种科技革命，知识产权保护的加强以及分子生物育种技术的大量使用，果实和种子实现了分离，种子商业化程度越来越高，种子已经成为一种科技含量极高的特殊商品。

因此，种子安全是粮食安全的前提条件，排除其他因素的影响，种子产业安全与否关系粮食安全与否。

（二）推进种业振兴的重要意义

当今世界粮食安全面临多重挑战，包括人口增长和城市化导致的粮食

需求上升、自然灾害频发威胁粮食生产和供给稳定性、全球粮食供应形势总量充足但大豆供应形势有所改变等。在此背景下，确保粮食安全成为我国政府发展现代农业的重中之重，而确保粮食安全首先要依靠种业，国家高层提出“种业振兴”正是基于对国家粮食安全的考量。推进种业振兴，从源头上保障国家粮食安全，不仅是中国应对全球气候变化、自然灾害及复杂国际环境挑战的重大任务，也是维护我国粮食安全的关键科学问题和总体国家安全的必然抉择。

第一，种业振兴关系科技自立自强。种业是农业的“芯片”，种业既是国家基础性、战略性的核心产业，也是高精尖产业，是高科技含量、高附加值和高资本投入的高科技产业。外资进入给中国种业带来了优质的种子资源，却并未带来国内种业急需的原始创新科研成果、先进育种技术等核心竞争力，尤其在育种创新攻关等方面，需要国内种业内部发力，实现突破。

第二，种业振兴关系农业基础地位。种业作为农业的源头，需要带好头，只有种业实现现代化高质量发展，才能夯实农业发展基础，使得农业的压舱石地位更加稳固，稳定器作用更加牢固。

第三，种业振兴关系种子产业补链强链。一方面，种业是农业的源头，是产业链上的关键环节，仍然存在较多问题，需要进一步补强；另一方面，在种业内部，包括种质资源、生物育种、品种测试、知识产权交易、繁种制种、加工贮藏、物流配送、推广营销等多个产业环节，都是补链强链的重点。推进种业振兴能加强种业资源利用，开展好资源的普查收集，加快发掘利用，为种业产业补链强链积蓄力量。

二、农作物种业振兴策略选择

2024 年两会再次提出，把科技创新摆在更加重要的位置。种业是科学含量极高的高技术产业，当今世界种业竞争的本质是科技创新比拼。因此，中国的种业振兴需要向科技要活力，向创新要动力，进而通过科技创新实现中国种业产业的创新式高质量发展。由此，本章给出如下有关农作物种业振兴的策略选择。

（一）加快推进数字种业产业链创新链融合发展

农业农村部发布的《2020 年推进现代种业发展工作要点》指出，加快数字种业建设，构建全国统一的种业大数据平台。面对当前复杂的国内外经济形势，必须保证种业产业链与创新要素的充分自由流动与优化配置。通过产业数字化推动高新技术产业与种业的融合，促进产业结构高级化和合理化，实现种业数字化转型和产业结构升级。

种业企业与行业协会、科研院所构建数字经济的产学研创新联盟，共建共享成果数据库、人才数据库和专家数据库等信息资源。充分利用产学研创新联盟推动技术转移服务、技能认证、数字化科普活动，实现企业职业教育与专业技术的产教融合培养模式，培养数字化人才队伍，进一步提升种业的自主创新能力和研发水平。此外，可以借助丰富的云上资源，为育种提供一站式服务。人工智能、云计算等在生物育种领域的应用，不局限于存储、计算和分析庞大复杂的数据，目前很多云计算公司已将服务链条不断延伸，为育种提供一站式加速服务。

利用区块链、大数据、人工智能等新一代数字技术，推动种业供应链金融体系和数字贸易服务平台建立，涵盖数字信贷、数字保险及数字货币交易等新型金融产业和普惠服务，拓宽种企融资渠道。引导银行金融机构加大对种业信贷的投放力度，支持对种业实施不良率、存贷比指标、风险资本权重计量等进行差异化考核，大力发展面向县域种企的数字化授信金融服务。同时加快完善金融服务实体经济、服务种企的管理办法，瞄准专精特新企业后备力量，倡导细分行业产业数字化专项基金专款专用，扶持种企未来的研发中心和培育基地建设。

（二）发展新型种业“育、繁、推”一体化发展机制

1. 科企合作助推育种技术人才培育

众所周知，高技能“新农人”（具有新知识、新技能、新思想和新意识的职业农民）对提升种业创新能力、助推种业高质量发展有着极其重要

的作用。2024 年两会再次强调，要把科技创新摆在更加重要的位置，通过科技创新实现产业创新。因此，培育具有创新技能的新职业制种农民，对能否实现种业振兴有着重要影响。

具体来说：第一，技术和人才等科技创新必备要素积累不足的种子企业可以通过与拥有技术、人才和种质资源优势的高校和科研院所等单位合作，促进生产要素的优化配置，实现种业技术突破和科技成果转化。技术合作方面，可以根据不同种子企业自身的能力与条件，选择合适的科企合作模式。没有能力研发新品种的企业可以采用“品种转让 + 技术服务”方式组建“育、繁、推”一体化联合体。第二，针对有一定品种研发经验的企业，科企双方可以采取合作共建的模式，如协同创建种质资源鉴定与创新平台、生物技术育种研发与应用平台等，通过共担投入、共享成果，推进种业技术创新。第三，针对研发能力较强的大企业，可以结合市场需求最大限度地实施自主研发，将科研机构作为智库支撑，向科研机构提出具体的品种需求，科研机构根据企业的要求研发新品种，全部开发风险由企业承担。人才合作方面，需要建立起高端技术型和管理型育种人才流动机制。制定有利于企业吸纳高端人才的优惠政策，特别是借鉴国外“旋转门”机制，促进优秀科研人才在公共科研院所和企业之间的双向流动，以此带动育种企业在人力资源建设和育种技术方面的突破。

2. 运用法治方式推动种业发展

2023 年 12 月 26 日十四届全国人大常委会第七次会议上，赵乐际委员长指出，运用法治方式推动种业发展，提高依法治种、依法兴种水平，是夯实种业振兴、农业强国建设的法治基础。同时提出：系统构建全覆盖责任体系，压实各方安全生产责任；统筹发挥政府、社会、市场作用，夯实安全生产基础；协同推进法治与改革，提升安全生产治理水平；整体推动应急救援体系建设，强化应急救援能力；充分激发多元主体参与，筑牢安全生产人民防线。未来重点举措：通过深入贯彻实施《种子法》，依法加强种质资源保护利用，依法提升种业自主创新能力，依法规范选育品种审定管理，依法开展种子质量监督管理，依法强化现代种业发展保障支撑。

3. 建立健全种业知识产权保护制度

首先，应当健全知识产权保护制度。具体包括：①完善新品种审核机制。完善新品种审定程序和法规，不仅可以保障农业生产的安全性，促进农业科技创新与发展，更可以从源头上降低知识产权侵权事件发生的可能性。②针对知识产权侵犯取证难的问题，应采用数字信息化共享手段，提前公布有资质的种子检测机构名单等“区块链+知识产权保护”的损失认定、品种识别系列知识产权侵权行为监管机制。③针对侵权事实，建立侵权惩罚性赔偿制度和通报曝光制度，大幅提高侵犯新品种权行为的惩罚性赔偿金额，持续保持严查严打高压态势，打击假冒伪劣套牌侵权等违法行为，从而维护新品种产权所有人的合法权益，夯实种业知识产权保护的制度基础。

其次，应加大知识产权保护宣传力度，组织科研院所和种子企业的骨干人员参加与知识产权保护相关的培训，提高知识产权保护意识，提升产权意识和维权信心，让种子市场、科研机构等多方主体自主创新的积极性发挥出来。

最后，应建立实质性派生品种的认定与复审制度。对于新品种定义不明、易被仿造的问题，应聚焦重要指标，加快修订审定标准，对于经 SSR 方法检测出的 DNA 位点差异不显著的品种应依法依规撤销登记。

4. 优化种企运行体系和并购机制

通过内部业务拓展和外部资源整合两种方式实现企业经营多元化，以分散企业经营面临的高风险和提高产业的经济效益。内部业务拓展的方式是指种子企业可以在开展种子业务的同时开拓农化等其他互补性的业务，既能够有效地抵御种业研发和销售中的风险，也能通过产品互补产生联动收益。外部资源整合的方式是指通过企业收购或合并进行互补组合，从而实现产业多元化。在并购机制上，一方面，应鼓励种子企业通过兼并、重组、联合、入股等方式集聚资本，引导发展潜力大的种子企业上市融资。对种子企业兼并重组涉及的资产评估增值、债务重组收益、土地房屋权属转移等，按照国家有关规定给予税收优惠。另一方面，应大力推动国企和私企的合作与整合。国有企业在资本、人力资源方面具有优势，但在公司的运营和监管方面存在一定的劣势，可以通过优化股权结构，积极培育多元投资主体，推进股权的多元化、分散化，形成政府、机构投资者、私人共同制衡的股权结构，推动种企参与市场化竞争。

（三）构建种业智能装备与信息化技术系统

1. 搭建物联网管控平台

随着通信技术的发展，基于“物联网+”的技术已经越来越多地应用在种业生产中，国内外学者在传统的环境控制的基础上，将传感器技术与移动通信技术融合起来，开发了基于物联网技术的环境数据采集方案，采取3G、3G+VPN通信技术设计家禽实时监控平台，结合生产过程数据设计并建立管理系统。通过物联网采集数据，建立监测环境温度的数学模型，进而得到有效的环境控制方案。随着云平台技术的发展，通过集成数据采集以及后台管理系统，形成综合的数字化智能监测系统。

2. 加快专业智能装备设施的研制应用

要着力推动基础技术与共性技术的研发推广，帮助企业掌握成熟的先进适用生产工艺、自动化生产技术，加快核心技术国产替代进程，推动种业高端化、智能化、绿色化发展。同时要加强基础设施建设，为专业智能装备的研发和应用营造良好的外部环境，通过打造共性技术研发平台和创新联合体，组织装备创制，建设一批农产品加工技术集成科研基地，积极开发生态节能等新型专业工具，加快人员对智能装备的应用进程。

（四）全方位畅通种业创新发展链条

1. 完善法律法规，形成“部门+系统+数据”的监察体系

在宏观层面：（1）从法律角度保障种子安全问题。完善《种子法》《生物安全法》《农业转基因生物安全管理条例》等专门法律法规。具体来说：①改革品种引进制度，同一适宜生态区域可相互引种，引导企业落实主体责任，让企业自主试验，提供引种地的试验数据，报备案材料，再由

省厅网站公告引种区域。②改革品种审定制度，对非主要粮食种子实行品种登记制度，未经登记的不得发布公告、推广、销售，并规范非主要粮食种子品种登记编号格式。③以法律形式明确“一品一名”，同一粮食品种在申请新品种保护、品种登记、推广、销售时只能使用同一个名称。还要完善种子品种审定标准，实施品种“身份证”管理，统一种子产品包装和划分标准，力求“一品种、一名称、一标样”，实现国产种子特色化包装和宣传，切实解决国产种子无名化问题，减少农户认知偏差。打破种子信息壁垒，解决粮农“信息孤岛”，克服种子产业链“短板效应”，提高人们对国产种子的忧患意识和关心程度。④完善假种子界定措施，如果种子生产经营者销售的种子没有标签，一律按假种子处理。⑤强化种子使用者赔偿保护，由种子的质量问题、种子的标签和使用说明标注的内容不真实引起的误导栽培行为造成严重后果的，都可以提起赔偿，并且提高赔偿标准。杜绝假冒伪劣种子流入市场，打击各种违法违规行为，保护农户合法权益。

（2）加大执法监督力度，运用法律、技术和行政手段，建立全链条全流程监督体系。具体来说，需要建立种子数据库，实现跨部门执法合作机制，积极推广种子可追踪可溯源系统，形成“数据 + 部门 + 系统”的监察体系，执法人员既要向种子生产经营者、消费者宣传、普及种子相关法律法规，又要加大市场检查力度，严厉打击未审先推、侵犯品种权和制造销售假、劣种子的违法行为，净化种子市场。

2. 搭建种子信息展示平台项目库，开发种子全产业链保险险种

在中观层面：（1）搭建种子信息展示平台项目库，发挥物联网技术的便利作用，形成贯穿种子生产、加工、仓储、运输及营销全过程的质量追溯管理体系，连接种子生产、经销主体、政府管理部门及农户、消费者，实现种子信息即时查询与共享，从根本上保障农作物种子质量安全可靠。首先，实行物流全过程追踪，监控农作物种子质量。农户使用手机扫描电子标签，或是通过网络、电话、短信等方式查询，验证产品真伪，保障农户权益；种子企业利用手机进行窜货查询，获取种子流通过程，维护市场

秩序。从根本上保证农作物种子的质量，降低劣质种子流向市场、流向农户的可能性，以优质的种子促进农业生产的高质高效。其次，连接终端消费者，获得消费者信任与支持。一方面，将信息提供给消费者，可以使消费者通过获取的信息来了解种子及农作物，以加强对农作物种植的信任；另一方面，农户通过种子的消费，将消费者对种子及农作物的评价反馈给种子生产者、销售者以及政府管理部门，便于相关主体结合市场的反馈来调整优化农作物种植，不断提高种子质量，以提升我国农业生产经营水平。运用种子全产业链政务信息，通过大数据、云计算和互联网等技术搭建的种子信息展示平台项目库，农民可以对种子实现一键搜索，认清外资种子的“本土真面目”，提高农户对种子包装虚假信息的辨识能力。

（2）鼓励开发种子全产业链保险险种，种业保险应坚持“链条布局 + 制度引导”的原则。首先，围绕种企扩大种业保险链条，重点研究创设种子知识产权保险和种企责任保险。以种企为核心，围绕种企在产业链各环节的风险创设保险产品，增加和完善制种保险、储运保险、种企责任保险、“种子 + 气象指数”保险，扩大制种保险的数量，将更多关系农产品供给和国计民生的粮食种子纳入制种保险覆盖范围，为种企的壮大提供支持。其次，出台财政支持政策，优化我国制种保险财政补贴政策，解决育种企业异地制种无法享受财政补贴的问题，提高中央财政补贴比例，降低地方政府配套补贴比例，提高保险保额。通过种子保险，增强农户使用国产种子的信心，加大对农业全产业链优质国产粮食种子品种的支持力度。

3. 增强种子龙头企业核心竞争力，加大政府部门政策扶持力度

在微观层面：（1）种子企业作为市场主体，应开发创新优良品种，将创新贯穿于品种选育和种子繁殖生产、加工、储藏和质量控制等环节，以创新提高品种的先进性和质量的安全性，从而提高企业的核心竞争力。创新之一，要突出农作物新品种的选育，以优质、高产、多抗、专用的新品种抢占市场；创新之二，要突破优良品种的种子生产技术难关，有力提高优良品种的产量，确保优良品种的种子供给；创新之三，要强化种子加工、储藏技术攻关，确保种子科学加工处理和安全储藏保管，有效保持种

子质量；创新之四，要提升种子质量控制水平，确保种子质量安全。为达到这一目的，企业必须增加科研资金投入，具有强大经济实力的企业可以建立自己的育种中心，实力较差的企业可以与有关科研院所联合开发优良新品种。只有这样，企业才能具备可持续发展能力。同时，企业必须具有较强的品种推广能力，更新营销理念，引进高层次的营销管理人才，完善品种推广体系，提高优良品种的市场占有率，促进企业良性发展。

（2）作为政府部门，应该加大政策扶持力度，推动企业做强、做大。具体可从以下几个方面努力：第一，改革现行种子科研体制，将龙头种子企业的科研研发纳入国家科技管理范围。支持企业建立育种中心，扶持企业科研立项，对种子企业单位和个人重大的育种技术性创新，给予重奖。第二，推动企业并购整合，培育大型种子企业。推动种子龙头企业与农科院所形成紧密战略联盟或联合组建大型种业企业，实现“育、繁、推”一体化发展，各级政府种子管理部门应该积极推进和鼓励企业联合、相互持股或兼并重组，进一步提高种子行业集中度；利用国家引导社会资金投向农业农村的时机，鼓励省内外大型企业集团通过投资入股、兼并种子企业或科研院所等方式成立种子集团公司。第三，建立财政补贴机制，并列入政策性贷款范畴，减轻种子生产经营的资金压力和贷款利息负担，增强种子企业的生产、供应能力，提高农业发展水平。同时还要加大税收优惠力度，免征种子企业所得税。

参考文献

[1]中国种子协会．中国农作物种业(1949—2005)[M]．北京:中国农业出版社,2007.

[2]郭锐,李军．种业中国[M]．西安:陕西科学技术出版社,2021.

[3]曹彬．日本农业[M]．北京:中国农业出版社,2021.

[4]赵佳佳．新中国成立以来种子事业的发展历程与经验启示[J]．当代中国史研究,2021,28(6):47－65,158.

[5]解沛,宋子涵,熊明民．中国种业不同历史阶段发展成效与展望[J]．中国农业科技导报,2022,24(10):1－5.

[6]凌婉阳,陈士伟,郑乾坤,等．浅析我国农作物种子政策法规的沿革与现状[J]．甘蔗糖业,2022,51(3):1－13.

[7]董家涛．“四化一供”的历史功绩:纪念党的十一届三中全会[J]．种子世界,1999(3):2－4.

[8]黄崎．中国种子:基于国家安全角度的思考[M]．北京:国家行政学院出版社,2012.

[9]张海忠．种子工程在乡村振兴中的重要价值分析[J]．农业工程技术,2019,39(24):40－42.

[10]李万君,朱信凯,李艳军．种子法中科技创新规定的演进:动因、特点及启示[J]．中国科技论坛,2019 (12):23－30.

[11]邱军．加快推进种子产业化　做大做强我国种业[J]．中国种业,2010(10):5－7.

[12]庞昕熠．种业迎“破土”良机优质　龙头高成长可期[N]．经济参

考报,2021－12－28(3).

[13]陈昊．如何打好种业翻身仗[N]．中国纪检监察报,2022－04－19(3).

[14]韩灵梅,薛柯柯．基于全要素生产率视角的民族种业竞争力实证分析[J]．分子植物育种,2023,21(22):7599－7605.

[15]张延秋,李文星．对进一步完善我国种子管理法规的思考[J]．种子科技,1993(5):2－4.

[16]孔晓明．农业部召开全国种子管理会议确定四大安全目标[J]．农家参谋(种业大观),2009(11):29.

[17]张佰发,苗长虹．黄河流域土地利用时空格局演变及驱动力[J]．资源科学,2020,42(3):460－473.

[18]查建平,周玉玺,周霞．沿黄九省(区)农业用水效率与农业经济发展耦合协调关系研究[J]．水资源与水工程学报,2021,32(5):219－226.

[19]LOUWAARS N P, De BOEF W S. Integrated seed sector development in Africa: A conceptual framework for creating coherence between practices, programs, and policies[J]. Journal of Crop Improvement, 2012, 26(1):39－59.

[20]王卫中．产业整合与我国种业发展的路径选择[J]．农业经济问题,2005(6):34－37

[21]MORRIS, BAUCOM A B, CRUZAN R S. Stratified analysis of the soil seed bank in the cedar glade endemic Astragalus bibullatus: Evidence for historical changes in genetic structure[J]. American Journal of Botanyvl,2002, 89(1): 29－36.

[22]王富胜,潘晓春．国际种业发展趋势与中国种业未来发展策略[J]. 世界农业,2012(9):110－114.

[23]QIU W, TANG B. Study on Information integration platform of seed industry supply chain [C]// Wuhan International Conference on E－business. 2010.

[24] 李万君,李艳军．典型国家种子产业链模式比较分析及启示[J].

中国科技论坛,2011(6):131－137.

[25] 瞿小艳,熊银解. 我国种业育繁推一体化产业链发展机制研究[J]. 广东农业科学,2014,41(22):170－174,195.

[26]仇焕广,张祎彤,苏柳方,等. 打好种业翻身仗:中国种业发展的困境与选择[J]. 农业经济问题,2022(8):67－78.

[27]王术坤,韩磊. 中国种业发展形势与国际比较[J]. 农业现代化研究,2022,43(5):814－822.

[28]李登旺,仇焕广,张世煌,等. 中国种业发展的国际比较与改革思路[J]. 世界农业,2016(9):162－168.

[29]李秀丽. 国际化背景下的中国种业发展[J]. 中国种业,2010(11):5－9.

[30]王帅,张俊山. 我国种业供给侧改革与种业安全[J]. 天津师范大学学报(社会科学版),2017(6):73－80.

[31]仇焕广,雷馨圆,冷淦潇,等. 新时期中国粮食安全的理论辨析[J]. 中国农村经济,2022(7):2－17.

[32]张红亮,姚先玲,李霞. 对提升我国种业竞争力策略的思考[J]. 种子科技,2012,30(11):3－4.

[33]朱俊峰,马鹏飞. 我国种业知识产权保护研究综述[J]. 种子,2019,38(8):145－149.

[34]李顺国,刘斐,刘猛,等. 中国谷子产业和种业发展现状与未来展望[J]. 中国农业科学,2021,54(3):459－470.

[35]郑怀国,赵静娟,秦晓婧,等. 全球作物种业发展概况及对我国种业发展的战略思考[J]. 中国工程科学,2021,23(4):45－55.

[36]蒋和平,蒋黎,王有年,等. 国家粮食安全视角下我国种业发展的思路与政策建议[J]. 新疆师范大学学报(哲学社会科学版),2022,43(4):2,77－88.

[37]AARSSEN L W. Ecological combining ability and competitive combining ability in plants:Toward a general evolutionary theory of coexistence in sys-

tems of competition[J]. The American Naturalist, 1983, 122 (6):707 - 731.

[38]孙永朋,王美青,徐萍,等. 开放背景下中国种业后发优势与战略[J]. 中国种业,2011(2):8 - 11.

[39]VALENCIANO D P, URIBE - TORIL, MILÁN - GARCÍA, et al., Auxiliary companies of the horticultural sector as a competitiveness element: The case of almeria (spain)[J]. International Journal of Environmental Research and Public Health, 2019, 16(14):2575.

[40]罗明,张国良,薛茂军,等. 国际种业发展的启示[J]. 广西农业科学,2006(1):17 - 19.

[41]华树春. 跨国种业公司开拓中国市场策略研究[J]. 农业经济问题,2018(4):131 - 140.

[42]王磊,刘丽军,宋敏. 基于种业市场份额的中国种业国际竞争力分析[J]. 中国农业科学,2014,47(4):796 - 805.

[43]邓岩,陈燕娟. 种源“卡脖子”风险的化解路径:基于全球 17 个国家种业国际竞争力的组态分析[J]. 中国科技论坛,2022(2):162 - 169.

[44]黄君妍,曾芳芳,肖知亮,等. 基于钻石模型的建宁县杂交水稻种子产业竞争力提升策略[J]. 台湾农业探索,2018(5):16 - 21.

[45]张晓丽,薛艳霞,吕荣华,等. 基于钻石模型的广西水稻种业核心竞争力分析[J]. 种子,2016,35(1):68 - 71.

[46]陈龙江,王梅. 基于钻石模型的中国转基因棉种竞争力影响因素研究[J]. 广东外语外贸大学学报,2016,27(4):24 - 29.

[47]张立荣,郝铠,周积兵,等. 利用“波特钻石模型”分析张掖市玉米种业产业化竞争力[J]. 农业科技通讯,2013(1):26 - 30.

[48]郭然. 构建创新型种业 提高核心竞争力[J]. 中国种业,2011(12):15 - 16.

[49]王平. 我国种业发展的主要问题及对策探析[J]. 中国农业科技导报,2021,23(11):7 - 16.

[50]侯军岐. 我国种业企业核心竞争力及其培育[J]. 西北农林科技大

学学报(社会科学版),2016,16(4):116 - 122.

[51] GERMANA M A. Gametic embryogenesis and haploid technology as valuable support to plant breeding[J]. Plant Cell Reports, 2011, 30(5): 839 - 857.

[52] EATHINGTON S R, CROSBIE T M, EDWARDS M D, et al. ,Molecular markers in a commercial breeding program[J]. Crop Science, 2007(47): 154 - 163.

[53] KALAITZANDONAKES N, MAGNIER A. The economics of adventitious presence thresholds in the EU seed market[J]. Food Policy, 2013(43): 237 - 247.

[54]崔宁波,兰惠. 种业育种创新保障我国食物安全的制约因素与突破思路[J]. 中州学刊,2022(6):28 - 35.

[55]陈超,张悦,王迎春,等. 政府补贴、市场集中度与种业企业技术创新效率的关系:基于省级面板数据[J]. 科技管理研究,2021,41(20): 87 - 96.

[56]金碚. 关于"高质量发展"的经济学研究[J]. 中国工业经济,2018(4):5 - 18.

[57]张军扩,侯永志,刘培林,等. 高质量发展的目标要求和战略路径[J]. 管理世界,2019,35(7):1 - 7.

[58]任保平,文丰安. 新时代中国高质量发展的判断标准、决定因素与实现途径[J]. 改革,2018(4):5 - 16.

[59]赵剑波,史丹,邓洲. 高质量发展的内涵研究[J]. 经济与管理研究,2019,40(11):15 - 31.

[60]MLACHILA M,TAPSOBA REN É TAPSIBA J. A quality of growth index for developing countries: A proposal[J]. Social Indicators Research,2017(2):675 - 710.

[61]谢会强,封海燕,马昱. 空间效应视角下高技术产业集聚、技术创新对经济高质量发展的影响研究[J]. 经济问题探索,2021(4):123 - 132.

[62]刘书昊. 我国农业高质量发展水平测度及影响因素研究[D]. 沈阳:辽宁大学,2022.

[63]张桃林. 加快构建现代种业体系 做强农业高质量发展“芯片”[J]. 时事报告(党委中心组学习),2019(2):104 -113.

[64]张力科,晋芳,刘丰泽,等. 强化分子检测技术应用 推进种业高质量发展[J]. 种子,2019,38(1):141 -142.

[65]杜晓伟,周泽宇,胡从九,等. 以新发展理念为统领 加强种子质量标准体系建设[J]. 中国种业,2019(4):1 -5.

[66]吴伟,邹文雄,严见方. 推行种子质量认证制度提高种业高质量发展的探讨[J]. 浙江农业科学,2019,60(5):697 -702.

[67]胡霞,周旭海. 中国现代种业发展的路径分析:基于政产学研用协同创新的视角[J]. 云南社会科学,2021(3):76 -83,188.

[68]靖飞,崔誉文,王玉玺. 推进我国农作物种业高质量发展的思考[J]. 种子,2021,40(10):141 -148.

[69]崔宁波,生世玉. 现代种业高质量发展的战略意义、问题挑战与路径重塑[J]. 现代经济探讨,2022(2):94 -102.

[70]SPIELMAN, DAVID J ,KENNEDY,et al. ,Towards better metrics and policymaking for seed system development: Insights from Asia's seed industry[J]. Agricultural Systems, 2016,147:111 -122.

[71]HAN M, LI S, SHEN T. Measurement, regional differences, and driving factors of high -quality development level of crop seed industry in China[J]. Journal of Infrastructure, Policy and Development,2024,8(4):3475.

[72]和杰. 强化审计监督 护航种业高质量发展[J]. 审计观察,2023(1):12 -15.

[73]宋忠明,李茂柏,张美英. 上海农作物种业高质量发展存在的问题与发展建议[J]. 中国种业,2023(2):24 -26.

[74]罗明智,白雪,李标. 种业振兴背景下农作物品种审定制度改革研究[J]. 经济纵横,2021(12):115 -122.

[75]任保平．新时代中国经济从高速增长转向高质量发展:理论阐释与实践取向[J]．学术月刊,2018,50(3):66－74,86.

[76]马茹,罗晖,王宏伟,等．中国区域经济高质量发展评价指标体系及测度研究[J]．中国软科学,2019(7):60－67.

[77]PORTER M E,VAN DER LINDE C. Toward a new conception of the environment－competitiveness relationship[J]. The Journal of Economic Perspectives,1995,9(4):97－118.

[78]朱春奎．产业竞争力的理论研究[J]．生产力研究,2003(6):182－183.

[79]大卫·李嘉图．政治经济学及赋税原理[M]．上海:译林出版社,2014.

[80]张可云,张颖．不同空间尺度下黄河流域区域经济差异的演变[J]. 经济地理,2020,40(7):1－11.

[81]SHANNON C E. A Mathematical theory of communication[J]. Bell System Technical Journal,1948,27(3): 379－423.

[82]李飞,曾福生．基于空间杜宾模型的农业基础设施空间溢出效应[J]．经济地理,2016,36(6):142－147.

[83]樊纲,王小鲁,张立文,等．中国各地区市场化相对进程报告[J].经济研究,2003(3):9－18＋89.

[84]胡瑞法,黄颉,CARL PRAY,等．中国植物新品种保护制度的经济影响研究[J]．中国软科学,2006(1):49－56.

[85]王雨群,王晶,薛莹,等．黄河口水域主要鱼种的时空生态位宽度和重叠[J]．中国水产科学, 2019, 26(5):938－948.

[86]姬志恒．中国农业农村高质量发展的空间差异及驱动机制[J]．数量经济技术经济研究,2021(12):25－44.

[87]徐瑞慧．高质量发展指标及其影响因素[J]．金融发展研究,2018(10):36－45.

[88]刘涛,周红瑞．农村高质量发展的区域差异与动态演进[J]．华南

农业大学学报(社会科学版),2022(6):1 -11.

[89]魏敏,李书昊. 新时代中国经济高质量发展水平的测度研究[J]. 数量经济技术经济研究,2018,35(11):3 -20.

[90]科学技术部编写组. 深入学习习近平关于科技创新的重要论述[M]. 北京:人民出版社,2023.

[91]HAILU A, VEEMAN T S. Comparative analysis of efficiency and productivity growth in Canadian[J]. Revue canadienne de recherche forestière, 2003,33(9):1653 -1660.

[92]刘虹燕,张敬明,杨德利. 中国上市种子企业效率分析:基于超效率 DEA 模型与 Malmquist 指数模型[J]. 云南农业大学学报(社会科学版), 2016,10(6):78 -82.

[93]李青松,龚莞容. 基于多模型的我国上市种企科技创新效率研究[J]. 中国种业,2022(10):7 -3.

[94]宫思羽,王博,余志刚. 种业创新与粮食全要素生产率的双向影响关系研究:基于各省要素禀赋的考察[J/OL]. 中国农业资源与区划:1 -13[2024 -02 -12]. http://kns.cnki.net/kcms/detail/11.3513.S.20230810.1134.004.html.

[95]谢小瑜. 种业上市公司 R&D 投入对企业财务绩效的影响分析[D]. 烟台:烟台大学,2023.

[96]申桂萍,吕晓静,张贵. 基于创新生态视角的京津冀协同创新共同体建设研究[J]. 河北师范大学学报(哲学社会科学版),2019,42(5):100 -107.

[97]杨东昌. 试论科技创新的内涵及其系统构成要素[J]. 科技信息(科学教研),2007(24):324.

[98]徐金会. 中国海洋科技创新效率测度及影响因素研究[D]. 青岛:青岛大学,2023.

[99]王伟光,张钟元,侯军利. 创新价值链及其结构:一个理论框架[J]. 科技进步与对策,2019,36(1):36 -43.

[100]CHEN K H, GUAN J C. Measuring the efficiency of China's regional innovation systems: Application of network Data Envelopment Analysis (DEA)[J]. Regional Studies, 2012, 46(3): 355 -377.

[101]范德成,李盛楠. 考虑空间效应的高技术产业技术创新效率研究[J]. 科学学研究,2018,36(5):901 -912.

[102]ROPER S, DU J, LOVE J H. Modelling the innovation value chain[J]. Research Policy,2008,37(6 -7):961 -977.

[103]王利军,王娅. 长江经济带科技创新效率测度及其影响因素分析:基于创新价值链视角[J]. 科技与经济,2023,36(3):31 -35.

[104]谭淑豪. 我国种业健康发展需系统创新[J]. 人民论坛,2021(22):75 -79.

[105]张向阳,霍川,柳苗苗,等. 我国商业化育种和种业科技成果转化现状及推进措施[J]. 现代农业科技,2023(19):201 -207.

[106]倪国华,苏丹华. 智慧育种时代我国种业科技创新发展的问题思考[J]. 科技中国,2023(3):21 -24.

[107]迟培娟,谢华玲,赵萍,等. 我国生物种业发展现状与问题[J]. 中国农业文摘 -农业工程,2023,35(5):3 -6.

[108]霍明,张亮,谢玲红,等. 价值链视角下国家农业科技园区创新效率测度与空间格局研究[J]. 中国农业资源与区划,2022,43(6):72 -80.

[109]李国英. 国家粮食安全视角下中国种业安全隐忧及商业化发展路径研究[J]. 改革与战略,2022,38(2):116 -125.

[110]齐学礼. 河南省农作物种业科技发展成就与建议[J]. 农村·农业·农民(A版),2023(10):57 -59.

[111]侯军岐. 我国种业科技创新体系建设研究[J]. 中国种业,2017(1):13 -17.

[112]洪图,李飚. 我国农业类上市公司研发效率测度与划分:基于SBM -Malmquist模型和企业生命周期的实证分析[J]. 经济问题探索,2020(9):65 -77.

[113]陈文华．搭建科技创新平台 护航玉米种业研发[J]．中国农村科技,2023(10):8－10.

[114]梁瑞．粮食安全战略下我国种业保险制度探索与政策优化研究[D]．石家庄:河北经贸大学,2022.

[115]耿月明,袁国保．试论建立中国种业保险制度[J]．种子科技,2003(1):3－5.

[116]张国志．种业发展的金融服务模式研究[M]．北京:中国金融出版社,2018.

[117]方华,龙文军,李冉．杂交水稻制种风险分布与制种保险研究:基于湖南省耒阳市的调查[J]．保险研究,2012(12):38－42.

[118]龙文军,王德卿,齐皓天,等．中国种业保险的发展[J]．世界农业,2014(4):5－9.

[119]鲍聪,杜郁．谈建立新型种子强制保险制度[J]．中国种业,2016(8):4－6.

[120]冯文丽,梁瑞．种业保险服务粮食安全战略的制约因素与建议[J]．农村金融研究,2022(6):32－39.

[121]王克,陶莎．发展和创新我国种业保险的思路与建议[J]．中国种业,2021(12):1－6.

[122]孙字典,夏振洲．订单农业、保险和期货市场融合发展研究[J]．金融理论与实践,2018(7):68－72.

[123]宋贤勇．江苏省杂交水稻制种保险制度发展现状与建议[J]．中国种业,2022(6):24－27.

[124]LIU Q, QIU L D. Intermediate input imports and innovations: Evidence from Chinese firms' patent filings[J]. Journal of International Economics, 2016, 103:166－183.

[125]吕越,陆毅,吴嵩博,等．“一带一路”倡议的对外投资促进效应:基于2005—2016年中国企业绿地投资的双重差分检验[J]．经济研究,2019,54(9):187－202.

[126]熊家财,唐丹云. 国企民营化改制会影响企业创新吗？来自渐进双重差分模型的经验证据[J]. 宏观质量研究,2020,8(3):86－103.

[127]任乐,王性玉,赵辉. 农户信贷可得性和最优贷款额度的理论分析与实证检验:基于农业保险抵押品替代视角[J]. 管理评论,2017,29(6):32－42.

[128]付小鹏,梁平. 政策性农业保险试点改变了农民多样化种植行为吗[J]. 农业技术经济,2017(9):66－79.

[129]马九杰,崔恒瑜,吴本健. 政策性农业保险推广对农民收入的增进效应与作用路径解析:对渐进性试点的准自然实验研究[J]. 保险研究,2020(2):3－18.

[130]李阳阳,淮建军,海凡."保险＋期货"试点如何促进农户增收？基于全国124个县的多期双重差分估计[J/OL]. 中国农业资源与区划:1－13[2024－02－14]. http://kns. cnki. net/kcms/detail/11. 3513. s. 20220831. 1705. 014. html.

[131]李嘉欣,陈盛伟,牛浩. 种业保险发展面临的难题与纾困办法[J]. 农村金融研究,2021,498(9):49－55.

[132]王敏. 政策性农业保险可持续发展评估与机制优化研究[D]. 长沙:湖南大学,2022.

[133]范贝贝,李瑾,马晨. 我国作物种业数字化发展:成效、困境与前瞻[J]. 中国农业科技导报,2022,24(12):25－32.

[134]梁翰文,吕慧颖,葛毅强,等. 作物育种关键技术发展态势[J]. 植物遗传资源学报,2018,19(3):390－398.

[135]ALT V V, ISAKOVA S, BALUSHKINA E. Digitalization: Problems of its development in modern agricultural production[C]. E3S Web of Conferences, 2020.

[136]JURGEN BOOMGAARDEn. Bitkom/DLG: High－tech im stall, ki auf dem acker: Digitalisierung sichert zukunft der landwirtschaft[J]. Eilbote: Das Magazin Fur Das Landmaschinenwesen,2022,70(24):6－8.

[137]SOZAEVA T , GURFOVA S , MARIUS – SORIN D ,et al. ,Path of sustainable development of agricultural ecosystems in the context of digitalization [C]. E3S Web of Conferences. EDP Sciences, 2021.

[138]ESPIG M , FINLAY – SMITS S C , MEENKEN E D ,et al. ,Uncertainty in and around biophysical modelling: Insights from interdisciplinary research on agricultural digitalization[J]. Royal Society Open Science 7:201511.

[139]GUI S, YANG L, LI J,et al. ,Zeamap, a comprehensive database adapted to the maize multi – omics era [J]. Science, 2020, 23(6):101241.

[140]VARSHNEY R K , BOHRA A , YU J ,et al. Designing future crops: Genomics – assisted breeding comes of age[J]. Trends in Plant Science, 2021, 26(6):631 –649.

[141]张小青,樊江川,郭新宇,等. 基于 Faster R – CNN 的大田玉米雄穗识别及抽穗期判定研究[J]. 安徽农业大学学报,2021,48(5):849 –856.

[142]王侨,孟志军,付卫强,等. 基于机器视觉的玉米苗期多条作物行线检测算法[J]. 农业机械学报,2021,52(4):208 –220.

[143]何炜. 水稻研究所承担的院科技创新平台专项:“水稻智能化设施育种装备研发与应用”通过项目结题验收[J]. 福建稻麦科技,2021,39(3):39.

[144]薛建兵,张冬梅,魏国英,等. 数字化技术在玉米育种工作中的应用研究[J]. 农业开发与装备,2018(8):86 –87,108.

[145]侯亮,王新栋,齐浩,等. 小麦数字化育种系统的开发与实现[J]. 河北农业科学,2021,25(6):93 –98.

[146]张辉,冯晓,王来刚,等. 花生大数据平台建设研究和展望[J]. 农业大数据学报,2020,2(1):45 –52.

[147]国家作物种质资源库:为农业生产保留“火种”[EB/OL]. (2019 – 12 – 26) [2024 – 03 – 01] . http://www. ce. cn/cysc/sp/info/201912/26/t20191226_33981924. shtml.

[148]农发行投资部课题组,田丰,郑翔文. 创新政策性投资业务服务

种业数字化转型升级[J]. 农业发展与金融,2021(5):34-36.

[149]祖祎祎. 数字化赋能 育种迈入4.0智能时代[N]. 农民日报,2023-07-13(3).

[150]董春水,才卓. 现代数字育种技术的研究进展[J]. 玉米科学,2013,21(1):1-8.

[151]焦欣磊,范龙秋,林团荣,等. 数字化技术在马铃薯育种上的研发与应用[C]//马铃薯产业与种业创新(2022). 乌兰察布:乌兰察布市农林科学研究所,乌兰察布市集宁师范学院,2022:170-176.

[152]李志梅,孙京涛,武占会. 现代种业基地高质量发展影响因素分析与对策研究:以北京市农林科学院通州科技园区为例[J]. 中国种业,2022(4):8-13.

[153]张亨明,尹小贝. 我国种业发展的现实困境及其破解之道[J]. 改革,2022(12):78-88.

[154]宋罗娜,吴鼎文,侯军岐. 我国种业发展及其实施战略[J]. 西北农林科技大学学报(社会科学版),2022,22(6):141-149.

[155]邸娜. 开放条件下中国大豆种子产业安全状况评估[J]. 中国农业资源与区划,2016,37(2):199-203,209.

[156]王磊. 全球一体化背景下中国种业国际竞争力研究[D]. 北京:中国农业科学院,2014.

[157]王学君,宋敏. 国际化背景下中国种业竞争力分析[J]. 中国种业,2009(2):5-9.

[158]苏硕军,钟世明,潘惠,等. 基于波特钻石模型的中国种业国际竞争力影响因素分析[J]. 台湾农业探索,2012(6):33-37.

[159]王静,王磊. 制约中国种业国际竞争力的原因分析及对策研究[J]. 世界农业,2015(3):104-109.

[160]吕明乾,任静,宋敏. 基于模糊综合评判的中国种业国际竞争力研究[J]. 中国种业,2015(12):11-18.

[161]郑怀国,秦晓婧,齐世杰,等. 我国作物种业国际竞争力评价研究

与提升对策[J]. 江苏农业科学,2021,49(19):1－8.

[162]侯军岐,黄美霞. 我国种业整合服务平台建设与管理研究[J]. 农业经济问题,2017,38(1):75－82,111.

[163]陈燕娟,刘翠君. 种子企业知识产权竞争力评价:以AB公司为例[J]. 江苏农业科学,2016,44(1):459－463.

[164]孙华. 我国蔬菜种子行业竞争现状、存在问题与对策[J]. 中国瓜菜,2016,29(6):38－41.

[165]史越英. 中国种业的市场规模与竞争力分析[J]. 分子植物育种,2022,20(19):6598－6601.

[166]张太宇,王燕红. 农作物种业发展不平衡不充分问题及其破解之道[J]. 江苏农业科学,2022,50(18):10－20.

[167]谭世梅. 中国种业发展现状及分析[J]. 种子世界,2018(7):64－65.

[168]吴鼎文,侯军岐. 我国种业企业归核化战略及其实施途径[J]. 现代企业,2021(12):48－49.

[169]沈军. 关于提升我国种业企业竞争力的几点认识[J]. 农业经济,2011(5):39－40.

[170]李建奇. 实施种业供应链管理提升民族种业竞争力[J]. 作物杂志,2011(6):124－126.

[171]杨莉阳. 基于DEA模型的我国农业上市企业综合竞争力研究[D]. 成都:西南财经大学,2021.

[172]周正剑. 提高中国种业的国际竞争力路在何方?[J]. 农村·农业·农民(B版),2012(12):32－34.

[173]农业农村部,新华社. 打好种业翻身仗:5年内安排1000亿资金支持[J]. 乡村振兴,2021(12):23.

[174]王静,孟俊杰,孙建军,等. 国内典型种业企业发展案例对河南省种业发展的启示[J]. 种业导刊,2021(6):7－10.

[175]陈祥,姜龙,武云昊,等. 国外种业的发展特点及对吉林省种业的

启示［J］. 甘肃农业,2021(11):95－96,100.

［176］徐一兰,傅爱斌,陈光尧. 中国种业发展的困境与对策［J］. 中国种业,2020(11):13－17.

［177］叶璐,王济民. 农业全要素生产率国内外研究综述［J］. 世界农业,2020(2):50－58.

［178］黄勇,王刻铭. 研发活动视角下我国农作物种业安全的实证分析［J］. 湖南师范大学自然科学学报,2016,39(1):61－67.

［179］李泽华. 河北省棉花生产及全要素生产率分析［D］. 保定:河北农业大学,2021.

［180］孟俊杰,许保疆,郭海源,等. 河南种业发展现状、问题和对策［J］. 种业导刊,2021(5):3－6.

［181］季珊珊,党鹏,李忱,等. 农业科研机构科技创新能力提升途径探讨［J］. 南方农业,2019,13(27):111－112.

［182］何维达,李冬梅. 我国产业安全理论研究综述［J］. 经济纵横,2006(8):74－76.

［183］李孟刚. 产业安全理论研究［M］. 北京:经济科学出版社,2010.

［184］陈健鹏. 跨国种业对我国种业安全的影响及应对［J］. 发展研究,2013(5):18－21.

［185］陆福兴. 加强种业知识产权保护 确保国家种业安全［J］. 中国种业,2016(9):10－12.

［186］陈燕娟. 种业发展与农业国际合作［M］. 北京:中国经济出版社,2020.

［187］湛育红. 外商直接投资对中国种业影响研究［M］. 北京:复旦大学出版社,2017.

［188］毛世平,王晓君,孙立新. 提升种业科技创新,筑牢国家安全屏障［J］. 中国发展观察,2021(15):20－21.

［189］陈龙江. 我国种业对外开放的实证评估与政策选择［M］. 北京:人民出版社,2021.

[190]孔祥智，徐拓远．我国种业发展历程与启示[J]．农村金融研究，2021(5)：3－9.

[191]黎茵．种业创新与国家粮食安全：我国种业资源优势及“卡脖子”技术攻关[J]．北京交通大学学报(社会科学版)，2021(3)：108－114.

[192]余志刚，崔钊达．中国种子战略的内涵、特征、难点及其进路[J]．新疆师范大学学报(哲学社会科学版)，2022(2)：77－87.

[193]MARTIN L，DUREN W E V．Agribusiness competitiveness across national boundaries[J]．American Journal of Agricultural Economics，1991，73(5)：1456－1464.

[194]MORRIS M L，SINGH R P，PAL S．India's maize seed industry in transition：Changing roles for the public and private sectors[J]．Food Policy，1998，23(1)：55－71.

[195]万玉霞．论农作物种子在保障国家粮食安全中的地位和途径[J]．甘肃农业，2022(3)：68－72.

[196]李海泳，殷贵鸿．从国家粮食安全角度探讨我国小麦育种发展趋势[J]．江苏农业科学，2022，50(18)：36－41.

[197]韩瑞东，孔祥彬，刘以龙，等．现代种业创新发展存在的问题及对策[J]．农业科技管理，2022，41(5)：13－16，25.

[198]程郁，叶兴庆，宁夏，等．中国实现种业科技自立自强面临的主要“卡点”与政策思路[J]．中国农村经济，2022(8)：35－51.

[199]邓岩，陈燕娟．如何破解种源“卡脖子”问题？基于种子进出口和种业知识产权布局的比较分析[J]．江苏农业科学，2022，50(17)：1－8.

[200]陆福兴．大国种业安全之维：生物育种知识产权保护研究[M]．北京：中国农业出版社，2022.

[201]本刊编辑部．种业振兴 中国粮主要用上中国种[J]．农村工作通讯，2022(20)：29.

[202]秦嗣昕．精心育良种做强农业“芯”：访黑龙江省龙科种业集团有限公司董事长李铭丰[J]．奋斗，2022(19)：51－53.

［203］马改艳，徐学荣．实施种业振兴行动的重大意义、主要问题与突破路径［J］．江苏农业科学，2022，50（18）：1－9.

［204］崔宁波．加快推进种业振兴的重要意义和实践路径［J］．人民论坛，2024（2）：50－55.

附　录

附表 1　2012—2021 年黄河流域 9 省(区)农作物种子新品种审定量变化情况

省(区)	种子审定量/个	2012 年	2013 年	2014 年	2015 年	2016 年	2017 年	2018 年	2019 年	2020 年	2021 年
内蒙古	全区总审定量	74	46	64	63	90	85	114	108	76	185
	种企(含合作)申请量	53	34	58	56	82	72	98	90	63	162
	占比/%	71.6	73.9	90.6	88.9	91.1	84.7	86.0	83.3	82.9	87.6
山西	全省总审定量	20	35	34	4	50	71	114	90	149	172
	种企(含合作)申请量	11	23	16	1	27	34	72	57	95	92
	占比/%	55.0	65.7	47.1	25.0	54.0	47.9	63.2	63.3	63.8	53.5
山东	全省总审定量	31	26	27	29	58	50	91	125	121	151
	种企(含合作)申请量	21	19	19	20	30	30	44	94	78	89
	占比/%	67.7	73.1	70.4	69.0	51.7	60.0	48.4	75.2	0.645	0.589

续表

省(区)	种子审定量/个	2012 年	2013 年	2014 年	2015 年	2016 年	2017 年	2018 年	2019 年	2020 年	2021 年
河南	全省总审定量	54	35	71	66	31	61	132	149	128	220
	种企(含合作)申请量	31	20	37	41	12	41	84	96	73	136
	占比/%	57.4	57.1	52.1	62.1	38.7	67.2	63.6	64.4	57.0	61.8
四川	全省总审定量	58	66	52	53	41	45	64	69	233	297
	种企(含合作)申请量	32	29	28	19	11	19	32	38	141	170
	占比/%	55.2	43.9	53.8	35.8	26.8	42.2	50.0	55.1	60.5	57.2
陕西	全省总审定量	56	50	45	83	84	67	75	93	115	99
	种企(含合作)申请量	44	32	34	59	66	50	57	56	73	62
	占比/%	78.6	64.0	75.6	71.1	78.6	74.6	76.0	60.2	63.5	62.6
甘肃	全省总审定量	36	30	38	55	31	58	106	118	151	178
	种企(含合作)申请量	22	14	20	33	10	34	77	78	115	122
	占比/%	61.1	46.7	52.6	60.0	32.3	58.6	72.6	66.1	76.2	68.5
青海	全省总审定量	2	2	3	3	7	3	5	5	1	6
	种企(含合作)申请量	1	1	2	3	7	1	3	4	1	3
	占比/%	50.0	50.0	66.7	100	100	33.3	60.0	80.0	100	50.0
宁夏	全区总审定量	23	16	9	37	19	20	23	31	40	23
	种企(含合作)申请量	18	12	6	29	15	16	17	24	26	20
	占比/%	78.3	75.0	66.7	78.4	78.9	80.0	73.9	77.4	65.0	87.0

资料来源:根据中国种业大数据平台公开数据整理所得。

附表 2　2022 年河南省通过（省审）的（小麦、玉米、水稻、大豆和棉花）5 种主要农作物品种一览表

序号	小麦品种	申请人	玉米品种	申请人	水稻品种	申请人	大豆品种	申请人	棉花品种	申请人
1	谷丰8号	河南鑫谷丰农业科技有限公司	梦玉309	河南豫梦种业有限责任公司 河南农业大学 河南环玉种业有限公司	郑稻C42	河南省农业科学院粮食作物研究所	科林豆8号	河南科林种业有限公司	中棉所100901	中国农业科学院棉花研究所 华中农业大学
2	瑞研麦168	济源谷瑞得农作物品种试验中心	環豫999	河南环玉种业有限公司 河南农业大学 河南豫梦种业有限责任公司	苑丰818	新乡市远缘分子育种工程技术研究中心	长义豆1号	曹长义	中棉5014	中国农业科学院棉花研究所
3	内麦288	内乡县农业科学研究所	伟科9136	河南技丰种业集团有限公司 河南大方种业科技股份有限公司 郑州伟科作物育种科技有限公司	新香粳1号	河南省新乡市农业科学院	华豆17	山东华亚农业科技有限公司	冀杂269	河北省农林科学院棉花研究所
4	郑科21	河南百富泽农业科技有限公司	ZB1902	河南中博现代农业科技开发有限公司	新丰12	河南丰源种子有限公司	油6019	中国农业科学院油料作物研究所 河南省许科种业有限公司	中棉1279	中国农业科学院棉花研究所
5	温丰218	温县金丰种业有限公司	北科15	沈阳北玉种子科技有限公司	华农330	新乡市华农种业有限公司	华育5号	嘉祥县华育种业有限公司	中MBH13001	中国农业科学院棉花研究所 郑州大学
6	中农867	中国农业科学院棉花研究所	泓丰5505	北京新实泓丰种业有限公司	菡香9	河南菡香生态农业专业合作社	中黄35	周口诚信种业有限公司	中MB11761A	中国农业科学院棉花研究所 河南大学
7	偃高161	偃师市金高种业有限公司	渭玉321	陕西天丞禾农业科技有限公司	新稻571	河南省新乡市农业科学院	科豆24	中国科学院遗传与发育生物学研究所	中棉所95612	中国农业科学院棉花研究所

续表

序号	小麦品种	申请人	玉米品种	申请人	水稻品种	申请人	大豆品种	申请人	棉花品种	申请人
8	商麦188	商丘市农林科学院	LN 116	河南苏泰农业科技有限公司	信两优1319	信阳市农业科学院	金豆99	宿州市金穗种业有限公司	新豫676	河南省农业科学院经济作物研究所 九圣禾种业股份有限公司
9	长义麦2号	河南省农垦种业有限公司	金成99	李利娟	万象优982	江西红一种业科技股份有限公司	郑1609	河南省农业科学院经济作物研究所 河南生物育种中心有限公司	中棉所100902	中国农业科学院棉花研究所 华中农业大学
10	泛育麦29	河南黄泛区地神种业有限公司	郑玉821	郑州市农林科学研究所	泰两优188	福建天力种业有限公司	驻豆30	驻马店市农业科学院 河南丰田种业有限公司	中棉所9C01	中国农业科学院棉花研究所
11	偃亳307	河南省亳都种业有限公司	伟科9138	河南技丰种业集团有限公司 郑州伟科作物育种科技有限公司	两优268	信阳市农业科学院	周豆37	周口市农业科学院	豫棉703	河南省农业科学院经济作物研究所 中棉种业科技股份有限公司
12	百麦5811	河南百农种业有限公司	雅玉622	河南技丰种业集团有限公司 铁岭雅玉种子有限公司	川康优6308	四川华丰种业有限责任公司	安豆115	安阳市农业科学院	中棉所EM 1704	中国农业科学院棉花研究所 中棉种业科技股份有限公司
13	温麦2216	温县金苗种业有限公司	农科玉168	北京华奥农科玉育种开发有限责任公司			商豆158	商丘市农林科学院	中棉EB004	中国农业科学院棉花研究所

续表

序号	小麦品种	申请人	玉米品种	申请人	水稻品种	申请人	大豆品种	申请人	棉花品种	申请人
14	濮兴16号	河南省民兴种业有限公司	郑原玉886	河南金苑种业股份有限公司			郑1659	河南省农业科学院经济作物研究所 河南生物育种中心有限公司		
15	孟麦169	河南先耕农业科技有限公司	隆平115	河南隆平高科种业有限公司			周豆38	周口市农业科学院		
16	国阳537	郑州群英宝生物科技有限公司	先玉1879	铁岭先锋种子研究有限公司			宛黄1号	南阳市农业科学院		
17	中迪麦607	河南地丰种业有限公司	百科玉189	河南百农种业有限公司			郑15234	河南省农业科学院经济作物研究所 河南生物育种中心有限公司		
18	太学278	洛阳太学农作物研究所	梦玉377	河南环玉种业有限公司			中豆61	中国农业科学院油料作物研究所		
19	温农301	李宝林	H1970	中种国际种子有限公司						
20	温裕709	河南许研农业科技有限公司+ 河南裕田农业科技有限公司	高科309	北京高锐思农业技术研究院						
……	……		……		……		……		……	

续表

序号	小麦品种	申请人	玉米品种	申请人	水稻品种	申请人	大豆品种	申请人	棉花品种	申请人
共计	小麦108个		玉米64个		水稻12个		大豆18个		棉花13个	

资料来源：根据农业农村部种业管理司文件及相关网站公开资料整理所得。

后　记

决定动笔开始此书的撰写，是在 2023 年 9 月 23 日秋分时节，也是我国第六个“中国农民丰收节”到来之际，恰逢本人申报的 2023 年河南省哲学社会科学规划项目“科技创新赋能农民农村共同富裕的作用机制及长效策略研究”获批，喜悦之情，激励自己更应努力工作。

回顾 2021 年 7 月至今，在积累、思考、整理与筛选的国家社科基金诸多选题中，最为喜欢和满意的“全球种业格局演进与我国种业安全保障策略研究”一题，让我无法停止搜集各种文献资料，并不间断性地梳理 2022 年国家社科基金申报的思路，而后再次修改、继续完善……历经近一年的努力，终 2022 年国家社科基金申报未果。曾经的耕耘和积累，让我更想换一种展现方式，使得自己曾经的努力且热爱的科研工作意义仍在，由此，决定出版此部专著。

列宁说过：“粮食是一切问题的基础。”中国是一个人口大国、农业大国，中国政府始终把解决好吃饭问题作为治国理政的头等大事。根据最新统计，中国有 14.12 亿人口，但我们的耕地面积却只有 19.18 亿亩，这意味着中国用全球 9% 的耕地要养活世界近 20% 的人口，以中国共产党为领导的中国政府是如何完成如此艰巨的任务的？面对十几亿人口要吃饭这个中国最大的国情，确保国内市场粮食有效供给的奥秘又是什么？广为传颂的唐代诗句“春种一粒粟，秋收万颗子”也许给出了答案。2018 年，习近平总书记在国家南繁科研育种基地考察时强调：“良种在促进粮食增产方面具有十分关键的作用。要下决心把我国种业搞上去……从源头上保障国家粮食安全。”

当前，全球粮食安全和农业可持续发展面临诸多不稳定、不确定、难预料因素，极端天气频发、贸易政策不稳定、农业资源保护利用不足、粮油能源化和资本投机炒作等带来严峻挑战，使得国际粮食安全面临复杂而又严峻的局面。1983 年 4 月，联合国粮农组织粮食安全委员会确立了“粮食安全”的概念，最终目标是确保所有人在任何时候都能得到又能买得起他们所需要的基本食品。《2021 世界粮食安全和营养状况》报告估计，2020 年有近 23.7 亿人无法获得充足的食物，与 2019 年相比增加了 3.2 亿人，再度引发国际社会更加深入地思考如何更好地应对全球粮食安全问题。种子是农业生产的起点，是粮食生产的“芯片”，对于保障粮食安全至关重要，全球各国政府和国际组织都从战略高度重视种业的发展。中国拥有庞大的作物种植面积和农村人口，为保障 14.1 亿多人口的粮食安全，种子需求量巨大。党的十八大以来，习近平总书记强调，加强良种技术攻关，靠中国种子来保障中国粮食安全。

对于确保“粮食安全”、消除“粮食危机”、应对“粮食战争”和“种子战争”等问题，愈来愈多的学者愿意投入更多的科研精力和时间进行深入研究。回顾 2021 年以来，800 多个日夜，团队围绕“种业”展开的诸多书籍阅读、资料整理、选题申报以及论文撰写，让我更加确信，种业事关国家安危、民族兴亡。种业作为国家综合实力的集中反映，是种子资源、国家投入、企业实力、基础科研、人才队伍、体制机制、农业生产、文化传统、市场需求等各种相关因素在种子这个领域充分融合的结果。站在人类发展、世界发展以及人与自然和谐共生等更高维度和更广阔视野来思考，现代大食物观视野下的种业，应是包含了农作物、畜禽、水产种业甚至微生物等在内的有机整体。此概念对种业发展提出了更完备、更高质量的要求，尤其是中国种业的发展更需攻坚克难、不断振兴。

一粒种子，连着“国之大者”，关系国家粮食安全主动权。对于在高等教育学校农业经济领域从事“三农”科研与教学工作的我而言，顺应时代发展之召唤，决定整理自己围绕“种业”展开的诸多选题的研究成果，包含了：中国农作物种业基本概况、农作物种业高质量发展水平测度研究、农作物种业科技创新效率研究、粮食主产区农作物种业竞争力研究、农作物种业制种保险实施成效探究、农作物种业数字化发展路径初探、基于种业安全的农作物种业振兴策略选择等。在对这些内容认真思考、系统梳理后，便有了本书的基本框架内容，后续内容历经完善补充、拓展而成。

本书出版得到了河南省哲学社会科学规划项目“科技创新赋能农民农村共同富裕的作用机制及长效策略研究（2023BJJ026）”的资助，在此，特向支持本书出版的河南省社科规划办公室表示衷心的感谢！同时，感谢河南科技大学社科处柳延恒老师为本书出版提供的前期服务，感谢中共河南省委党校夏巍巍调研员为本书最后一章内容提供的修改建议；感谢河南科技大学商学院、河南科技大学农学院、河南农业大学烟草学院与河南省烟草公司许昌市公司，协同合作、共同承担的校企横向科技项目“许昌收购站点间‘上六片’质量稳定的调控关键技术研究及应用”为本书出版提供的经费支持。

感谢河南中烟工业有限责任公司申洪涛、白峰、段卫东、陈小龙和王新中同志在资料搜集阶段，尤其是在第六章“农作物种业数字化发展路径初探”相关内容的撰写过程中给予的案例支持和文字整理帮助；感谢本人科研团队中李贺松、薛柯柯、李梦茜、贺兆毅等同学在本书撰写过程中所做的资料收集、数据整理、图表制作及其他相关文字的校对等工作；感谢第十八届“挑战杯”全国大学生课外学术科技作品竞赛主体赛特等奖获奖作品《“芯”安筑牢大粮仓：我国粮种“外浸”之困及其破解路径研究——基于河南省 13 个产粮大县粮农（企）的调查》全体成员的智慧贡献；感谢我曾经的学生熊鑫鹏对本书提供的全面体例技术支持和帮助。

最后，特别感谢本书责任编辑、中国经济出版社的杨元丽老师，为本书编校和修订付出了大量心血。

路漫漫其修远兮，吾将上下而求索！这本专著是我积极探索“三农”

问题科学研究之路的第二本代表性成果，回头来看，不足和遗憾难免。加之团队学术水平和所学所思有限，本书一定还存在诸多不足甚至谬误之处，仍有很多问题值得进一步深入研究与商榷，诚恳广大读者及同行予以谅解、指正，以便今后继续求索进步！未来，我将更加勤奋踏实地在“三农”问题研究这条道路上继续探索，为全面实现农民富、农业强、农村美的乡村振兴战略目标贡献自己的一份绵薄之力。

韩灵梅

2024 年 3 月 11 日于洛阳德园